# 留学十问

## 圈内妈妈与教育参赞的对话

肖堰 著

中国发展出版社
CHINA DEVELOPMENT PRESS

**图书在版编目（CIP）数据**

留学十问：圈内妈妈与教育参赞的对话/肖堰著．—北京：中国发展出版社，2017.8

ISBN 978－7－5177－0736－3

Ⅰ.①留…　Ⅱ.①肖…　Ⅲ.①留学教育—世界　Ⅳ.①G649.1

中国版本图书馆 CIP 数据核字（2017）第 184274 号

书　　　名：留学十问：圈内妈妈与教育参赞的对话
著作责任者：肖　堰
出 版 发 行：中国发展出版社
（北京市西城区百万庄大街 16 号 8 层　100037）
标 准 书 号：ISBN 978－7－5177－0736－3
经　销　者：各地新华书店
印　刷　者：三河市东方印刷有限公司
开　　　本：700mm×1000mm　1/16
印　　　张：18
字　　　数：270 千字
版　　　次：2017 年 8 月第 1 版
印　　　次：2017 年 8 月第 1 次印刷
定　　　价：48.00 元

联 系 电 话：（010）68990535　68990692
购 书 热 线：（010）68990682　68990686
网 络 订 购：http：//zgfzcbs.tmall.com
网 购 电 话：（010）68990639　88333349
本 社 网 址：http：//www.develpress.com.cn
电 子 邮 件：10561295@qq.com

---

## 推荐语

(以汉语拼音姓氏排名)

**中国著名媒体十大教育主编　联袂推荐**

身为一直关注留学问题的教育记者，我对“小留学生热”下浮现的问题关注已久。所幸大部分困惑在和肖堰女士的交流及她的书中可以得到解答。肖堰老师在国际教育领域有着30多年丰富的理论和实践经验，她把这些年和教育参赞、国内外教育专家的交流心得润物细无声地融入对女儿的留学教育中，又通过写书和讲故事给大家听。

**澎湃新闻　韩晓彤**

一本好书的标志就是不但能够改变读者看待事物的方式，而且能够将事物的另一面呈现给读者。在《留学十问》这本书中，肖堰老师通过走访教育参赞、专家、留学生，包括记录留学生女儿的成长经历，与读者分享了她的教育理念。

**《晶报》教育新闻部主任　江丁**

从事教育行业新闻报道和研究十余年，采访过很多选择留学的学生和家长，也读过很多有关留学的书籍。《留学十问》是本人读过最贴合家长和学生留学心理的一本书，说的直白点，就是最接地气的“留学指南”。该书以提问的方式入手，直面家庭和个人在留学上的困惑和问题，以犀利的视角，惊人的洞察力和执行力，提供给读者深刻的思考，引发读者的共鸣。该书既有驻外总领事馆教育参赞、美国招生官、著名心理学教授的权威分析，也就是专家学者的理论指导，也有大数据、社会、文化等多维度的专业剖析，更为可贵的是，该书从实际案例出发，深刻揭示了留学前后对个人、家庭及时代的影响，并提供了极具现实和操作性的解决问题的方法。理论指引，案例借鉴，大数据的支撑，《留学十问》让留学之路不再充满困惑和迷茫。

**山东省大众网青岛站运营副总监　金红蕾**

相信每一位父母都能搞到一本“世界名校速成宝典”，但不是谁都有一个“圈内妈妈”朋友，并且这位朋友还愿意把十几年的教子心得以如此细致入微的笔触分享出来。肖堰老师是教育专家，在与她十几年的交往中，我愿意向她请教各类问题，但我从不知道她在女儿的培养上付出了这么多。在本书中我们能看到她在女儿的留学之路上如何倾听与思考，如何与女儿共同经历，共同成长。这些瞬间，非常珍贵。

**《每日新报》教育版块资深编辑　缪鹏翀**

留学之选，在育人育才之外，背负着日渐沉重的“包袱”，个人、社会、家国屡见顾此失彼的现实。这是一位“圈内妈妈”关于留学的传道、解惑与思考，殊值镜鉴。

**金羊网总编辑　孙朝方**

世界每天都在变化，我们想去的国家昨天和今天也不相同。如何选择、如何规划、如何面对，有着教育部十多年工作经历的妈妈，用自己的切身体会，以及与“霸气”朋友圈的对话，给出了答案，满满的干货。

**《南京日报》教育版主任　谈洁**

认识肖堰老师已经将近20年的时间，肖老师可谓是国际教育、出国留学领域的“骨灰级”专家，在她耗时3年的力作《留学十问》中，有着多年的工作及育儿经验，更有难得一读的两位教育参赞的分享。书中充盈着育人智慧的光辉，处处可见一位教育工作者以及母亲的敬畏之心。在我看来，这是一部家长为孩子出国留学做好准备的必备“枕边书”，开卷将获益良多。

**《北京娱乐信报》教育周刊主编　王茗辉**

肖堰老师是我认识的人当中能量极大的女性之一。她的资深阅历使她在教育行业的作为大放异彩。这本书起初吸引我的是书中教育参赞们的循循善诱，毕竟这对家长们了解中外教育理念、价值观对比提供了权威参考。然而再读发现，书中肖堰对女儿的家庭教育、留学成长规划之路的点滴才是更值得留恋的精华。这位资深的、具有国际视野的教育工作者和母亲用亲身经历告诉当代忙碌的父母：亲子关系对孩子的成长过程实在是太重要了！我谨记。

**《新京报》教育行业部主任、教育周刊主编　巫慧**

儿行千里母担忧。中国每年超过120万人的海外留学生大军，让天下父母为了孩子在异国他乡的生活、学习、成长牵肠挂肚。肖堰，一位从事国际教育30多年的母亲，以自己和女儿的切身经历和对驻外总领事馆教育参赞、美国名校招生官的走访，书成《留学十问》。借书留真，学以致用。这本书完全称得上是一部超强实用的留学手册。

**深圳都市报业集团总经理　杨雨轩**

因为儿女成功留学而著书立说者大有人在，可是，相关书籍、文章大多给人管窥留学之感。肖堰老师此书则从宏观的视角出发，切身解读低龄留学以及留学路上的酸甜苦辣，让读者知其然，更知其所以然。

**《北京晚报》资深教育记者、教育自媒体“九宫八卦”创办人　郑勇**

## 14位教育业内人士纷纷说

As a parent, we all want the very best for our children. For most of us, we believe it is our responsibility to provide the very best education for our children. With a high-quality education, doors are opened to wonderful opportunities in life.

As one of China's leading education experts with a unique combination of experiences across Government, Academic and Private Education, I have been fortunate to work closely with Susan over the past 15 years. In my experience, everything that Susan applies herself to is accomplished with precision and quality.

In this book, Susan has combined her extensive educational experience and her personal qualities of persistence and determination to share her own experiences on how to provide the very best education pathway for your child.

By understanding the experiences and following the processes in this book, you access the advice and recommendations of leading education experts and someone who has done it, a parent who has successfully provided her child with access to those wonderful life opportunities.（译：作为父母，我们都想将最好的赋予我们的孩子。我们大多都相信，为孩子提供最好的教育是我们的责任。接受优质教育，生活中美好的机遇大门就敞开了。作为中国顶级的教育专家之一，肖堰女士有着集政府、学术和私立教育机构的职业生涯于一身的独特经历。我为能与她密切共事15年而深感幸运。也让我看到，她所致力的所有事情都在严谨和高品质中完成。肖堰的这本书，结合自身丰富的教育经历和持之以恒、坚定不移的个人素养，分享了她如何给孩子提供最好教育的亲身经历和深刻见地。理解书中的经验，追寻书中的过程，你有机会汲取顶级教育专家们的意见和建议，特别是其中有像肖堰那样已成功为自己的孩子创造了打开生活机遇大门的现身说法）。

**华尔街英语（中国）首席执行官　Paul Blackstone**

大学本科毕业，独自前往美国攻读硕士研究生，我体验过作为一名留学生申请时的各种困惑，留学时的欢乐与忧愁，毕业后的迷茫与期待；完成学业一个人搬家到纽约，成为一名留学咨询顾问，我更了解学生与家长对于留学海外的担忧、期望、烦恼和不安。我看过许多父母选择把孩子送到国外接受更优质的教育，但面对琳琅满目的中介机构以及对于各种留学生活的未知，他们不知道该如何选择，因为每一步都会影响到孩子未来的发展。尽管我作为留学咨询顾问已经储备了大量的留学知识，但《留学十问》依旧带给我一个全新的角度审视留学。这本书既有教育参赞详实系统的知识汇总，又有作为国际教育“圈内妈妈”的心路历程和专业建议，从多维度详细解答了每一位家长的疑惑，帮助他们明确规划，调整心态。于我而言，这不仅仅是一本留学指导手册，更是在留学咨询生涯中亦师亦友的好伙伴。

**青柚教育信息咨询有限公司（美国）申请顾问　Cheersyou，U.S.A. 陈若余**

与肖堰认识多年，她的睿智豁达总让我在与她的交流中，既感到轻松愉快，又能有沉思共鸣。当感慨年龄时，她会说，我这个年龄才哪儿到哪儿啊，正能量十足！问她要不要为孩子出国做准备而在国内先选择上国际学校时，她会说，出国读书，更要先选择入读国内公立学校，学好中文，尽可能多了解中国。未来世界看中国。出国学习是为了多角度看世界。寥寥几句，让人豁然开朗，放心下来。

印象最深的是关于她和孩子的三个亲子故事。

肖堰的女儿国内公立学校初中毕业后去美国读高中。一开始不适应，语言也很吃力。电话求助妈妈时，肖堰说：你要主动沟通，告诉老师你的过去、现状，请教他们有什么好办法。女儿照做了。老师和同学们很惊讶：原来，对于一个来自于非英语环境的中国学生，已有的英文水平已经很棒了！从此，女儿心灵之窗打开，英语也一路狂奔。世界阻挡不了她的脚步！

肖堰女儿身边来自富庶家庭的同学不少。女儿有一次告诉妈妈，去同学家进了庄园大门开车很久才到了房子门口。房子的最顶层是个室内篮球场。小小年纪的孩子当时说这些的口气很平和寻常。当妈妈开玩笑地说：“那咱们家可是‘赤贫’了。”孩子却说：她感觉很富足，因为同学们都羡慕她和妈妈那种充分信任、无话不说的亲密。也赞赏她的开阔思维。还把她视为“老大”！能在孩子心中早早确立自己的内在价值评价体系，不以物喜，不以己悲，这样的家庭让人敬重！

孩子报考美国大学志愿时，肖堰有过焦虑。孩子执意选报耶鲁大学，而他们判断有困难。但孩子的坚持让他们最终支持她的选择，因为孩子说：申请了没考上，后悔一阵子；没敢申请，则会后悔一辈子。有些路，孩子要自己选、自己走。这样的父母真的伟大，这样的孩子永远有自己坚定的目标。

肖堰的这本呕心之作，历时3年，一步一个脚印，用真实的案例，深刻的反思，大量的研究，给我们源源不断的力量和启迪。不只是出国的孩子，所有关心孩子身心健康成长的父母都应该好好阅读。榜样的力量看得到，孜孜以求的探索学得到。在浮世，用一颗安定的心读读《留学十问》！

**中欧工商管理学院EMBA　陈祎杰**

在从加拿大回国的班机上，刚刚完成两年研究生学业的我，看完了整本书稿，感触颇多，受益良多。这本书更像是个接地气的说明书和故事集。作者肖堰以她作为教育家和母亲双重身份的视角，从专业方面剖析了当今留学热潮的利与弊，同时详尽记录了女儿从孩童到留学生的整个心路历程。

都说人的行为是从别人那里模仿学习来的。书中的这些故事和例证，对于我来说，一方面，对还剩下的一学期学业有反思性的指导作用；另一方面，也让我开始了解学习如何处理与下一代的关系，如何成为下一代最好、最亲密的教育者。

为期两年半的加拿大留学生涯眼看要接近尾声。按照这本《留学十问》中的阶段分类，我应该算是心理素质最成熟的留学生。但阅读此书，我依旧能审视到自己的太多不足，例如，知识局限、表达能力欠缺、没有充分利用学校资源等。作者在文章中提到的中国留学生所出现的问题，全部能在自己和周围中国留学生的身上找到影子。这也让我开始反省自己的学习与生活，争取在有限的一个学期内最大化自己的留学体验。

同时作为进入而立之年的一代，眼看着身边的朋友和同学开始有了下一代，自我认知以及对子女的教育问题都成了同龄人极大的挑战。最近跟已婚闺蜜的聊天都涉及到将来孩子在哪里上学、应当接受什么样的教育之类的问题。感觉自己还是个刚刚长大的孩子，还在努力感悟这世界，却在突然间又涌上来了有了下一代的压力。书中鲜活的实例必将成为我今后在子女教育意识方面的启蒙参考。

看到作者鼓励孩子的篇章时，我想到了最近发生的一件事。从去年起迷上了ukulele弹唱，这也是我在繁重学业之余排解压力的一个特别好的方法。这学期学业压力很大，我也开始尝试喜欢的新曲目《小幸运》。里边歌词说道："青春是段跌跌撞撞的旅行，拥有着后知后觉的美丽，来不及感谢，是你给我勇气让我能做回我自己……原来你是我最想留住的幸运"。前些天和母亲视频的时候，一向表演经验"丰富"的我突然唱不出词了，正因为那歌词是我最想表达给母亲听的。当时哽咽之后便装作弹错状，自嘲说自己还需要练习。我相信这首歌也是作者的女儿榕儿想唱给作者听的。原来，你是我最想留住的幸运。原来，你们之间的故事是我们读者最想留住的幸运。

**加拿大多伦多大学在读硕士生　陈奕名**

教育的目标，特别是家庭教育的目标，是帮助孩子在成年后拥有追求和创造美好生活的能力，拥有在追求和创造美好生活的过程中悉心享受这个过程的能力。《留学十问》不是一本留学指南或者留学申请攻略，这是一本在留学背景下教会家长如何规避留学和教育的误区，如何不要因为留学而失去你的子女，如何帮助孩子在海外展翅高飞的"治教育如烹小鲜"的金典必读。本书的作者肖堰女士，不仅是一位辅佐低龄留学女儿的践行者，一位经历了女儿在美国从高中到大学全过程的母亲，更是一位亲子教育、英语教育和国际教育领域的资深专家。作者在无私分享陪伴支持女儿十多年海内外求学的心路历程的同时，通过采访在国际教育领域拥有大量一手权威经验的中国驻外总领事馆的教育参赞，客观全面地为家长描绘了一条达成教育目标的清源正道。

**加拿大爱普比学院（Appleby College）事业发展主任　戴颖谦（Kane Dai）**

我与肖堰的几次长谈，一是围绕着子女出国留学；二是在孩子遇到问题时，家长如何面对，妥善解决。孩子因故不得不考虑课外辅导，当我因此向肖堰咨询选择什么样的课外辅导班更好时，她的建议是：先不要考虑选择什么样的课外辅导班，而应把注意力放在向既熟悉教学目标、又了解班级学生的任课老师请教。肖堰就这样总以她独有的视角，高屋建瓴，举重若轻，化解了我的焦虑。这本《留学十问》，汇总了肖堰作为国际教育专家的专业视角和全面见地，更有一位"圈内母亲"的真知灼见和推心置腹。相信它一定能成为家长在陪伴孩子国内读书、特别是国外求学历程中不可多得的宝典。

**著名影视演员　邓婕**

收到老同学肖堰《留学十问》的书稿，着实是一份惊喜。这位才女同学，集30多年对国际教育、英语语言文化的深刻透视以及培养自己女儿留学的亲身经历，打造了这本造福广大学子的力作。本人在美国接受的研究生教育，又在美国大学从事英语教学20多年，对美国社会与文化有第一手的了解，对美国大学系统更是熟知。也有机会接触过国内众多关于出国留学的各色出版物。这些书籍的作者大都以他们对美国社会及文化的一知半解俨然以专家自居，理直气壮地给广大学子出谋划策，其中的有些所谓的权威性意见纯属误人子弟。而肖堰的这本《留学十问》，如一股清风，它一反大多此类书籍惯用的煽动性语言，以系统的调查研究、理性的教育见地、平实朴素的文风、具体生动的实例，对中国驻外总领事馆教育参赞第一手的采访以及自己女儿的留学经历，来阐述北美和加拿大的教育体系及教学理念、适应留学生活的应对策略、为留学做有效准备的整个过程等。在该书的第二部分中，她讲述的女儿的留学经历，更是一个众多家长可以参考的生动实例。肖堰凭借她这么多年英语教育的实战经验以及对国际教育的广泛而又深入的了解，完全可以以专家自居。但是，《留学十问》中的肖堰选择了站在与广大留学生及家长完全平等的位置与读者对话，推心置腹地分享她的宝贵心经。我相信，这本书必将成为一本难得的留学经典。

**美国佐治亚州立大学（Georgia State University）英语系终身教授　顾宝桐**

肖堰老师关于留学的书当然要看。在国内，比肖堰更适合写作留学专著的人并不多。她一直从事与留学相关联的工作，做过中学英语老师，在教育部国际合作与交流司做过处长，在英国教育部所属机构任过职，参与了历史悠久、闻名全球的教育培训品牌华尔街英语在中国的初创并参与经营至今。多年来，多位教育参赞与肖堰老师保持着深厚的情谊。近年来，肖堰还和女儿分别自主完成了美国高中和大学名校的申请，亲身进入了留学实践环节。与肖堰老师交往十多年来，她的洞察力，她的责任心，她真诚仁爱的品质，她悲天悯人的情怀，深深影响了身边的人。具有这样的生命品质和独特工作经历的人写作的书当然值得期待。相信您会喜欢这本书。

**《现代教育报》社长兼总编辑　廖厚才**

出国留学是对全家人的一次大考验。父母的理解与支持有多大，孩子的心就会有多强大。

虽然北美学校的老师不像国内老师那么严厉，没有人叫你每天刷N多的习题，那种感觉好像自由轻松。但是，北美学校的考试也绝不含糊。大到升学考试有国家统一标准，小到班级的每次测验都要记入你的成绩册，那真是分分计较，不亚于国内的竞争压力。有人称，北美的高中4年、大学4年学业，都堪比不限距离的马拉松赛跑，从头到尾不能有一点儿松懈。其艰辛和苦衷只有经历后才能体会。国外陌生的生活环境、全英语的教学环境、与老外同学的不同文化圈、新型的师生关系和评价体系，都要求你付出比国内更多倍的努力和顽强。因此，如果以为国外的高中、大学轻松而选择了出国，那就大错特错了。

以往的留学类书籍中，不乏告诉我们申请国外学校的流程和技巧，很多还着力渲染进入顶级大学的少数成功典范。而这本《留学十问》，记录了家长与孩子共同面对留学旅程中遇到的各种困难。最关键的，是还有解决问题的实操办法。作者用专业见解、爱、信任和理解帮助女儿战胜了困难，走过留学路。我特别希望与你分享书中的经验与体会。

**美国加州大学伯克利分校本科毕业生　沈湉**

我与作者同为教育圈中人，我们先是同事，后成为无话不说的朋友。我俩的女儿也年龄相仿，先后进了同一所小学读书，相伴一起成长。生活中我们有很多机会一起聊教育、聊孩子。一段时间里，孩子应该在什么年龄段出国留学最好，出国留学如何能够确保孩子的身心健康，父母是否应该伴读等，成了我们的中心话题。同为人母的我们，有着太多的相同感受、困惑和焦虑，也渴望从彼此的交流中，探讨如何解决孩子成长，特别是出国留学后遇到的难题。当今的中国，送孩子去海外留学，已不再是特别的奢望。但对一个家庭来说，依然是一件改变人生轨迹的大事，需要孩子和父母长期的规划和准备，真不是一个说走就走的行动。当我们独生子女的宝贝们独自踏上留学之路时，与他们共同迎对难题、克服困难，方显出父母和孩子的本色。

几年前，我就知道作者在酝酿撰写关于女儿海外留学的纪实故事，并于许多个周末、假期都在认真笔耕中度过。经过长长的期待，终于等来作者捧出这本充满真情实感且极具借鉴意义的心血之作，实在是一件幸事。

作者和女儿是经过了长期的身心准备和语言学习后出发的。在美国就读的4年高中，女儿勇敢地迎接了一个又一个接踵而来的挑战，以不懈的努力和超强的耐心和智慧，战胜了一个又一个困难，不但没有退缩和逃避，反而越挫愈勇。一路走来，在教育圈里摸爬滚打了30多年的作者感慨良多，情不自禁将那些难忘的、痛苦的、感动的经历倾注笔尖，真实地记录一家人在留学路上的故事。最为难得的是作者借助对教育的深刻理解，加上现代视频科技，作者从未缺席过女儿这场留学路上的搏击过程，令女儿感到从不是孤军奋战，且奋战有方，越战越勇。这种爱和理智的表现，令我十分感动，深受激励。

海外留学安全也是我们尤为关心的焦点。近来，中国留学生章莹颖在美失踪遇害事件，令我们揪心悲痛。留学生在海外的各类事件反映了留学风险。如何规避风险、确保安全，也是我们留学之前首先要考虑的重要问题。本书介绍了中国驻外使、领馆教育处组的参赞和领事们，他们主要负责联系、服务所在国家的留学生事务。协助留学生们安全、健康地留学、圆满地完成学业，是他们最大的愿望。教育处组是海外留学生的联络站，应该成为留学生的重要资源。

孩子踏上留学之路，父母的心也随之一起启程。现代科技为父母们接长耳线、放眼视野，去追逐远隔千里万里的孩子的成长。家长的参与和关注将成为孩子们海外留学、努力成才最大的动力。这本书告诉你如何能够做到这一点，而且做得更好。我愿意推荐给读者，相信一定会读有所获。

**中国驻英国使馆前教育一等秘书，中国驻旧金山总领事馆前教育一等秘书　闫丽**

一位母亲，面对充斥猎奇、快餐文化和实用主义的当今社会，通过本书，以更真实、系统、深层的多维视角，思考并剖析留学的本质，正本清源。

**华尔街英语（中国）在线教育经理，一位留学生母亲　余宁**

利与弊、树与林、表象与本质，这是任何一个想送孩子出国留学的家庭必须要面对和探讨的问题。遗憾的是，好多家庭往往是基于中国的教育现实和概念，去探讨美国的人才培养理念，这就如同戴中国眼镜看美国社会一样，其结果导致了不能充分认识事物的本质。肖堰女士通过对在美国、加拿大两国工作多年的教育参赞的访谈、并以自己女儿及其他一些留学生赴北美留学前后的经历为案例，同时基于她对中西教育的深刻理解和见地，而完成的这部如何为出国留学做好各种准备的书，特别有见地，是一部留学前和留学后都要必读之书。

**美国芝加哥大学北京中心副主任　袁霁**

认识肖堰，是我俩同时被分配到教育部工作，那时她硕士毕业，还有一线的教育教学经验，而我刚刚走出校门。自然，她成了我的大姐。

后来，我出国留学，再见她时，却是在伦敦，她又去读了个教育硕士。

等我海归回国，她已经在华尔街英语做高管多年了，工作干得火热，女儿也培养得出色。每次见面，都会听她讲起母女俩的相处之道，每每听得我眼前一亮。后来索性邀请她把这些心得写进了《亲子情商教练》一书中。不少家长、读者看了，都说很受益。

女儿出国留学后，肖大姐成了留学咨询的义务顾问，从“该不该送孩子出国”，到“应该接受哪个学校的offer”，她没少帮朋友们的忙。知道她是闲不住的，同时，在我参与教育部留学服务中心“平安留学”培训工作的这些年，深深体会到了留学对孩子、对家长的种种挑战，所以也特别支持她把经验写成书分享给更多有需要的人。

果然，肖堰把这本书真写出来了！以她对中外教育理论兼收并蓄的学识储备、从中学教师到教育部机关、再到跨国教育培训企业高管的职业积累，以及游历考察世界各国教育状况的视野，写这本书可以说是她的一次厚积薄发。更难得的是，她亲身经历了送孩子出国留学，真实的日常，鲜活的感悟，已远超出了仅作为一般家长的经验之谈，更是她将中西方教育理念融会贯通付诸实践的成果。能将这么宏观的“知”和这么微观的“行”合二为一，考验的是真功夫。肖大姐愿意和盘托出，要出国留学的孩子们和他们的家长真的有福了。

**教育部留学服务中心“平安留学”特邀专家，情智东方情商研究院创始人和首席专家　曾莉**

从事留学咨询服务行业20多年来，我接触过成千上万的热切学子和迫切父母，也翻阅过林林总总的出国宝典及留学指南，所以，非常清楚什么样的信息和建议最具价值、最有意义。肖堰这本书，是我第一次看到通过对教育参赞、国内外专家和留学生的深入走访交流，对留学生出国后的问题进行的最系统地分析。同时，对帮助留学生适应国外学习生活，又给出了最全面建议。而肖堰陪伴女儿一路中外求学的翔实经历，生动展现了许多家庭渴望而不得的两代人亲密和谐、高度信任的关系，及其带给孩子远远超出留学本身的深远影响。小别离，需要大准备。相信这本书一定能带给广大留学生和家长的有益启发。

**新东方教育集团首席执行官　周成刚**

# 推荐序一

**刘京辉**　国家留学基金管理委员会秘书长

肖堰女士是我曾经的同事，也是我一直相处很好的朋友。26年前，肖堰加入教育部，与我同事十载。后来，她进入华尔街英语，成为该品牌在中国的开拓者之一。凭着深厚的英语教育理论基础和扎实的教学管理经历，她很快成为该领域受人尊敬的专家。工作之余，肖堰笔耕不辍，于是就有了这本新书——《留学十问：圈内妈妈与教育参赞的对话》。

藉着应邀为她的新书作序之机，漫溯时间之河，40年前第一次登上班机赴德国求学的场景，依然历历如昨。1977年，我有幸来到德国海德堡大学留学；10年之后，又在洪堡大学获得教育学博士学位。这段负笈海外求学的经历，极大开阔了我的视野、丰富了我的思想、提升了我的能力，影响了我的整个职业生涯。

工作之后，我又与留学工作结下了不解之缘。学成归国，正赶上国家改革发展波澜壮阔的历史大潮，我先后进入教育部外事司、职业技术教育中心研究所、中国驻德国使馆、国家留学基金管理委员会工作。特别是担任国家留学基金管理委员会秘书长期间，我见证了一批又一批的优秀青年才俊，或是获得国家奖学金，或是获得外方资助，或是由家长们出资……他们翻越高山大海，追逐梦想，激扬青春。我想这段特殊的学习和工作经历，也是肖堰邀我作序的一个重要原因吧。

我的观察，40年来特别是21世纪以来，留学在国家、社会、家庭乃至个人发展中所承担的使命、扮演的角色不断丰富。特别是随着自费出国留学的快速发展，家庭的参与、家校的互动、家长的作用不断深化，留学在满足国家发展战略需求的同时，日益成为社会公众的多元化教育选择之一。

而如何看待留学，如何选择院校，如何在远隔重洋的情况下，建立良好的亲子关系，如何更好地支持孩子学有所成……越来越成为家长和学生们面临的新课题。

相信本书为大家提供了一个很好的借鉴：本书全面展现了肖堰参与、指导和引领女儿幼年成长、国内求学、美国高中、大学留学的全部过程；女儿与肖堰的良性互动，也印证、完善着母亲的国际教育理念和实践。可以说，职业角色带给肖堰的专业素养和母亲角色带给肖堰的独到经历，都在这本新书中得以融汇和展现。相信这本新书，将为广大留学人员和他们的父母们提供有益的参考和借鉴。

最后，也是本书特别值得推崇的一点，肖堰并未回避留学中面临的问题与挑战。走出国门，并不意味着一步跨越自己“眼前的苟且”，走向“远方的诗和田野”。出国留学，只是家长和孩子们诸多选择中的一个选项——虽然可能是比较而言蕴藏更多可能性的那一个——但并不一定适合每一个个体。而跨越困难险阻，把可能性变为现实，需要来自父母和孩子共同的努力，也需要来自肖堰这样的典型借鉴。

刘京辉

2017年7月1日

## 推荐序二

**陈会昌** 北京师范大学发展心理研究所教授、博士生导师

本书的第一个主题是“留学”。近年来，由于我国居民人均收入的提高和中产阶层的快速壮大，送子女出国留学，在收入较高且重视子女教育的城市家庭中成为一个趋势。2016年，在国外留学的中国学生已达到120万人，据此估算，每年大约有30万~40万年轻人到国外留学，其中，高中毕业生占多数，也有少数像本书作者肖堰女儿这样的初中毕业生。和20世纪80~90年代相比，我国的留学生已经改变了国家统一选拔、公费资助，或优秀高校毕业生通过托福、GRE考试拿到全额奖学金出国读研究生的模式，更多的人有了自由选择出国留学的机会。

不过，当新事物刚出现且发展过快时，难免有些跌跌撞撞：急切地送子出国深造的父母们，有的是一头雾水，有的是有病乱投医，到处咨询打听；出国的年轻人则面临更大的困难，他们像从精心照料的苗圃突然被移植到山野中的鲜花，经受着从未经受过的风风雨雨。他们更需要有人给他们支持、鼓励，帮他们指明方向，学会克服困难的技能。

本书的上篇很好地应对了这一主题。作者通过调查、访谈我国驻外使领馆教育参赞、外国高校招生人员、大学教师和留学生，对出国留学的事务性程序以及当前留学生在国外的真实状况、遇到的困难、中外教育比较等作了翔实的描述。这些内容，也许能够给打算送子女出国留学的父母们心中的问

题以全面的回答。其中关于中外教育比较的内容，还可以在教育价值观、教学内容和教育方法等方面，给我国中学和大学教育工作者以启发。

本书的第二个主题是家庭教育。如果上篇是广角镜、全镜头摄影，那么下篇就像微距的特写镜头。作者仍然扣住出国留学主题，避免上下篇脱节，同时又以白描写法，生动而具体地描述了作者本人在女儿从15岁出国读高中到念大学过程中，一个个的坎坷，一次次地爬坡，甚至刹车、转向，并夹杂着呐喊、泪水、痛苦，也包含着成功、胜利和喜悦。

作为一个心理学研究者，我非常欣赏本书的下篇。提起出国留学，人们可能容易想到“接受更好的教育”“争取更好的前途”“未来更好的工作和收入”等等，而这些都是功利性的东西，也往往被人们放在第一位。出国留学也能带来一些非功利性的变化，如“开阔视野”“增强适应能力”“发展智力和创造力”“学会自由选择”“学会自我照料”“过简朴生活”“自己为自己负责”“寻找人生意义和存在价值”等等，这些东西可能比前者更重要些，但是也常常被人们放在第二位。

诚然，这些非功利的东西，即便不出国，也照样能够培养，但从国内到国外（西方文化）环境方面的巨大变化，以及西方的个体主义价值观背景，可能更有助于一些品质的形成。

本书作者是教育圈中人，她语熟英语，见多识广，对各种教育价值观接触颇多，这是她写作本书的优势，但并不是写出本书的充要条件。我认为，能写出本书的先决条件是她接受的“尊重人”“人人平等”的哲学观和“学生中心论”的教育观。其次，是把自己曾经学过的教育学、心理学理论密切联系实际，用好的理论来解决孩子在留学过程中遇到的智力、创造力和社会性发展方面层出不穷的问题。这第二点是很难做到的。

我仅举一例，作者的女儿从15岁到美国读寄宿高中，继而读大学，这一阶段正是心理学家埃里克·埃里克森所说的“自我同一性形成”的关键时期，是一个人建立关于自己、他人、学习、工作、社交、家庭、爱情、族群、道德、哲学、艺术、政治、审美、经济等等方面价值观的时期。作者在书中虽然没有明确提到相关理论，但是她却生动地运用女儿“失去自我”到“找回自我”的字眼儿，描述了女儿从自我同一性的早闭（妈妈让我怎么做我就怎么做），到同一性的探索（我自己把几条路尝试着走一下），到同一性的成熟（找到既适合自己、又符合社会期望的路）。当然，这只局限在身份和族群认同、克服学习困难等几个方面，同一性的全面成熟是毕生都未必能完成的任务。

在下篇中，作者还运用倒序写法，回顾了孩子从年幼到少年期的成长历程。其中提到的每一件事，在我看来都是一个很好的范例，任何做父母者都可以借鉴。从这个角度，本书并不只是适合于准备送孩子出国的父母阅读，它的读者面应该比这更广泛。

陈会昌

2017年6月15日

# 自 序

这本书，基于女儿去美国读高中、大学以来，我与她共同经历的酸甜苦辣，结合耳闻目睹的留学生出国后面临的挑战和家长关心的问题，我对教育参赞、北美名校招生官、大小留学生以及专家教授进行的走访和了解。女儿的幼年成长、特别是国内外求学的一路经历，又再现了原生家庭生态环境和亲子教育理念对她的深远影响。

女儿15岁国内初中毕业后去美国读高中；19岁入读美国大学。我成为了当今留学生家长大军中的一员。时至今日，女儿没有任何社会公认的“成功”标示；我亦继续是位普通母亲。只是个人关注和职业习惯，让我以不同方式接触到了众多留学生和家长，其中，还包括许多孩子尚年幼就已经有留学计划的家长。我感同身受、并系统记录下了他们对我袒露的憧憬向往和困惑担心，以及向我倾诉的不安纠结与痛苦焦虑。也让我意识到，女儿和我在美国高中、美国大学申请选择、学校学习生活当中共同经历的喜怒哀乐，在广大留学生及其家庭中非常具有普遍性。

曾经的10多年的教育口工作经历，让我不断有机会听老同事、老朋友讲述许许多多留学生在国外的情况。那些老同事都曾经或仍然是驻欧美主要国家使领馆教育处组的参赞。不断高涨的留学热潮，让我透过教育参赞们的介绍，在看到留学生们成长和收获的同时，也了解到出现在他们当中的困惑和问题。这个过程，我从女儿身上也有最真切的感受。

同时，我还了解到，一方面，这些问题的出现让留学生们渴望有处诉说，有人倾听，有人建议和指导。但是，另一方面，驻外使领馆教育处组的工作人员会越来越多地接到国内家长的来电请他们帮助寻找“失联”的孩子。令人啼笑皆非的是，很多孩子的“失联”是完全自愿的，因为他们不愿意家长找到他们、听家长万里之外还在唠叨；或在与家长产生意见分歧时，承受来自家长不断施加的压力。

我认识的一家三口，父母都在国内外接受过精英教育，又分别在国内外教育领域里有着丰富的经历和广阔的视野。平时与儿子的互动很多，关系也很好。但是，在面对儿子接到的两个美国大学的研究生录取时，父母和儿子很纠结，意见分歧也比较大。由于两个都是美国的顶级学校，分歧的焦点集中在，其中一所学校提供了一年奖学金，而且这个学校所处的城市，消费水平也相对低一些，所以父母有着强烈的倾向；但儿子却更心仪那所没有奖学金、所在城市的消费水平更高的学校。僵持中，父母找到了我。

在直接表达我的观点和建议之前，我首先向父母、随后又通过视频向儿子提出了两个问题：父母和儿子的心愿分别是什么，包括对儿子选择学校和专业、直至完成学业后的心愿？为什么？

沟通后发现，其实双方有着共同的心愿，那就是希望儿子研究生毕业后，能很好地安身立命，能真正地丰富快乐。基于这样的共同立场，再加上平时他们之间的良好关系和互动，也让我们接下来的深入讨论变得容易很多。于是，针对他们的主要关注点，我又提出了以下更具体的问题和建议，并最终令他们全家皆大欢喜。

1. 两个学校的所选专业及其导师分别在业界的影响力如何？

2. 在两个学校的所选专业中，以往毕业生去向以及该专业的校友网络分别怎样?

3. 针对两个学校分别在以上两个问题的优劣有了明确的判断后，解决分歧的建议是：

(1) 由于要去学习的是儿子，所以，应该更多尊重儿子的感受和选择。

(2) 围绕分歧的焦点，即，家庭经济上的考虑，父母和儿子可以运用“KPI（Key Performance Indicator，关键绩效指标）”的思路和方法，针对一些可以量化考量的问题，帮助儿子未来对自己的选择认真负责、自我监督，以最终获得更好的效果，例如，定期拜会多少校友，寻求在实习、就业机会上的帮助。

(3) 儿子还可以向自己心仪的学校毛遂自荐，寻求校园工作或助教的机会。那样，自己既能得到进一步的锻炼，也能弥补父母对放弃奖学金的遗憾。

这些年，这样的情况我遇到很多。那位留学生儿子是幸运的，因为他有两位平日能够良好互动、遇事能够换位思考的父母。而很多家长却会打着“我们都是为你好”的旗号，心安理得地把自己的意愿强加给孩子。一旦发现长大自主的孩子做出的选择与他们的意愿背道而驰时，只会一味地感叹“儿大不由爹娘!”更有的家庭会出现父母与孩子严重对立、互不相容的情况；也就有了前面提到的“自愿失联现象”。

怀揣着去了解现实中留学生的真实情况、为家长和孩子们提供更多贴近他们信息和建议的强烈愿望，又因为女儿的留学地是美国，所以，我首先开始正式走访多位常驻美国、加拿大的教育参赞。最后，聚焦在中国驻芝加哥总领事馆教育参赞陈维嘉和中国驻温哥华总领事馆教育参赞薛浣白身上。但是，书中展现的许多观点和建议，又绝不仅适用于在美国和加拿大的中国留学生。因为，这些教育参赞，一生耕耘在教育政策制定和教育管理战线上。

他们基于对中国教育的全局了解和深刻认识，又结合多年、以及多国驻外使（领）馆教育合作与调研、留学生管理与服务的经历经验，包括全面接触、广泛认识、深入了解国外各级各类教育机构中的管理者、老师和中国留学生后，获取了大量关于中国留学生的第一手信息，所以，其中所呈现出的特点、问题和挑战，是有许多共性的。

为了能给家长和孩子们提供多维度的经验教训和视角建议，我又走访了不少“过来人”。他们中有接触过成百上千名留学生、还经营着自己留学咨询机构的美国名校前招生官；还有自己曾历经大、小留学生生活，后来又在美国和中国从事教育、教学多年的专家；也有在读或刚毕业的留学生，包括我那15岁入读美国高中、现在就读美国本科的女儿……他们的现身说法，更让我感受到，每个人都在不同的维度上经历着自己的动态人生，收获着生命的丰富与精彩。

于是，有了这本书的初衷。

2010年，经过慎重考虑、论证，我们决定送14岁的女儿远赴美国就读寄宿高中。随后，我陪伴她自行开始了繁琐的了解情况、选择学校、申请、面试、实地考察。2014年，我又远程伴随18岁的女儿自主完成了申请美国大学。

在少年留学尚为罕见的7年前，身为母亲，我像所有父母会经历的那样，有做决定前的犹豫纠结，也有因不确定性而有的担忧焦虑，更有对骨肉别离的无奈忍受。7年来，一路跌跌撞撞，女儿像其他留学生一样，经历过困惑、困难、迷失、挫折。我也同众多家长那样，纠结过，思念过，揪心过。

但让我们深感庆幸的是，自女儿出国后7年以来，一周一次的视频交流，短则1小时，长则2~3小时，几乎从未间断过。加上其中近3年间一周一次的“书面报告”，生活学习、娱乐交友，酸甜苦辣，喜怒哀乐，无所不包，无所不聊。母女虽相隔万里，却像近在咫尺。我在倾听、化解女儿的困扰中，她日趋笃定、走向成熟。女儿在倾诉、寻求我的帮助时，我的成长还在继续，我的世界更加丰富。

但是，为了这样的“庆幸”，我们准备了10多年。

在我们做父母倾心所爱后不得不选择送孩子出国留学、与孩子割舍别离时，应该知道，其实别离，并不意味着疏离，就像相聚，也不等于亲密。

因此，女儿曾几次建议我系统总结下我们的亲子关系、特别是怎样成为她“密友”而带给她成长财富和留学“红利”的经历。了解我们母女关系的亲朋好友、留学生家长也一再这样建议。

于是，有了这本书的现在。

带着众多家长、也是我自己关心过的这些问题，书写此书的过程让我相信，虽然书中的很多做法是我的一家经历和一己心得，但贯穿其中的亲子理念，一定能引发广大家长的共同思考。我不是亲子学者，亦非留学专家。但身为国际教育领域30多年的从业者，我希望展现事实，去伪存真，筹备书稿、进行走访时，我好似肩负使命，进行了深入的调查了解和长久的观察思考。作为曾经的留学生，特别是现在的留学生母亲，我深知那份热切和担忧，在书写过程中，我道出自己的亲身经历和得失感受，其中也包括女儿的许多观察与思考。

我衷心希望，女儿和我的经历与了解、体会和感悟，通过与教育参赞、留学生、招生官和专家的交流、相处、学习，透过他们或独特丰富、或具体深入的经历、掌握的海量信息、具有的国际视野和专业见解，以及用自身经历换来的直接或间接的经验教训，能引发广大留学生和家长留学以外更广更深的思考。

这不是一本关于如何申请进入国外大学的指导手册，但祈愿会帮助家长和孩子们真正了解更多留学的价值，减轻在选择国外、特别是北美中学、大学时的纠结焦虑。这也不是针对怎样进入国外名校的宝典指南，却期望能促使家长和孩子们在出国前尽早准备，别离后尽快适应留学生活，应对留学中的挑战，降低留学风险，最大化留学收获。

肖　堰

2017年8月于北京

# 目　录

下篇 **圈内妈妈篇**

# 卷首语

一个不争的事实是，留学早已不是高大上的选择，已经完全进入了全民视野。因此，不论对有教育思考的家庭，还是跟风效仿的父母，不管是学霸，还是寻常学子，一定都绕不开以下10个不同的问题：

1. 送子女出国留学，是投资？还是消费？

2. 出国留学对孩子的现在和未来到底意味着什么？

3. 留学该通过中介还是自主进行？该何时并且如何充分准备留学？

4. 当放眼并不熟悉却满心向往的国外教育时，是不是真正清楚自我的优劣及预期？

5. 如何尽快适应留学所在国家的学习生活并确保孩子的身心安全健康？

6. 面对孩子们出国后遭遇的问题和挑战，究竟该如何准备才能减少问题的发生？

7. 孩子们远隔重洋，父母在这个过程中到底该发挥什么作用、并如何发挥自己的作用？

8. 在满足了孩子生理和生活需求后的留学生活中，父母如何实现对孩子情感归属、自尊自信、独立发展和自我实现的重心转移？

9. 父母如何有效地与孩子进行远程沟通，实现相互信任、充分和谐相处？

**10. 面对国外学校的专业设置和未来就业二者之间的关系，如何理解、选择才能减少焦虑?**

一书之首为卷首；留学，亦为人生的一个“新卷首”。当你继续用心往下阅读此书后，相信本书通过教育参赞的独有开阔视野和教育圈内妈妈的多年实操真练，带给你的不只是对以上留学问题的具体解答，还一定能让你感受到留学带给人生的更大半径和更多可能，以及为人父母的更多成长及更大享受!

这是对留学的探问，更是对人生的求索。

上篇

# 教育参赞篇

# 篇首语

曾几何时,“哈佛女孩”的成功，激励着千万孩子追逐奋斗；“耶鲁爸爸”的磁力，吸引过众多父母跟随效仿，好似“留学指挥棒”：进入常春藤学校，就是家庭教育的成功典范、孩子人生的辉煌巅峰。但在当今出国留学已成为越来越多中国父母和孩子必然的教育选择时，一个简单的事实是，2016年，中国在海外的留学生已达120多万人；其中，在美国、加拿大两国，中国留学生总人数的比例均超过30%。而那些能走进美国顶尖大学的留学生比例。“实际上的概率不足1%，且是尖子生池子里的1%。”[①]

为了溯本清源以正视听，我走访了中国驻芝加哥总领事馆教育参赞陈维嘉和中国驻温哥华总领事馆教育参赞薛浣白。

曾做过大学讲师、副教授、中国传媒大学党委书记的陈维嘉参赞，有着丰富的教学一线和大学行政管理经验。在中国教育部直属高校工作司从处长到司长岗位的16年间，她参与见证了世纪之交中国高等教育的改革发展，考察过国外近百所著名高等院校。她负责组织实施的中国高校领导海外培训项目“耶鲁—中国大学领导高级研讨班”，汇集了中国内地和香港12所顶级大学的30位校长、副校长，对耶鲁大学以及建设高水平大学的若干重要问题进行了全面系统地考察和深入细

① 陈屹：“留学路上的五个坑”，中信书院大讲堂，2016年12月15日，公众号：citicacademy。

致地探讨。

担任过大学讲师、中国教育部人事司处长和中国人民大学副校长的薛浣白参赞，同样有着一线教学、国家教育宏观管理和大学行政管理工作经验。曾经1年的访问学者、8年中国驻比利时王国大使馆教育参赞、3年中国驻温哥华总领事馆教育领事的岗位，更让她有了独特而丰富的海外学习和工作经历。

如同中国常驻所有国家使馆、总领事馆的教育参赞一样，陈维嘉、薛浣白长期驻外工作的第一大职能是负责对中国留学生的管理和服务，包括到所驻国的大学考察访问、了解所有中国留学生的生活学习情况，反映他们的诉求。也因此，陈维嘉和薛浣白两位参赞获取了大量关于中国留学生的第一手信息，以及美国、加拿大教育的核心和本质。

那些留学生、招生官的现身说法以及专家、教授的观察评价，让我的走访了解更加详实丰富。他们当中，曾在哈佛大学及其他几所美国顶级大学担任过招生官的Rachel Robins博士，多年专注于美国顶级大学录取过程及标准方面的研究。她在担任招生官以及后来在自己创建的留学咨询公司工作中，接触了大量的中国留学生。

在美国先后读高中、本科、硕士且先后毕业于康奈尔大学和哥伦比亚大学的林杰，还曾在美国两所百年寄宿高中工作过多年。现又在国内一所顶级国际学校从事教学和管理工作。他所著的《我在美国当老师》以及所翻译的《优秀的绵羊》，已经引起了社会的广泛关注。

他们补充的访谈文字和数据给我的书稿带来了不同凡响的效果，他们也高度评价了我的这部作品具备了三个要素：一是文字有美感；二是思想有深度；三是章节有控制力，这对我来说不啻于是一个最大的激励。

第一章>>>>

# 北美中国留学生现状

## 第一节　参赞详解，中国留学生特点

### (一) 规模、结构、分布的变化

作为越来越庞大的中国留学生家长大军中的一员，就像每位父母一样，女儿出国后的情况，一直牵动着我的心。由于一直以来与女儿的良好互动和充分交流，所以我对她在国外的每一段经历都了解很多。也正因为如此，我知道，女儿的困惑困难、酸甜苦辣一定具有代表性。而其他许多孩子，因与父母的相处关系和交流方式不同，在面对与处理问题过程中所承受的压力和解决问题的效果也不尽相同。

带着这种牵挂、关心，怀揣着更广泛深入了解广大中国留学生在国外情况的希望，我分别与中国驻芝加哥总领事馆教育参赞陈维嘉和中国驻温哥华总领事馆教育参赞薛浣白进行了深入细致地交流。

我们的交流从她们回顾赴美国、加拿大这北美两大国的中国留学生发展过程开始。两位参赞首先从4个方面介绍了赴美国、加拿大中国留学生所历经的变化。

**1. 规模变化**

陈参赞首先谈到了中国留学生在美国的变化。“2015年，赴美的中国留学生已占美国国际学生总数的31.2%，成为美国国际学生第一生源大国。2007~2013年，每年的增长速度超过20%，出现井喷式增长。2014年后，增长速度出现了一点回落，为16.5%。2015年，继续回落到10.8%。”

对于2015年的回落，陈参赞觉得是个理性回归，因为她认为“现在基数已经很大了，不可能再像往年那样仍以每年超过20%的速度增长。之所以这么认为，主要依据一直以来美国大学实行的‘通过招收国际学生来营造校园文化的多元性’的原则，因此，美国不会让某一个国家的学生生源独占鳌头。而如果中国学生比重过大，现在已接近占国际学生总数的1/3，有可能会促使学校采取一些招生限制，以避免引起更多的社会关注和议论”。

实际上，这样的增长速度已经引起了美国社会的关注。轰动一时的“加州参议院宪法第5号修正案”就是其中一个实例。2014年1月，美国加州西裔民主党籍州参议员艾德·赫南德兹提出、并经加州参议院通过了加州参议员宪法第5号修正案。加州大学系统的亚裔学生太多了，要求限制亚裔入学。此修正案当时提出允许加州公立中小学和大学基于性别、肤色、种族、国籍等因素，对任何人或团体做出合法的歧视或优惠的待遇。

虽然由于在美华人持续一个多月的联合抗争、请愿示威和抵制活动，使得美国加利福尼亚州一项涉嫌歧视包括美国华人子女在内的亚裔平等就学权利的法案（注：加州宪法第5号修正案，简称SCA5）被废弃，但已显现出美国社会对某一个国家或族裔学生过多的关注和疑义。

**2. 结构变化**

对于中国留学生在结构上的变化，陈参赞和薛参赞均主要是从改革开放初期与近10年的情况进行了对比。

改革开放初期，留学生主要都是国家或单位公派，且年龄偏大，很多都是具有工作阅历的单位中青年骨干，并主要是去读研究生（硕士和博士）。而现在，美国"这部分人只占到留学人员的5%左右，而且，95%以上的留学生是自费。本科生增长得非常快，已超过研究生。这两大块加在一起，占到留学生总数的80%以上。同时，现在的留学生出现低龄化现象。去美国读高中、初中以至于去读小学的小留学生，也在增加，大约占到5%~6%"。陈参赞这样概括。

在加拿大，"中国留学生在结构上与美国呈现出完全相同的特点：人数增长很快，结构日趋多样，自费生占多数，留学生呈低龄化"。

陈参赞还介绍了另外一个在留美中国学生中逐渐增多的新人群，所谓的"美漂"一族，即以实习生身份留在美国的留学生。他们已经完成学业，拿到毕业文凭，但没有马上回国，而选择在美国实习或寻找工作机会。因为，美国政策允许国际学生毕业以后，可以继续留在美国一到两年做实习，即OPT（Optional Practical Training，专业实习）身份。这样的"美漂"一族，大致占到12%。

**3. 地域变化**

从两位参赞的分析中，我们很清楚地看到，"过去，在美国的中国留学生大都集中在美国东西两岸，因为许多名校都在东部。而西部气候宜人，是华人喜欢聚集的地方。东西两岸也是美国经济最活跃的地带，有更多的实习和就业机会。但是，这两年，这样的格局出现了变化，东西部的中国留学生数量仍然较多，但中西部和南部的中国留学生增长速度更快"。

而加拿大中国留学生在地域分布的变化上也有相似之处，"过去多集中在几个大城市，像温哥华、多伦多、渥太华、蒙特利尔、魁北克这些主要城市的大学里。但是现在中国留学生的分布非常广，可以说在10个省的大学里，几乎每一所大学里都有中国留学生"。

**4. 学校及专业变化**

在美国，"由于以往去读研究生的更多，所以选择综合性大学、研究型大学的学

美国哈佛大学校园里的学子们（摄影：永祥）

生比较多。而现在，留学生选择学校的类型已经扩大到文理学院、社区学院，还包括一些专业类的学院，像音乐学院、艺术学院”。同时，“虽然现在美国的中国留学生选读商科、理工科、计算机的还是偏多，大约占到六成，但是，近年来，选择应用文科、音乐、艺术等专业就读的学生数在逐年增加”。

在加拿大，当今中国留学生选读的专业也“更多样化、更宽泛，由过去大都集中在自然学科类，到现在选择人文学科、艺术类。选择经济管理的也很多”。

## （二）值得骄傲的四大优势

面对中国留学生快速增长的情况以及他们所呈现出的变化规律，两位参赞都不同程度地谈到了在美国和加拿大的中国学生在不同阶段所展现出的优势，也让我在随着留学生人数的剧增而引起的此起彼伏的批评声中，看到了很多令人欣慰的地方。

**1. 英语交流能力相对强**

这是相对于改革开放初期的中国留学生而言。对此，两位参赞看法相同。目前的留学生更多的是“80后”“90后”，在他们身上，英语交流能力相对强的特点也比较鲜明。近年来，在国内，英语学习不仅在基础教育阶段，也在全社会受到空前重视。这些孩子英语学习开始得早，基础比较好，所以，他们的英语交流能力一般比改革开放初期的中国留学生要强。

一位在加拿大约克大学招生办公室工作了近20年的我的研究生同学，也对我说起过相同的印象：“相比以往，年轻一代的中国学生用英语生活、学习、交流的能力已有太多的提高。这应该与国内家庭、学校在孩子很小就重视他们的英语学习有很大关系。而且中国学生在语音、语调的模仿上也很有天赋，因此发音普遍也都不错，这对语言的学习都具有积极的作用。”

**2. 对国外的生活条件、生活方式适应起来比较快**

在两位参赞看来，由于在美国、加拿大的当今中国留学生出国前已经通过互联网、电影、电视等各种渠道接触过很多关于北美的信息，他们对那里的生活方式不但没有太大的疏离感，而且比较容易接受。又由于语言相对以往的中国留学生更好，所以，到了国外后，特别是在与美国、加拿大的同龄人交流起来，也比以往的留学生更容易，譬如聊电影、电视剧、动漫、电子游戏、歌星、体育明星等话题融入更快。

**3. 数理基础扎实**

“要感谢中国的基础教育。”陈参赞这样感叹！在她看来，虽然中国基础教育阶段的训练有不少其他问题，但因为像大量做题那样的训练，使得中国留学生受到的

加拿大多伦多大学校园一瞥（摄影：陈海东）

基础训练很扎实。中国留学生的数学计算能力一般强于许多美国学生。

对此，我也看到过一些美国老师的类似评价，中国学生“在一些学科，尤其是数学方面，成绩非常好。这一点与中国的初高中教育特点是分不开的。中国的中学教育特别重视学生的全面发展，所以无论是文科还是理科学生，数学都是必修的课程。而且中国数学教学体系成熟、完善，学生在数学的学习上通常成绩都很好”。①

**4. 学习普遍比较用功**

这也是两位参赞都提到的中国留学生留给她们的印象。他们大都比较努力，应

① “美国招生官解读中国留学生三大优势”，搜狐教育，2016年7月31日，learning.sohu.com。

试能力比较强，所以，只要准备的过程比较用心、用功，他们大都在考试中更容易取得比较好的成绩。

## （三）民族的未来和希望

陈参赞特别提到的一批在美国的中国留学生中的佼佼者，给我留下了非常深刻的印象。

那是因为2003年开始国家留学基金管理委员会设立的“国家优秀自费留学生奖学金”，使陈参赞以及驻外使领馆教育处组的工作人员有机会密切接触到了那些在留学期间学术表现特别优秀的自费留学生。通过组织评选推荐人选，设立的这个奖学金帮助驻外使领馆在中国留学生中发现了一批非常优秀的人才。“他们是中国留学生的杰出代表。我由衷地感觉，他们非常优秀！他们是精英！是国家、民族未来的希望！那些获奖的中国留学生都有一个共同的特点：本科教育大都是在国内一流的大学完成的，例如来自清华大学、北京大学、浙江大学、复旦大学、南京大学等这样一批正在世界范围内崛起的中国一流大学。他们具有很好的专业基础和科研潜质，在这些国内大学打下了扎实的学科基础。”

最可贵的是，“这些学生到国外后，一下就能进入学科前沿。出国后带着非常清晰的学习目标：他们知道自己要了解什么样的学科前沿。他们学习起来非常勤奋，而且有着对科学的热爱。包括他们攻读博士学位期间在国外发表的论文、做出的一些研究成果，都非常有水准”。

也因此，“在美国的导师对他们非常赞赏！他们很希望看到，能有更多的来自中国的优秀的博士生生源！”

这也让我回想起看到过的哈佛大学心理学教授、教育与人类发展学专家Robert Selman的一段评价：“我带的中国博士生或是参与答辩的中国博士生逐年增多，他们没有一个人是不成功的，学术研究都非常厉害。也许夸张了，但事实就是如此。”①

① “中国留学生如何培养竞争优势”，搜狐教育，2015年4月23日，learning.sohu.com。

## 第二节　参赞剖析，中国留学生面临的挑战

### （一）不容忽视的四大挑战

毫无疑问，在看到随着中国留学生、特别是年轻一代留学生人数剧增以后而表现出的鲜明特点和突出优势时，作为家长，我们都会非常欣慰。

但是，频频见于各种媒体关于中国留学生在国外各种问题的报道，也一定会让广大家长和学生在完成了留学申请后，对迈出国门后的一切未知和不确定感到茫然不安，甚至焦虑恐慌。我接触到越来越多的家长对我说过类似的感受和担心：孩子出国前，家长在身边，还有留学服务机构的一路指导。由于非常清楚整个留学申请过程，一切都似乎能在掌控当中，所以，也就没有太多担心。家长们最担心的是孩子出国以后。屡见各种媒体报道中的中国留学生问题，让他们那颗本来在孩子申请国外大学的过程中就已经悬了很久的心，仍然放不下来。

在国外留学很危险吗？

留学生最容易遭遇什么问题？面临哪些挑战？

怎样规划在国外的生活？如何尽快适应当地的文化？

怎么应对巨大的学习压力？

……

薛参赞不论是在国外工作还是回国后，还会遇到不少家长的一种认识误区：“既然国内升学压力大，就通过把孩子送出国门而解救他们出苦海。在这些家长看来，似乎出钱把孩子送出国门学习，就解决了孩子学习的所有问题，自己也可以彻底卸下家长的负担了。”

然而，现实告诉我们，出国学习，特别是开始阶段，问题和困难会接连不断出现，挑战也会逐渐增大，考验也才刚刚开始。

我和女儿以及我遇到的很多留学生和他们的家长所共有的认识和感受也是："出国后，新问题，新压力，新挑战都比国内更大。"女儿还特别针对他们这些去美国就读私立高中的同学开玩笑地说过，其实他们更加"命苦"。因为，在她看来，中国学生在国内是初中忙碌，高中辛苦，大学相对轻松。而他们出国读高中的学生则是初中忙碌，高中紧张，大学更要拼命。以美国私立高中为例，不论是平时，还是考试前，每天都要为各门课而读数页书，写各种各样的论文、实验报告。再看看美国升大学的要求，又比国内更多样、更复杂，除了要求平时的课业成绩（GPA）外，还要参加语言标准考试，还会包括课外活动、领导力体现、社区义工等一系列其他要求。

"所以，出国学习，不是出国观光。而如果认为孩子在国内问题太多，送出国学习一切就能迎刃而解，那是彻底的误区！"薛参赞这样郑重提醒说。

陈维嘉、薛浣白两位参赞，通过几年在驻芝加哥和温哥华领馆教育组的工作所接触到的第一手信息和实例，从4个方面道出了中国留学生频频遭遇的问题和挑战。

**1. 语言问题是排在第一位的**

虽然像两位参赞都认为的那样，与以往相比，当今的中国留学生在英语应用能力上已经提升了很多。但在薛参赞看来，"要让他们用英语听课、讨论，特别是书写论文，还存在着非常大的问题。用非母语听课、讨论、写论文，而且作业量还很大，挑战可想而知。而面临种种挑战时，留学生们通常各方面明显准备不足。在这些过程中，他们还要面对来自不同国家带有浓重口音的老师。尽管学生们最终也能够适应，但都需要花费一定的时间。所以，每当有家长、学生来问薛参赞时，她都会建议他们，在英语方面怎么下功夫准备都不多"。

**2. 一些学生的学习目的不明确，且比较功利**

根据陈参赞的了解，"有些中国留学生对于'出国留学意味着什么？''追求的目标是什么？'等还比较迷茫”。她认为:“这主要因为他们中间有些人出国留学或选择专业，仅仅是遵从了父母的意愿，还有的只是觉得，国外的生活条件、学习条件比国内更优越，因此才选择出国读书。”

“而还有一些学生的学习目的则比较短视、功利，因为他们仅仅着眼于是否好找工作，收入是否高等方面，但缺乏对自己学科专业真正的了解和热爱。那种出于对科学的热爱和追求，而充满好奇心和旺盛求知欲的孩子，相对还是少了一些。”

**3. 亟待提升的独立能力**

“有一些孩子独立生活能力比较弱，生活学习中碰到问题不知怎样应对和处理。有的孩子心理也比较脆弱，又不善于处理人际关系、容易陷入与周围世界不相容，甚至抵触的情绪之中。”对于陈参赞提出的这个在许多中国留学生中存在的问题，薛参赞也表示非常赞成。她说:“学生独自在外，对他们的自我约束、自我管理的能力，其中包括目标管理、时间管理等方面的能力，提出了更高要求。而我国有的留学生哪怕是最基本的到校听课、完成作业，都难以做到。”薛参赞还坦言:“在巨大的压力面前，学生很容易通过上网玩游戏，聚会玩乐，毫无节制、甚至放纵自己。这种现象在加拿大具有一定的普遍性。而在国内时，往往家长又包办得太多，许多问题都让家长提前帮助解决了，把路都铺好了。当学生独立在外时，会一下变得茫然不知所措。再加上环境、学业的压力，一些学生就会出现放纵自己，放弃学业，终日以玩乐度日的现象。”所以，薛参赞反复提醒决定送孩子出国学习的家长:“要在孩子成长的最佳时期，好好锻炼他们独立生活、独立思考、独立判断、自我规划、自我管理的能力。”

**4. 文化冲突**

在薛参赞看来,“有些所谓‘文化冲突’，实际上是与道德价值观、法律法规意识相关的问题，因为如果依照国内的标准，有些看似‘文化冲突’，但实际上是常识常理；有的则是不论走到哪里都应该遵守的道德规范。只是由于从前在国内已经习以为常、不认为有什么的问题，或虽然都有各种各样的法律法规，但实施、执行起来不甚严格，致使一些留学生已习惯了有章不循、有法不依。所以，一旦到了一个规范清楚、法律严明的国度，他们就很容易触犯警戒线，像考试作弊、论文抄袭等。而在加拿大，一旦学校发现有这两种现象，一定是零容忍，立刻勒令退学”。

下面这个例子，让薛参赞想起来还痛心疾首。

有一位公派留学生，曾是从以前所在的国内大学里千挑万选出来、享受着国家奖学金来加拿大英属哥伦比亚大学读书的。来加拿大后，学业也非常优秀。他选修了一个与自己以往学习领域非常不同的专业方向，因此，加拿大的导师也建议他要补修一些课程，以弥补自己以往在这个专业方向基础不足的问题。他因为过于自信而选修了过多的课程，以至于在时间上大大透支。在准备一篇老师布置的作业论文时，由于时间紧，他抄袭了其他一些论文的内容。被学校用软件检查出对于论文的引用比重，如果超过30%，就会认定为剽窃。最后，英属哥伦比亚大学坚决要求这位学生退学。

薛参赞认为，更令人担忧的是，“这种抄袭情况在加拿大的中国留学生中比较具有代表性，只是做法不同而已。而我国留学生之所以出现这些问题，或因漠然无知，或因习以为常。这样的行为，直接殃及那些遵纪守法的本份学生，殃及目的地国家对所有中国留学生的信任”。

还有更为可悲的是，不少学生、家长和应试培训机构对待作弊的认识和态度，他们不但不以为耻，反而会为通过考试获取高分而采取各种手段，为作弊推波助澜。再结合薛参赞经历过的中国留学生在国外有意、或因无知而发生的作弊事例，实在令人痛心！

美国厚仁教育发布的《2015版留美中国学生现状白皮书》中列举的被开除的留学生群体的数据中，因为学术表现差或学术不诚实的占80.55%。国内诸多媒体转载的美国媒体报道实例，读起来也同样令人唏嘘：弗吉尼亚理工大学的一名黑龙江籍女生承认了自己的SAT和托福成绩由别人代考的事实。结果等待她的可能是2016年2月4日法院的高达5年监禁或被驱逐出境的结果。

在谈到与“文化冲突”相关的问题时，薛参赞还特别提到了对“隐私权”的不同理解和是否尊重上:“在加拿大，很多个人信息被视为‘隐私’。是‘隐私’就会被绝对尊重，甚至被看作至高无上。例如，学校绝不会在未经过学生本人许可的情况下透露学生的课程学习情况，更不会透露他们的考试成绩，特别是考试成绩，会被认为是学生的最大隐私。”薛参赞在加拿大工作期间，就经常遇有家长来信、来电，让他们帮助了解他们孩子的在校成绩。“但在没有学生本人允许的情况下，我们绝不可能了解到。”

“还有一种也被学校视为隐私而不会随意透露的，是学生的联系方式。因为在学生入学时，学校会要求学生填写注册表，其中在关于个人信息中，通常都会要求学生注明：是否愿意信息外漏。而如果学生填写的是‘不愿意’，学校就绝不会透露。即便是家长委托使领馆教育处组的工作人员通过学校联系学生，但如果学校发现注册表中学生在‘联系方式’一栏中表明‘不允许透露’时，就一定不会透露。那时，使领馆的工作人员就不得不先请求校方联系学生，但至于结果，他们可能会告诉我们，也很可能不告诉，主要取决于学生本人的意愿。所以，这种情况下，使领馆教育处组的人更多地还是依靠中国学生学者联谊会，根据各种蛛丝马迹寻找到学生的踪迹，转告家长的担心和焦急，再让学生本人尽快与家里联系。总之，通过这种事例，我们可以清楚地看到加拿大大学对待学生‘隐私’的重视程度。”

薛参赞提到的另外一个因对“隐私”理解不同而容易引发的问题是，不少留学生在学习或生活方面遇到困难时，发现周围的加拿大同学非常“冷漠”:“‘他们都看出我有困难了，也不关心，更不会主动伸出援助之手。’我常听到一些留学生这样抱怨。其实，很多情况下，这也是观念不同导致的，因为对加拿大学生来说，你确有困难，但正因为是你自己的问题，你如果不说出来，不求助于别人，就被视为不希望别人知道，就会被认为是隐私，也就会理解为别人的过问和帮助会令你尴尬。这样下去的结果就是，我国留学生误解为加拿大同学都有天生的优越感，对别国学生漠不关心，甚至怀疑他们看不起人。但事实可能并非如此。”

由于教育参赞在驻外教育处（组）的工作重点之一还包括去所驻国的大学访问、调研，所以，在几年间与驻芝加哥领馆辖区内的美国各大学国际生事务管理办公室的负责人一次次会面、交流中，陈参赞通常会针对以下3个方面的问题了解领馆辖区内学校的中国留学生情况：

a. 中国留学生的主要问题都在哪些方面？

b. 校方怎么看？

c. 有什么需要使领馆提醒学生或配合帮助的？

美国斯坦福大学校园的咖啡馆里（摄影：永祥）

这些负责人的看法往往会集中在以下4点：

a. 中国留学生学习的主动性不够。

b. 对一门课程的热爱以及学习动力不足。

c. 不主动寻求老师的帮助，不爱向老师提问题。很多老师反映，中国学生很少来找老师。

d. 上课不爱发言，只爱记笔记。

当然，这些美国老师也会夸奖中国学生学习踏实、刻苦努力。

## （二）与日俱增的交通事故和心理疾患

在谈到备受家长关注的“留学安全问题”时，两位参赞都把“交通事故”“出行安全”排在了第一、二位。

### 1. 交通事故

“涉及在美国的中国留学生安全事件中，发生频率最高的还是交通事故。以我所在的芝加哥领区为例，涉及留学生安全事件每年都会有十几起。其中，交通事故占到60%~70%。最令人痛惜的是，有些事故是完全可以避免的。”一说到交通安全问题，陈参赞马上表现出强烈的关心和担心，“我们有些学生把在国内开车时养成的不良习惯也带到了美国。例如，频繁变换车道，与行人抢道等习惯。这些习惯在国内大家都习以为常，而在美国，大部分驾驶者都很守规矩，不轻易变道。所以由于他们没有防范不良驾驶习惯的意识，他们的车速也就飞快。咱们的孩子，一旦到了美国还沿袭国内的不良驾驶习惯，就会把自身、也把别人置于非常危险的境地。在美国，大部分地区的人们，都是非常守规矩的，因为交通信号的确起着管理行人、保护行人的作用”。

一位发生在来自云南的年轻女留学生身上的惨案，让陈参赞现在回忆起来还异常痛心。

那是一位在当地的一所教会大学读本科的女大学生。一天晚上在学校附近横穿马路时遭遇车祸，不幸身亡。驾车的是一位美国老太太。最后法庭判驾驶员无责，因为她只是按照路口交通标示正常行驶。当然无法知道这个女孩子为什么没有注意到红绿灯标示而停止穿越马路。但就在这一瞬间导致了本不该发生的惨案，令人痛心！

薛参赞在温哥华工作期间，也陆续遇到、处理过中国学生的交通事故，有的是因粉碎性骨折住院而影响学业；还有的甚至是危及生命的恶性事故。

**2. 心理疾患**

2016年暑期，我和在国内度暑假的女儿一起参加朋友聚会，其中一位好友说起她刚参加完儿时密友为女儿举办的一个追思会。那个女儿一个月前在美国的大学里因忧郁症自杀身亡，年仅22岁。这时，只听我女儿脱口而出："那是我的学姐！"

我马上感觉到了在场所有朋友受到的震撼——生命如此脆弱！无常就在身边！而有关这类悲剧的报道，我们看到的也越来越多。

目前在美国，"因患心理、精神疾病而致使留学生无法继续学业的情况，大致占到20%~30%，并且有上升的趋势"。根据陈参赞的介绍，在这些心理疾患中，严重的有"时常发生失常行为或暴力倾向。这种情况下，学校一般会把学生送到精神病院或建议回国休学，甚至还会取消学籍"。

另有一些则是"像抑郁，自杀倾向，自我封闭，不与同学老师联系，也不与家庭联系的情况。学校发现这种情况后，如果证明不能再继续正常学习的话，会建议学生休学”。陈参赞工作过的驻芝加哥领馆教育组，几年前曾经派一位领事护送一位患有严重精神疾病的公派留学生回国治疗。由于病情严重，航空公司要求必须有人护送。但这是一个特例。面对现在庞大的留学生群体，领事馆很难再承担这样的事情。

针对这样的问题，虽然没有在加拿大的中国留学生中做过具体数据统计，但薛参赞从工作期间不时听到或参与处理的案例看，也感到了明显的增长。“就像我前面说到的那样，第一，因为出国留学的学生总量在急剧增长，这种现象的增加倒不足为奇；第二，因为在国内，由于家长的过度保护、关爱、安排，孩子们太顺利了，一旦到了国外那种一切靠自己、学习压力又大的环境里，再加上家长的不理解，便容易变得脆弱，甚至放弃自己。严重的则患上了忧郁症、狂躁症；第三，学生们遇到问题，无处倾诉，无人倾听，又不善于寻求帮助。”

薛参赞就亲自接触过这么一位患有狂躁症的自费留学生。

那位学生因酒后与同学发生激烈争执而导致同学报警。当警察发现该学生情况异常后，就把他送进了医院，并通知了教育组。其实，这位学生在国内时就有一些狂躁症的端倪，但服药后症状消失，家长因此认为，孩子到了国外不会出现什么问题。这完全是一种盲目乐观的主观误判，因为到国外后，陌生的环境、语言、更加沉重的学习压力，只会导致病情爆发得更快、更严重。最终，在医院的建议下，这个学生因无法继续学业而退学回国了。

在两位参赞看来，虽然在北美几十万中国留学生大军中，遭遇身心问题的人数还是绝对少数，但留学生基数的剧增以及在海外学习生存环境的巨大压力，特别是在他们遇到问题、面对压力时，没有人帮助他们分担、排解，已让日益严重的身心健康问题成为不争的事实，令人非常担心，也值得关注留学生群体的各界人士高度重视。

## （三）无知、无视法律法规的隐患

如果说，对在国内看到、听到有关中国留学生在国外因无知、无视当地法律法规而引发严重事件的报道还将信将疑的话，那么，在听了陈参赞介绍后，我发现，国内报道的那些情况不但绝非个别，而且随时随处可能发生。

“我们遇到过一位中国留学生，因为认为老师对他不公平而与老师发生了口角。事后他给老师发了封电子邮件，使用了诸如：‘我恨不得开车把你给撞了’这样的恶毒字眼来发泄自己的愤怒。老师收到邮件后，没有去找那位学生理论，而是拿着邮件去报了警。随后，就是警察对学生的调查、询问和干预。对于这样的做法，中国学生往往接受不了。‘我并没有任何实际行为，而只是情绪失控后的发泄。’但对于美国人来说，这样做却是非常严重的。”

这让我想起2016年2月发生在美国爱荷华大学一名来自中国上海的留学生身上的事：因他在社交媒体上发布一则“这学期我这么认真学习，如果学校还是让我挂了，就让教授们体会下当年卢刚的恐惧”的微博，即刻被校方开除，并被遣返回国。关键是，为了避免误会，这位学生当时还特意是用中文发的贴，目的只是想让圈里的朋友知道他还是很认真地在学习。实际上，他连当年卢刚案件是怎么一回事都不太清楚”①。类似这种因中国留学生无知触犯当地法律的事件，日渐增多，屡见报端和网络。

“其实，别说自身安全，即便是发现别人安全受到危害、威胁时，美国人作为旁观者，很少会上去辩个输赢，而是会立刻报警去加以制止，哪怕是碰上男女生之间谈恋爱而发生争吵或者肢体冲突时，美国人也会报警。”陈参赞在美国工作期间，

---

① “中国留学生因朋友圈发‘玩笑话’被美大学开除”，《西安晚报》，2016年2月15日。

就曾遇到过这样一件事。

“一对正在谈恋爱的中国男女学生有一次发生了激烈争吵，结果，男生把女生推倒在地。过路人看到后马上报了警。警察来后，立刻将男生抓捕了。而这时女生反而替男生辩解：‘我们是在因私事争吵，与你们无关。’但是警察不但照抓不误，而且还把那位男生拘留了几天。美国人不认为这是可以放过的事情，因为，那位男生动手了，是向一个处于相对弱势的女性动的手，而且被别人看见了，所以，他就被视为有暴力倾向和行为而必须受到控制。”

在美国，每个州都有自己的立法权。各州的法律时常会与人们的日常生活紧密相连。美国人习惯通过法律程序解决问题，有时，哪怕是违反了交通规则，也会通过上法庭这样的法律渠道解决。而在中国，我们有时会感觉，法律离我们很远，不至于那么容易发生与法律相关的问题。很多时候，在中国校园里看起来是件平常习惯的事情，在美国校园里就会被认为非常严重。

很多时候，自己单枪匹马无法制服罪恶暴力或以强欺弱的行为，却可以借助警力、借助法律去制服。陈参赞介绍的另一个到美国读本科的留学生经历，也非常值得广大留学生借鉴。

这位留学生在刚踏上美国国土时，按计划是有学联会的大巴士去机场接机的。但由于当时车上人员已满，他就自己选择搭乘出租车。从芝加哥机场到他所读的学校，大概两个小时的车程，最多应付两三百美金的出租费，但那位司机要了他2000美金。虽然这个孩子知道那名司机漫天要价了，但由于人生地不熟，他却不敢声张。最后乖乖地支付了2000美金，也没有索要收费凭据。

当学校学生会得知这件事时，很希望帮助这位学生诉诸法律，哪怕是他当时能记得那位司机的车号或其他相关的信息，学生会都认为有胜算的可能。但这位学生没有这方面的意识，什么都没有记下。

在这些隐患中，陈参赞还特别提出了另一个绝不容忽视的问题：炫富。“由于当今中国不少家庭经济条件好，为了孩子更是有求必应。动辄就买豪车，在学校里十分抢眼。而在美国，一些大学处在远离城市的边远地区，学校里的学生，特别是当地的美国学生，即便开车，也大都是普通、实用型的车。有些留学生不愿住学校提供的学生宿舍，而是在校外租当地最好的房子居住，或居住在父母帮助购买的大房子（house）里。”这是不少中国留学生及其家庭不顾当地的实际情况而容易把孩子暴露在更多的不安全因素中的做法，以这样的孩子为目标的危险因素也在不断增加。

## 第三节　北美师生眼中，中国留学生的问题

### （一）教授观点大起底

中国留学生人数急剧增后，产生了越来越多的问题，让与他们在教学中密切接触的教授看得更加具体、深入，说起来也更加直接、尖锐。“在哈佛大学肯尼迪学院任职的名叫Julian Chang的教授分析说：中国在美留学生人数是印度的2~3倍，却仅有6%的人获得美国工作签证。而能够获取这一签证的印度留学生则超过60%，并在世界各国的著名企业里已形成了一个庞大的CEO兵团。其实，两国学生在职场上的差距，从课堂上就能看出来。”①

中国学生：语言吃亏；热衷抱团；划地自限；沉默谨慎。

印度学生：语言流畅；积极融入；多元开放；能言善辩。

对于中国留学生在国外容易扎堆抱团、自成一体的现象，会经常看到不同专家

① “哈佛教授：我在课堂上看到的印度学生和中国学生的不一样”，环球网留学，2015年10月19日，http：//lx.huanqiu.com/lxnews/2015-10/7786427.html。

的这种共同看法。

现任美国波士顿萨福克大学历史系副教授的薛涌，在他的《跟着薛涌留学去》一书中引用了美国特拉华大学英语中心主任的评价：一些中国学生“频繁转换课程，目的是和其他中国学生待在一起……”之所以会出现这种情况，薛涌直言不讳，是因为“这些孩子在国内一切都被家长安排好了，接受的是应试教育，进入美国的大学后，突如其来地获得了自由——大多数事情没人替他们安排，要自己做决定，而且是在一个不熟悉的文化和社会环境中做决定。这种规划人生的能力，恰恰是中国式教育一直回避的。所以，面对这么大的转折，这些中国学生不知所措，甚至被吓坏了……惶惑不堪或被吓坏了的人凑在一起，至少互相还能壮壮胆子”。①

造成中国学生容易聚在一起的原因，薛涌分析的视角独辟蹊径。“如果从教育的目标出发，美国大学招收外国学生视为让校园文化更加多元化，使学生和来自世界各地的人有更多交流机会，为日后全球范围内的互动做好准备。但是，在财政压力下，为了赚学费盲目扩招中国学生的美国学校，大多数在教育上乏善可陈，甚至严重缺乏应付国际学生的经验。中国学生在这种学校突然多得不成比例，不仅打乱了正常教学秩序，同时也瓦解了中国学生的‘美国经验’……”②

在不少美国教授眼中，还让我们看到了陈参赞前面提到的一些留学生在学习上表现出的那种“功利心”。

出生在我国台湾的张可昭教授，从美国西北大学获得博士学位，自1984年开始在伊利诺伊大学任教，之后又到爱荷华州立大学工作，从事软件工程领域的教学和研究已经有30多年，接触并培养了很多中国留学生。他发现，有些中国孩子考虑自己及物质上的回报多些：“我所在州立大学招收的美国中西部学生多些，他们都很朴实。在招生时，如果有中国学生和美国学生，教授还是会优先考虑美国学生，因为

①② 薛涌：《跟着薛涌留学去》，北京大学出版社2013年版，前言。

知道他们一旦选择做学问，一般会坚持下来。”在这种情况下，如果是中国学生，张教授的美国同事就会有更多的担心：“他们是否会坚持把论文做出来，特别是当美国的就业市场景气回升时。”[①]

对此，普林斯顿大学分子生物学系教授康毅滨的观察不谋而合：“很多中国学生从小养成了很强的竞争意识。有些学生进入该校后，心太急，享受不了科学研究的乐趣，而把实验看作‘计件劳动’，急于求成，一旦不如愿，就垂头丧气。而有些学生进入该校后发现，自己辛辛苦苦读了那么多年书考进来，却不是自己喜欢的、擅长的，很迷茫。”[②]

在许多美国专家、教授看来，更普遍存在于中国留学生中的问题，还是表现在课业学习上。

比较全面地代表美国教授对中国留学生普遍看法的，是哥伦比亚大学教育学院林晓东教授曾邀请美国多所大学科学、人文、商科和工程等专业领域的35位美国大学教授就以下两个问题所作的回答[③]：

a. 在你们的课堂上，中国学生经常遇到哪些困难？

b. 你会建议中国学生提高自己的哪些技能，从而让他们在学术上获得成功？

林晓东教授归纳了这些答案中所有教授都提到的在三种技能上中国留学生的问题。

---

① “美国华人教授：中国孩子基础好也勤奋，但怕跌倒”，新华网，2014年11月13日，http：//news.xinhuanet.com/overseas/2014-11/13/c_127205805.htm。

② “中国留学生在美国课堂遇到的最大挑战”，新浪教育，2014年3月31日，http：//edu.sina.com.cn/a/2014-03-31/1024241384.shtml。

③ “林晓东：留学生亟需提高跨文化交流能力”，“林晓东专栏，做具有跨文化交流能力的中国公民(一)”，林晓东，翻译：李道全，中国教育新闻网——《中国教育报》，2012年7月20日，www.jyb.cn。

**1. 写作能力**

林晓东教授认为，写作对每个学生来说的确都是一件很不容易的事情。西北大学经济系的Voli教授对此是这样回答的："大多数中国学生学习都很勤奋刻苦，他们也很听话。我布置的任何作业他们都会尽全力完成。然而，他们只是把我告诉他们的或者书上说的写下来，他们太习惯于复述别人的观点，却不能说出自己的故事、形成自己的观点。这是最大的问题——没有自己的观点。"

从问卷中看出，美国教授除了认为中国留学生因英文水平不够而确实有所影响外，还有更重要的两个因素，即缺少大量阅读和批判性思考的能力："在美国读书的中国学生常常抱怨教授们布置的阅读材料太多了……而在美国读大学或者研究生，每周的阅读量动辄就上百页。一个历史系的学生每两周读一本厚厚的大部头著作是家常便饭。"

**2. 提出问题并批判性思考问题的能力**

参加调查的一位纽约大学的教授说："中国学生很善于总结，但不善于批评、分析和提出自己的观点。"

这也是多位教授在问卷的共同评价：中国学生在课上更容易被动地坐在那里听，而不是主动积极地参与。"他们需要有质疑能力，需要问问自己哪些证据可以证明或者证伪前人或其他人提出的观点。对于中国学生习惯以考试成绩高低论优劣的思维模式，这些教授们颇有微词也颇为担心……"

**3. 良好的表达和沟通能力**

亚利桑那大学Levin教授在答卷中抱怨："不论我怎么鼓励我的中国学生，他们就是不说话！在我的课上，最安静的一群人肯定是中国学生。他们不说话，我无法确定他们是否听懂了我讲的内容。"伯克利大学教育学院的教授Gomez反馈说："我的中国学生只有在得了低分后才找我沟通。其实，他们应该早点来跟我讨论一下怎

美国麻省理工学院新生活动（摄影：永祥）

样才能得高分。我真的不太理解，他们似乎很少在课外与教授们接触……”

## （二）对话“藤校”招生官

因为一些机缘巧合，我结识了曾担任过哈佛大学招生官的Rachel Robins博士以及在中美两国分别担任康奈尔大学校友面试官多年的林杰先生，并成为了好朋友。

多年来，因为工作原因，Robins博士接触了众多学生，包括许多在美国的国际学生和中国留学生。因此，对于中国学生面临的挑战有她自己的感受。

Robins博士认为，就像从其他任何国家来的国际学生一样，其实也包括美国学生在内，不同学校的学生所面临的问题都有所不同。然而，在她看来，这其中都有值得令人关注的共同问题，主要包括以下几方面。

**1. 语言障碍**

显然，来自英语非母语国家的学生用英语学习课程时，特别是在他们来美国的初期，会同时面临两大挑战，由于不可能完全进入英语环境练习，他们首先要理解英语语言本身；然后才能试图领会、掌握内容。这也就要求国际学生们花费更多的时间在看书、作业和学习上。

**2. 与美国不同的学习方法**

美国大学更强调对概念的分析和应用，需要用尖锐的眼光去批判、质疑已有的知识，并通过讲出自己的经历，去形成自己的观点。而来自其他国家的许多留学生以往所熟知的教育方法，更集中在对信息的记忆背诵，把已知的或从老师、书本上得到的知识、观点复述出来。

所以，国际生、包括很多中国留学生们需要花费很多时间去适应新的学习方法。当然，也有留学生当发现教授们希望他们怎么做、并训练他们如何做时，他们会因为感受到与原来在自己国家的学习方法不同而产生尝试去改变的兴奋。

**3. 孤独、想家**

乍一来到美国，留学生们自然会感受、经历到许多“文化冲击”，继而想家、想父母。他们还会遇到交友困难或感觉他们游离于同学们以外，特别是在那些国际学生比例比较低的学校里。所幸的是，越来越多的国际学生，包括美国学生都感受到了这些，并随着时间的推移，他们在校园里越来越愿意、也能够相互融入，交上朋友。

在美国读高中、本科、硕士，继而在美国两所百年寄宿高中工作过多年的林杰，现又在国内一所顶级国际学校从事招生录取、教学和管理工作。多维度经历，让他每“回眸自己的过去并细心观察身边“90后”和最新一批“00后”的小留学生”时，特别是面对日趋上升的小留学生心理健康问题时，都感慨万分。也因此，他对小留学生的关注又更多一些。在谈到留学生在外的遭遇和问题时，林杰一口气列举了他接触的三个不同的小留学生故事以及从中折射出的一些共同的心理问题。

第一个故事中的小男主角Henry，让林杰想到了自己在美国的中学时代。被公认的自律和努力，出国后，一直感觉背负更大的对父母顺从和“做一名中国优秀学生”的责任。他活得有些沉重。

第二个故事涉及到两位男高中生，本是一对密友。但其中的一位Ben在学习方面崭露头角后，另一位Tim便开始疏离甚至会制造些阻力。这种在国内习以为常的竞争意识，并单纯以学习成绩论英雄的态度，到了西方多元评价体系中，会显得脆弱、急切而对自己心理产生重创。在美国，“成绩优秀固然值得认可，但绝不是全部。不少学生学习并不顶尖，但会从体育、艺术或社团中找到自信。这也造就了美国人的‘百姓心态’：他人强，我也强，各有特色，无需自卑，也不自傲”。

第三个故事中的Sam，即便在年满18岁时，还会因得不到自己想要的东西时，选择离校出走的这种心智远低于同龄人的幼稚做法。

由于通常事情发生了以后，学校、家长才采取措施的“滞后关注”，而措施也大都是休学、转校、留级等，所以，小留学生们的心理健康问题，随着这个人群的日益壮大而日显严峻。

而这些问题发生的根源，在林杰看来，更主要还在家庭，在对孩子的早期教育和训练。何况，一味指望学校关注解决这个问题，显然很草率，更不现实。

## （三）留学生自己说

无疑，作为旁观者的专家、教授们，他们的清醒分析、评说能唤起作为当事者的留学生们更多反思反省；也有助于那些即将成为留学生的后来者们、包括家长们

美国康科德学院寄宿高中校园一角（摄影：永祥）

引以为戒、早做准备。

分析和评说的冷静与理性，取代不了中国留学生亲历的切肤之痛和痛定思痛后的成长与进步。所以，听听留学生们自己的心声，也有益于我们从多维度看待、理解并帮助他们更好地准备、面对问题。

“当我们习惯性地把父母的投入成本和自身的收获所得连接在一起时，中国留学生在外的‘相处粘度’越高，接受的社会舆论压力就越大。而这种背井离乡之人寻找落脚点与归属感的最自然之举和人类最基本的情感需求，在留学生们自己看来，被无限放大了。”①

而这只是众多中国留学生面对众多压力时发出的一种声音。

“这些背负着父母投入、承载着父母希望的孩子们，被社会认定是优秀的。这就迫使他们不得不努力让自己变得越来越优秀。但他们内心的那份孤独、那些对理解的渴望，却常被忽略……”②

“海外的留学生其实是一个艰辛接着又一次不易组成的。”来自留学生们的这种心声，让我们感受到了没有见到最爱自己的父亲最后一面的终生伤痛；让我们体会到了阑尾炎被校医误诊为痛经，打了止疼针、考完试后又吐昏，还不得不自己去医院挂号填表，却因阑尾已穿孔要尽快手术的艰辛不易；让我们理解到了成绩下降、与室友吵架、宿舍着火、被人跟踪的雪上加霜③。

一次，我和女儿参加多位留学生家长和孩子一起组织的聚会。席间，有家长提议让孩子们说说在国外遇到的最让自己难受的问题。开始，孩子们似乎都不太愿意说。直到其中一个先开了口，其他孩子的话匣子也才跟着都打开了。

“一开始用自己原先掌握的那点儿‘课堂英语’去购物、吃饭、开银行账户、租房、搬家……更要去与英语为第一语言的同学长篇大论地讨论、回答形形色色的问题……那种因自愧不如而产生的不自信，让我们更不愿开口多说……”

“本来在外花的是爸妈的钱，所以，去超市时，我只挑便宜的买。有时想通过下馆子、看电影或逛商场、买新衣舒缓内心的巨大压力。但每刷一次卡，看着刷刷飞入账单的支出，上面还有书籍、房租、水电、电话的费用，心里就多一分内疚……”

---

① 2016年8月2日“搜狐教育频道国际教育风云录”专题，唐羊：“留学生自述：我与外国友人们的相爱相杀”。

② “留学党的自述：我们是中国最幸运的孩子，也是背负压力最大的一群孩子”，微信公众平台“北美家长频道”，2016年11月5日。

③ “中国留学生的海外心酸：同一样东西吃了2个月”，微信公众平台“留学这点事”，2017年2月4日。

“每天沙拉、面包、半生不熟的米饭、毫无滋味的菜，让我哪怕是跟爸妈通话时，都不能提什么烤鸭、饺子、涮羊肉之类的，不然的话，我都恨不得把手从加拿大立刻伸到我们家的锅里……”

“我曾看到过一位老一代留学生写的文章：当年他们人少，比较孤立，所以有更强大的动力去努力融入。但是现在，我们随时都能找到一个‘同乡’。人是容易有惰性的，当有了更容易、‘舒适’的选择，就不愿意自找麻烦地跨出‘舒适地带’，去更主动地融入多元文化，熟悉周围环境……”

第二章>>>>

# 如何能够更好地留学

## 第一节　参赞的建议

### (一) 身心健康是保障

从女儿幼年起就形成的亲子沟通和关系模式，对她一路求学和成长过程的久远影响和巨大支持，让她一直深深感念。也让我享受着时空相隔却心意相通的亲密母女关系。

然而，从许多留学服务机构为留学家庭举办的离境行前准备会上却经常能看到不少家长忧心忡忡，担心离孩子越来越远，不止面临家庭空巢，还要面对孩子的不理解，甚至留学失败等风险。从那些留学失败的案例中看出，孩子出国前像考试、申请论文之类的“硬件”准备往往是充分的。非常欠缺的是出国生存和学术能力。

从此书前面章节的介绍中我们已经了解到，这些也是教育参赞、专家、教授以及留学生自身的共同看法。而其中，“在生活能力欠缺方面，因亲子沟通问题导致留学失败的，最为突出”[1]。越来越频繁见诸各种媒体关于中国海外留学生心理疾患、甚至因此而引发的家庭悲剧报道，也让我们不难得出结论，良好的亲子关系对孩子的心理健康会产生多么积极重要的影响和作用。

针对日益增多的留学生心理健康问题，两位参赞也都强烈呼吁家长的重视。由于家长与孩子相隔遥远、身处两地，如果有良好的亲子关系，便能及时了解学生的变化，特别是精神、心理变化。否则，很难及时掌握。更有的家长在得知孩子出现了心理问题后，不愿意面对这样的现实，而采取拒不承认、自欺欺人的做法。

“我们就时常会遇到美国大学找到我们，请求我们帮助去做通家长工作、一道面对现实的情况。”因此，陈参赞反复提醒：“家长要保持一定程度的敏感和警觉！很多时候，我们会把精力花在说服家长面对、接受现实上，因为，许多家长完全不愿面对、接受自己的孩子有心理疾患的现实，他们不相信孩子会有这方面的问题，而认为孩子完全能继续学习。”所以，两位参赞强调，广大留学生一定要保持积极乐观的心态，预防心理疾病的发生。

同时，留学生在外读书期间，一定要注意出行安全，避免任何不该发生的惨剧！这个问题，也应该引起广大留学生家长的重视，不断提醒孩子们。

防范安全问题的有力措施之一是购买健康保险。这是陈参赞提出的非常具体而又重要的建议：“由于美国的一些健康保险覆盖面很大，而购买和没有购买保险，结果差别非常巨大。在这方面一定不要心存侥幸或不认为是必须。芝加哥领馆辖区内的一所大学里，一位中国留学生出现了精神疾患后，校方非常重视，与领馆教育组多次沟通后，最后校方委派了两位人员护送学生回国，一位是护士，另一位是学校的管理人员。他们的路费就全部由保险公司承担。”

而陈参赞介绍的另外一个由于没有购买健康保险给学生和家庭造成重大伤害损失的相反案例，前车之鉴，足以为戒。

有五位中国留学生暑假驾车外出旅游，结果发生了交通事故，驾车的学生脑部

---

① “亲子关系差易导致留学失败”，李珍，《信息时报》，搜狐滚动，2013年1月15日，http://roll.sohu.com/20130115/n363468121.shtml。

严重受伤。由于这个孩子没有购买健康保险，尽管医院给予了及时的抢救，但后期的康复，包括父母来美陪伴护理的生活开支都成了很大的问题。当时总领馆还发动大家捐了一点钱以解急需。当地华人、教会也给予了帮助。最后，好在孩子恢复较快，回国继续治疗。

“在美国，绝大多数学校有义务、也大都会提醒学生购买健康保险。以上的例子，就是因为那位留学生所在的学校没有强制学生购买健康保险，因此，有一定责任。最终，经驻芝加哥领馆教育组沟通、斡旋，学校为此退还了学生的部分学费。”

前面细数的安全隐患以及针对安全问题的建议，也许会令我们对“留学安全”问题产生怀疑。

当我提出这个疑问时，陈参赞表示理解，但接着非常肯定地说:“美国是一个留学安全的国家。”因为，从以下三个方面可以具体分析、衡量一个国家的留学环境是否安全:

a. 看这个国家的政局是否动荡不安。

b. 看这个国家的社会矛盾是否尖锐到了不可调和的程度。

c. 看这个国家的法制是否健全。

那么，为什么仍有些人会对出国留学的安全表现出担忧呢?

陈参赞认为:“一个是因为逐渐增多的媒体对这类安全事故的报道，特别是对于像美国这样一个允许个人持有枪支的国家有时发生的校园枪击案的确很令人震惊。私人拥有枪支肯定会增加不安全的隐患。但是在美国，私人拥有枪支并未让人感到在日常生活中是件多么可怕的事情。在美国有些地方，购买枪支是需要登记的，譬如，有年龄限制等。在一些场合，携带枪支是不允许的。所以并不是一种无序失控的状态。”

加拿大作为留学目的地，更因其宜人的居住环境和安定的社会治安而享誉全球。

薛参赞以温哥华为例:"这是个曾经连续两年在"最宜居的城市"评选[①]中排在第一位的城市。另一个针对北美三个国家进行的'最宜居城市'排名中位列前五的，有四个都是加拿大的城市，包括：温哥华、渥太华、多伦多和蒙特利尔，第五位是美国的洛杉矶。这种'宜居'，除了有自然环境的指标，还包括其他社会指标，包括稳定的社会秩序。几年的工作、调研和生活，让薛参赞感到，加拿大地广人稀，资源丰富，社会保障制度非常完善，所以加拿大各城市的社会治安都非常好。有些地方甚至可以做到夜不闭户。当然，这其中也有其他原因，包括家中一般不会存放特别有价值的物品，会对家庭财产投保等。"

担任过常驻比利时教育参赞的薛浣白还以欧洲不少大学校园与加拿大进行对比介绍说:"加拿大校园的治安非常好，没有发生像欧洲不少大学那样的排华事件；也很少会出现像一些美国大学里发生的枪击案件，因为，在加拿大，如果希望持有枪支是需要申请的，而且需要考持枪证，所以拥有枪支的人口就很少。"

## （二）积极主动，抢占先机

在时时刻刻都靠自己的异国他乡，离开了父母的包办代替和学校的组织安排，是积极主动、还是被动等待，结果会有天壤之别。

在陈参赞看来:"这种积极主动性，在从准备出国时就应该具有，包括对留学目的国的国情、教育体制、学校教育特点尽可能充分的了解。拿到了学校的录取通知以后，更应该针对学校的历史、传统、课程设置、专业设置、教学要求还包括学生管理等有关校规方面的内容，尽可能详尽地做些了解。而要想了解到这些信息，还是有很多渠道的。因为，美国大学的很多信息非常公开，只要校方认为必须让学生知道的信息，就一定会公开的。现在的资讯如此发达，了解信息的渠道那么广泛，只要有意识了解信息，不愁信息来源。主要是要靠学生自己，在从得到录取通知起，就要有主动设法获取这些信息的意识或通过学校官方网站和通过入学教育，也

① 由经济学人集团下的经济分析智囊机构Economist Intelligence Unit公布。

可以通过认识的亲友。这都应该是自己解决、也能够解决的问题。”

我和女儿的经历，也让我们亲身体会到了美国开学前准备工作的千头万绪，包括阅读书目、填写递交各种入学信息、办理签证、开具银行证明、申请签证、进行体检、预定机票、交付学费及与之相关的所有截止日期等一系列事务。而这些在学校的官方网上都会详细公布，校方也会给家长来信详细列明。如果家长不懂英文，许多事情不但需要孩子主动了解、掌握校方要求，还要做到提醒、督促家长配合完成，否则，就会耽误事情。

此外，针对新生入学，国外大学大都会进行一个环节，就是入学教育。就连我

美国康科德学院寄宿高中入学教育（Orientation）（摄影：榕儿）

所了解的美国独立寄宿高中也会有这种做法，英文叫：Orientation。在这个过程中，不但学校会安排老师、员工，对新生进行这样的介绍说明，还会安排高年级学生参加。我女儿就在12年级暑假开学那一年做过Orientation Leader，即我们常说的“导游”或“讲解员”，主要任务是陪同新生和新生家长“现身说法”，为校方介绍了“官方信息”后，还为新生及其家长们进行更个性化地答疑解惑。

这个过程，陈参赞认为非常重要，“因为学校一般会在这个环节中向新生介绍学校的历史、办学传统、办学特色、主要课程设置、师资情况，还包括每一年的学业要求、必须在完成哪些课程后才能毕业，还有校规校纪等，都会在这个过程中一一做全面的介绍”。所以，她建议，学生一定要非常认真地对待这个“入学教育”，而从中获取重要的信息。

“像学业学习，家长基本上帮不了什么忙。特别是入学以后，学校会有无数各种各样的信息。那就要求学生们不但能够设法了解到这些信息，还能够分辨出哪些是对自己有用的，哪些是不能越雷池一步、必须严格按学校规定去做的。如果没了解清楚这一切，就会糊里糊涂。”陈参赞的这些提醒和建议恳切而务实，“所有需要告知学生的信息，校方都会在公共信息平台上发布，也因此而视为学生们都知情了。学校老师们不会整日盯着张三或李四，逐个询问是否知道了已公布的信息。但如果我们的留学生没有这样主动获取信息能力的话，就会非常吃亏”。

“学生顾问告诉大家，每人准备一辆自行车，车前面最好挂个篮子，可以装点东西。一年要买一次车牌，这样，当自行车丢了，学校会尽力帮我们找回来……别看现在校园里好像很容易骑车，你们见过1000辆车同时挤在一条道上吗？所以，别掉以轻心，回家好好练练技术。”[①]从这段介绍中，我们看到，美国的入学教育会包括如此具体实用的内容。而这些，是留学中介公司所没有、也大都无法提供的帮助；更是家长无法包办代替的。

---

① ［美］钟雨：《陪着女儿在美国成长——一位中国母亲移民美国的真实经历》，中国发展出版社2014年版，第20页。

其实，这些做法，我除了作为曾经的留学生也深有体会外，就连我目前所工作的这家全球英语培训机构，由于教学理念比较欧美化，一切资源都配备完善，所有的信息也都张榜公布，包括外教资质、外教课安排等，还会有相关教学辅助人员适时地提醒。所以，只要学员们积极主动或者稍加留意，他们了解、获取并充分利用这些信息的渠道都非常透明、方便、有效。但我们的一些甚至是已有多年工作经历的学员，由于不习惯自己获取信息而更喜欢像在传统的中国学校里那样有班主任盯着、管着、耳提面命着，所以初来时，有些人会提出:“怎么没有人‘管’我?”

作为家长，我们应该能明白：主动获取信息的意识和能力，不但作用于留学生的开学准备、入学和今后的学习过程，而且会影响孩子一生的发展成长。而这种能力的训练和培养，学校的作用固然非常重要，但两位参赞也都强调了不容忽视、甚至更为重要的家庭作用。从孩子小时候起，家长就应该有意识地训练孩子，养成自己的问题自己处理、自己的事情自己负责的习惯，那样，孩子独立自主处理问题、积极主动获得帮助的能力就会不断得到加强。

在陈参赞看来,“从根儿上说，由于我们的学生从小在一种被管理、被安排的环境中长大，造成了主动性的欠缺，一旦进入美国这样的特别需要发挥主动性的环境中，就会暴露出它的弊端”。多年前的亲身经历让陈参赞至今记忆犹新。她家里接待过两个美国中学生，一个与她一家共同生活了八个月，另一个共同生活了半年。陈参赞从这两位美国中学生身上，亲身感受到了她自己的孩子与她们的差距。当时，陈参赞给女儿早已配备了电脑。但她发现，女儿当时使用电脑最多的是玩：或聊天，或打游戏。“而来我家里的那两位美国女孩儿，就知道如何充分利用电脑搜寻各种信息。她们之前从未来过中国、来过北京，她们的中文也不那么好。但初来乍到时，她们却什么都知道。哪里有什么演出，哪儿有什么美食，反而是她们整天带着我女儿这个北京生北京长的孩子出去玩，比我们一家人都熟悉。但却很少看她们用电脑聊天，更很少看他们在上面玩游戏，大都用电脑来获取自己希望获取的信息。”

对于中国留学生普遍缺乏积极主动获取信息、利用资源的能力，薛参赞也深有同感。她认为，这在中国留学生中有些普遍性。如何主动、巧妙、充分地发挥各种资源优势，包括学校的图书馆、语音室这样的硬件资源，也包括老师、同学这样的软性条件，是中国学生需要大大提高的能力。

## （三）适合自己的学习计划最好

在美国大学里，选择能力是学生的必备能力。因为选择是他们的家常便饭，甚至像是学校的一种制度。从课程到专业，从教授到社团，都需要、也能够进行选择。而这些在陈参赞看来，“往往令我们的留学生们感到困惑，无所适从，非常具有挑战性。因为他们从小所赋予的选择太少，特别是在学业选择的自主性方面太有限。我们的学生从小到大，很少能有主动选择的机会，他们只需要顺应别人的安排就行了。所以，长此以往，他们就不会选择了”。

事实上，不仅是美国大学，就是美国中学，在课程学习、社团活动等方面也会有多种选择。

我女儿进入美国高中一年级前，就要在近300门课中选择出自己喜欢或想学习的必修和选修课程。而且，许多热门课的选择要么有时间限制，要么会因早早被“抢”完而无法选择。这就要求学生非常清楚自己要选择什么课，并能尽快做出选择，尽快注册。所以，能想象，对于一直在国内环境中学习的孩子，如果平日缺乏这方面的锻炼，这也是非常具有挑战性、很容易令人焦虑的一件事。

选择，本身就是一种能力。如果从小很少被赋予选择的机会、受过这方面的训练，当然就不容易知道自己要什么，他们在这方面的能力自然也就比较弱。他们被“主宰”惯了。独立制片人、导演、职业作家张曼菱，在北大的一次演讲中曾很犀利地概括说：“最坏的生活，是没有选择的生活。”我因此引申为，最纠结的事情，是面对诸多选择时，无所适从。对此，陈参赞非常赞同。“每个孩子不同时期都可能会产生自己不同的兴趣、爱好，哪怕是好奇。但在国内的学校，更多的情况是，这些没被保护、发展，没有得到尊重，反而有可能会被压抑、被束缚。而在家庭里，物质上，家长给孩子的选择很充分，有时甚至很奢华。但在精神层面的选择，包括影响到孩子一生的大事方面，孩子往往被剥夺了自己选择的权利，包括填报大学、专业志愿，往往会是父母的意愿代替了孩子的意愿。结果，他们一旦到了像美国那样富有多样选择的宽松环境里，就不适应了，不知所措了。”

陈参赞没回避中国与美国的不同国情：“作为一个发展中的人口大国，中国的教育资源还相对贫乏，客观上没有给学生提供更多可供选择的机会和条件。对于美国学生，面对丰富多样的教育资源而进行选择是件很常见的事。也因此，我们的学生一入学，就要有意识地培养、训练自己的选择能力。大部分美国大学会为学生配备学业指导老师，我们的学生一定要多与学业指导老师交流，多向他们求教，也要向美国同学学习，必须要学会选择。”

有选择能力，还要选择适当，这是薛参赞从另一个视角给出的建议。“选择一个适合自己的学习计划，是完成学习任务的基本保证。所以，一定要量力而行。”她还列举了一些因选课过多、没法应对，最后无奈抄袭的例子，本来完全是可以避免的，“所以，为自己选取目标的难度应当是通过挖掘潜力和积极努力可以实现的。就像跳起来摘果子一样，要在自己可以够得到的距离内。加拿大大学相对来说‘宽进严出’，在学期间，学生学习压力很大，第一学年结束后，会有一个相当大的淘汰率。所以，第一学期，为了适应新的学习环境，新生不要过多选课。很多留学生一学期只选三门课，但仍觉得应付课程压力巨大。交学费修学分，要保证通过率这不仅是从经济上考虑，更重要的是要确立学习的自信心。”

对此，薛参赞更加周到地提醒说：“美、加教育体制的一个合理之处在于，它为学生提供不断适时地修正计划的可能。所以，在求学的过程中，虽经百倍努力但还是会遇到不可逾越的障碍。对此，要实事求是、尽快灵活地修改自己的目标与计划。加拿大的大学和学院都是开放的，允许学生转换专业、甚至是转换学校。为了保证一直能‘小步伐、向前走’，就一定依照自己不同的学习基础和能力，选择适宜的学习目标，制定合适的学习计划。‘积跬步，至千里’，最终实现自己的事业规划。”

而确立了目标、制定了计划、选好了课程，下面就要看学习方法了。像提前预

加拿大大学课堂上（摄影：陈奕名）

习思考、善于复习总结等老生常谈，尽管对一些学生仍算高要求，但在薛参赞看来，“也是学生的基本能力和要求，如果注意改进提高，一定会使出国留学收获更大，继而对自己的一生产生有益影响”。

中国人民大学与法国Kedge商学院联合培养的一位本硕连读生在学习方法上的许多做法，让薛参赞非常赞赏，也认为非常值得借鉴。

那位学生在国内学习两年，在法国学习一年，最后再在国内和法国各学习一年。在完成包括人大和法国两边大学的专业课程同时，还要完成英语、法语学习，最后获取人大的本科学位和法国的硕士学位，学业压力非常大。这位学生的一个特点就是，在记录了课堂内容以后，总要试图把这些内容再按照自己的理解重新归纳、并设法把各知识点联系起来，其知识的链条始终是连贯的，就像编织一张大网，把老师所讲的内容牢牢地捕捉住，变为自己的。她还有一个很好的习惯，就是每晚上床后，都要把当天上课所学的主要知识点回顾一下。据她说，由于自己课堂笔记记得比较有条理，串起来回顾一下、甚至是不同课堂讲授的内容之间串联起来，都会比较容易，也只需要在很短的时间内完成，又达到了很好的复习作用和巩固效果。

最终，这位学生不但以优异成绩完成了所有课程，而且还通过考试获得了国际注册会计师这一非常难以通过的资格证书，本科毕业当年还获得了“北京市优秀学生”称号。她的学习方法就是事半功倍的典型例子。

留学生活的困难、艰苦，使留学生面临着巨大压力。所以，除了有适合自己的学习计划外，薛参赞还建议留学生们“能够学会调节自己的学习生活，善于释放自己的压力，包括参加各种学生社团、校内外活动。像加拿大英属哥伦比亚大学中国学生联谊会，除联谊会主席外，仅副主席就有十位，他们几乎每周都会组织活动，各种各样，丰富多彩”。薛参赞就参加过由领馆发起、该联谊会组织的“首届学术报告演讲比赛”，展示博士生、硕士生论文答辩或可能参加学术会议，宣讲自己学术论文的演讲。“此外，还有其他学校的中国学生联谊会，经常会组织周末去看日出，海边烧烤，在学习之余自发组织的结伴旅游观光。由于这些活动都需要留学生自己去组织完成，许多留学生通过参加这样的活动，不但锻炼了身体，全面提高了包括策划执行、沟通表达、组织协调等各方面的能力，还结识了许多朋友，丰富了自己的生活。而且这可能会让自己终生受益。”

自始至终，薛参赞的介绍都推心置腹，“只身在外，能交到知心朋友，也是中国俗话所说的：‘远亲不如近邻’，或者‘一个好汉三个帮’，是非常有助于释放自身的压力、甚至交到终生知己的。当然，在海外交友过程中，还是有一些与在国内不同的习俗、方式，如果能入乡随俗、重视尊重的人，便会增加自己交到知己的机会”。

### （四）求知看态度，质疑有方法

作为曾经的留学生，我经历的、完全不同于中国的西方课堂，老师的主要作用是调动学生思考、提问、讨论，是组织者、督促者，而不是单方面的知识和标准答案的传授者。很多时候，问题是开放的，没有答案的，是需要学生去探寻、质疑的。但是，“由于咱们中国的很多孩子从小到大习惯于被动学习，学习方法也是死记硬背的多，寻根究底的少”。即使进入国内大学后，也大都仍是老师单方面灌输为主。而且，“如果真有同学对课程的内容进行认真的思考或就某一个题目做了课程以外的深入探讨，他在成绩上可能讨不到半点便宜，甚至会被认为是不务正业”。①

在陈参赞看来，咱们的留学生“到了国外后，在对未知世界的好奇和探索而应有的开放、积极和主动性方面明显不足。在独立思考、大胆表达和参与讨论方面，也缺乏竞争力。而由于美国课堂上最突出的特点就是善于调动学生的主动性，课堂上有很多互动，鼓励学生提问、质疑，而不是接受现成的知识和答案，这些都有助于帮助中国学生学会变被动为主动，学会问‘为什么’，学会质疑不同的观点，学会大胆表达自己的观点，并在这个过程中训练、提高自己的思辨能力。这些当然都需要过程，只要有意识，就能够一点点改变并逐渐取得进步”。

对于这一点，陈参赞认为：“身处异国他乡、多元文化中，课内、课外、校内、校外，处处都有值得学习的东西。美国校园本身就像个大课堂，校园里图书馆、实验室、博物馆等都是宝贵的教育资源，许多设施都是专为学生设置的，尤其学生的体育设施非常健全。但这一切，仍离不开学生自己要积极主动地去了解、使用。所以，学生们一定要尽快熟悉了解校园里的各种设施和资源，包括关注各种学术或名人讲座、文体活动、社团活动，乃至与美国及其他国家的学生相处、交往，都能学习到他们身上的长处，增长见识、锻炼能力。”

对于中国留学生的这些问题，薛参赞除了深有同感外，她的另一些观点更加尖锐些。因为，她认为：“在国内现行教育理念下学习的学生，到了国外后，自然也体现在课堂讨论、完成作业等方面。特别是在写论文时，由于中国留学生在国内没有

① 吴军：《大学之路——陪女儿在美国选大学》（上册），中国工信出版社集团2015年版，第66页。

接受过这样的训练，他们不知道该如何搜集资料、研究问题。加上没有自己的独立思想和分析判断，很容易考虑要么‘汇集’，要么就索性去抄袭，最终收获甚微，甚至于触犯道德底线。”

而与美国老师相同的是，“加拿大老师也不太会轻易在价值观上做出‘对’‘错’判断，更不会给出什么‘标准答案’，而是鼓励并赞赏学生天马行空地想象、特立独行地思考，只要能自圆其说。在这些方面，咱们的学生大都要花很大力气去适应、学习、提高。因为，在加拿大课堂上，咱们的学生起初会非常顾虑自己的问题是不是太傻，提出来让人笑话。也有的是由于在中国课堂上已习惯老师灌输的多，提问、讨论的机会少，所以不知道该如何提问。再加上语言问题，所以，他们往往在课堂学习上容易‘夹生’——消化不良，也就影响课后归纳总结，最终严重影响学习效果”。

其实，这样的机会平日是均等地摆在那里，而“有的孩子就特别聪明地抓住各种机会勇于提问、敢于表达自己的观点，把这样做的每次机会都看作锻炼提高交流、表达的机会。也许一开始磕磕巴巴、支零破碎，但日积月累，他们就比别人进步得显著”。这样的例子，薛参赞也接触到很多。

## （五）别做吃亏的法规盲

这是两位参赞都一再强调的建议。

即便是针对日常交友，薛参赞都没忘记提醒要有尊重别人、尊重隐私的意识。“隐私，包括哪怕是好友的隐私，像私人信息、学习成绩、收入水平、甚至物品及其相关价格信息，如果没有被告知，就不要询问。或如果想询问，要事先征求同意等。咱们中国人，特别是好友之间，往往没有这些界线，习惯上会随意问起这些私人及与私人物品相关的信息，也包括随意借用私人物品。而在加拿大、可能也包括其他西方国家，人与人之间、哪怕是好友之间，也会掌握分寸，保持一定的相互尊重的空间。而如果不了解这些，做不到入乡随俗，好友之间也往往会因为这些看似日常小事而影响关系。”

那些在国内习以为常的事情，在国外则会与“教养”“尊重”联系起来。“在狭小的空间里，如在电梯里相遇，哪怕彼此不认识，西方人通常都会相互简单问候，在未经别人允许的情况下不要拍照，在下班时间尽量不要随意联系打搅等，都是些我们看似小事，在加拿大，却被看作一个人是否有教养、有相互尊重的意识，继而成为影响与人交往的大事。”

更有些情况在国内看来算不了什么，但在美国和加拿大，也许会引发严重的法律后果。例如:“多大的孩子才能允许喝酒，在美国，各州的规定不尽相同。持有中国驾驶执照，能否在美国开车，能使用多久，各州的规定也不完全一样。但这些都是我们应该了解清楚并严格遵守的。美国人习惯通过法律程序解决问题，有时，哪怕是违反了交通规则，也会通过上法庭这样的法律渠道解决。”陈参赞反复提醒：“美国每个州都有自己的立法权。何况，法律条文是可以查找到的，而许多文明习俗的背后却是文化的差异造成的，如果不注意，都一样会引起严重的相关法律后果。二者都要去了解、适应、遵守。”

对此，薛参赞还从留学生的角度明确建议说:“咱们的留学生要有意识地了解所在国、特别是具体所在地的法律法规，包括校规。在发生问题后，不要害怕，要学会用法律的武器保护自己，而不是还没有使用法律武器，就先因害怕而放弃自己的权利。”

这样的问题，近年来各种报道也的确日渐增多。所以，驻外使领馆的工作人员会经常提醒、建议留学生，要有风险意识，危险随时可能发生，危险就在身边，包括交友不慎的危险，并能合理防范，同时知道要用法律的武器保护自己，有效应对。

陈参赞最后还特别建议说:“家庭条件再好，也一定不要在外炫富！孩子的消费水准，应该尽量维持在与其他孩子相近的消费标准，以避免引起不法分子的关注。这样的实例，我已有耳闻。”

## 第二节 留学，早准备

### （一）既知今日，早该当初

有一次，一对分别从事摄影和文学创作的夫妻朋友着急地打电话问我能否尽快与他们以及放假回国不久的女儿一起见见，因为他们和女儿之间目前不论是在日常沟通、还是申请美国大学问题上都遇到了障碍。电话里，母亲口中还在不停地抱怨:“真是翅膀硬了！女大不由娘了……”一见面，父母异口同声地对女儿说:“你在旁边待一会儿，我们先跟阿姨说说。”但是，我马上客气却直率地回应说:“我想请你们俩能否先回避下？我要先听孩子说。”说到自己在国外经历的茫然和焦虑、痛苦与压力时，女儿情绪格外激动，声泪俱下。她坦言，在国外不可避免要经历的苦头和挑战，不让她感觉可怕；让她沮丧的是在面对那些苦头和挑战时，她总感觉自己太缺乏能力去应对解决，而这一切又是因为父母一直以来、直到现在还在继续的强势逼人、包办代替的态度让她丧失了能力。说这些时，她语气里充满着对父母的埋怨。

还有一次，经过朋友介绍，一对来自湖北的夫妻带着儿子向我了解去美国留学的问题。见面最初的五六分钟里，全是母亲在滔滔不绝地讲述，儿子一声没吭。我不得不礼貌地打断母亲，转向去问儿子的想法。一米八几的个头，让儿子看上去周正帅气。但是看到我转向问他问题时，他立刻紧张地一句话也说不出来。

有一些留学生家长会对我抱怨说，发现孩子从国外放假回来后说话行事变化不小，但却总感觉从心理上与孩子有了隔阂，原来在他们眼里单纯幼稚的孩子，好像成熟得判若两人；原来那么依赖他们的孩子，似乎与他们有了很大距离。其实，那些家长们没有意识到，造成这种隔阂和距离的原因，是由于一直没有建立起与孩子的良好互动的交流关系，使他们原本就缺乏对孩子的真正了解和理解。而他们对孩子的原本认知又只是停留在孩子出国前的表面现象。脱离了父母的孩子，在国外历经摔打磨砺后，行为心智都发生了巨大变化。这也就不难理解为什么孩子会让父母感觉陌生了。

播下什么种子，怎么去耕耘，就会收获什么样的果实。本来，作为孩子生命中的第一任老师的家长和第一个课堂的家庭，自孩子年幼时在他们身上施加的训练和教育，包括言谈举止，脾气秉性，生活态度，价值观念，不论是在孩子出国留学后，还是在他们更漫长的人生道路上，都会产生直接、长久的影响。广大留学生们，特别是像我女儿那样从14、15岁就开始的海外求学之路，注定让他们还在稚嫩青涩的年少时期，就离开熟悉的环境、语言、文化和父母的呵护监督，去独自渡过同龄人无法理解的一道道难关，跨越同龄人难以想象的沟沟坎坎。作为每一颗宝贵的种子，如果从一开始就能在家庭提供的优良土壤和家长的用心耕耘下生长，那么，在留学过程中，他们那种从全部依赖父母到完全自力更生的调整和转变，那种需要调动内在力量继续前行的日益独立及自强，那种对自我价值和内心渴望的不断探寻与发现，就一定会得到健康地锻炼和发展。

相信广大家长看到这样的案例也一定不陌生：儿子“学霸”，一路重点学校。可是大学毕业两年，失业三次。然后就拒绝再找工作，闷在家里，不是打游戏到深夜，就是无节制吃垃圾食品。一直让父母骄傲的孩子，在上司的眼里，工作不上心，批评几句，就不愿意再上班；在同事眼里丝毫没礼貌，从不打招呼，不好相处……①

而在专家的眼里，孩子身上这些责任心差、心理脆弱、不善与人交往、不懂尊重他人的糟糕特质，绝不是“一下子”形成的，而是在早年就被父母忽视了；又在走出校门前被成绩掩盖了：可能他两岁时，父母“给他做花样早餐、教他英语单词，却没教他懂规矩有礼貌……”于是，工作后，他遇到同事视若无睹，也就觉得理所当然；他五岁时，父母让他学书法练钢琴，却没有教他如何跟小朋友愉快

① “这才是为人父母的终极使命”，李月亮，微信公众平台“鲤读文艺生活微刊”，2017月3年14日。

玩耍……于是工作后，他屡屡与人发生冲突，都不知如何解决；他15岁时，父母只关注他有没有考好成绩、能不能上好大学，却没有训练他如何管理情绪使得内心强大。于是工作后，领导批评几句，他就想辞职，工作出一点问题就惶恐不已，难以承受；他20岁时，父母总想着他能不能找到好工作，不舍得他吃一点苦，也没有告诉他人性复杂、世道艰难。于是毕业后，他出差加班，就叫苦连天，面对排挤孤立、明争暗斗，便全无应对能力。①

孩子早期教育的重要性，早已为越来越多的家长所知晓。但是，很多父母一说起孩子的早期教育，更关注的是兴趣班，补习班，或者是可以通过书籍超前掌握的知识，却忽略了对孩子在情感体验、性情品格、人际关系、生活态度的培养教育，而这些是需要在家长的引导训练下，让孩子一次次亲力亲为、一步步脚踏实地走过来的。父母在孩子身上做出怎样的付出，孩子未来将悉数奉还。

既知终究要放飞，不如早早训练如何更高地飞翔。

## （二）与女儿交集中的共同成长

我经常看到身边一些父母、特别是母亲，几乎把自己的喜怒哀乐与孩子的绑定在一起。“他（她）阳光，我们就灿烂！他（她）阴天，我们也雾霾！”是我常常听到的父母自嘲。

曾经找到过我的一位母亲，女儿自小学、中学到大学，一路名校。现在加拿大一所著名大学读本科。为了女儿的教育，这位母亲早早放弃了国内工作，从女儿初中时就办了移民陪伴女儿在加拿大读书，全身心为女儿服务，也把培养出一个入读名校的女儿作为自己的最大成就。现如今，女儿已长大，但每逢放假回家，却很少与平日只身一人、盼女儿回家望眼欲穿的母亲待在一起。当有一次我有机会问这位女儿为什么放假回家不多陪陪母亲时，她说“从心里不愿意”，因为对她来说，母亲什么都不做，本身对她就是一种压力。她不愿意看到一位为她做出很多牺牲、让

① “这才是为人父母的终极使命”，李月亮，微信公众平台“鲤读文艺生活微刊”，2017年3月14日。

她感觉亏欠很多的母亲。而且，她越来越感觉与母亲话不投机。她更希望看到的是一位有自己的生活、充实丰富、不断自我成长的母亲。

华裔作家严歌苓说过，如果做家长的自己抗拒成长，就会把成长的任务转嫁到孩子身上。如此以来，孩子就像家长身上的“创可贴”。而一个孩子，很难担负两个人的成长任务，这样的状态，注定会出问题。因为，“孩子只是凭天性和直觉生活，亲子关系不是完全对等的人际关系。我们的情绪和成熟程度，我们对生命的理解和态度，我们处理亲密关系的能力，被这个小生命照得一览无余”。①

作为母亲，一方面，从开始面对自己孕育的新生命起，除了履行养大这个新生命的基本责任外，还让我多了一种使命感，而在意识层面上不断地将处理问题、看待世界、包括对待生命等一系列问题的态度上，与养育这个生命联系在一起。

2008年初，我处理完父亲的丧事。回到北京后我做的第一件事是给我以往在教育部负责中小学课程改革的老同事、老领导打电话，问起有没有在中小学开展“死亡教育”。父亲的去世让我伤心欲绝。而且，在他去世前，我作为长女所面对的种种压力让我想到，现在我还有兄弟姐妹彼此安慰、相互商量。将来，独生子女面对时，将会多么孤独和残酷！

当时，那位老领导告诉我说，国内还没有开设类似“死亡教育”的内容。现在很多国家，包括我国台湾地区都开设有“生命教育”！并表示很希望能在国内增加这方面的内容。

后来，当我与朋友们聊起这个想法和努力时，其中有些人半真半假地问我为什么要那样做？因为她们感觉，如果将来她们死时，孩子不难过，她们才会难过呢！

多年后，我与女儿聊起这件事的过程。当她问我为什么那样做时，我回答：“那是因为，我希望以后我死时，你能比我更从容一些面对自然规律的不可阻挡，能更坚强地看待生死离别的无助无奈！”

“你的人生感悟和生活态度，再次震撼到了我！”这是女儿紧接着在微信上发给

---

① “父母用不要放弃自我成长”，严歌苓微信公众号，2016年10月17日。

工作中的作者（左）（图片来源：新华网）

我的一句话。长大了的女儿把对我的感激折射无遗，让我不断提醒自己去努力与她并肩前行，在爱她的同时也要知道怎样更好地爱自己，不能以牺牲自己而让她在道德上就犯，成为对她在伦理上的操控。特别是女儿出国留学后，我更加深了作为母亲的修行。她的困惑，让我耐心思考；她的波动，令我细心感受；她的问题，使我探索学习；她的成长，促我一起改变。

一次视频通话中，女儿曾这样说："妈妈，我最近有时睡觉前躺在床上想，什么是'成功'。我觉得你就很成功。"恰恰相反，我非常惭愧，经常自省，总觉得自己很不成功，也远不是位成功的妈妈，自觉没有任何社会上认可的成功标签。女儿则不同意我的说法："怎么不成功呢？第一，咱俩那么和谐亲密、无话不说；第二，你把家里的事又都handle（处理）得那么好；第三，你又那么热爱自己的工作。这些，难道还不是成功?”

女儿对成功有了自己的新看法。起码，她将妈妈与女儿无障碍的沟通、良好的关系、深厚的情感排在了前边，说明她有自己衡量成功的标准和定力。那样，她独自在美国的日子就不会那么浮躁焦虑、急功近利，也就不会有太强的挫败感。再回想与她十几年的相处，的确很是享受，让我感觉现在更像生命中又多了一位与自己血脉相连、而又让自己完全信赖、不断给自己带来欣喜的密友!

此后不久的一天，我突然收到远在大洋彼岸的女儿所在的美国高中顾问老师转来的她们俩之前对我共同保守的一个小“秘密”，那是女儿历史课的一篇小论文。老师要求针对“Profiles in Leadership”（领导力介绍）方面写一篇以“人物研究”为目的、限制在150~250字之间的“Mini Bio”（人物微介绍）。同学们写的人物都是一些传统意义上的领袖，还有写历史名人的，也有写文体明星的。而女儿这篇“人物微介绍”中的主人公竟然是我!

Mini Bio（人物微介绍节选）

……Just as everybody around her felt that her job and experience was very much admired, she made a risky decision of leaving the Ministry of Education and joining Wall Street English (WSE), an International Company for English Language Education that had then newly entered China. “We were born to the society, we belong to the society, and therefore we need to contribute to the society. I wanted to help WSE spread the English-learning culture in China while introducing the Chinese culture into the western culture community like WSE. I wanted to give back to the country what I had gained.” Ten years later, as the National Public Relations Director of WSE, she worked with her team and made WSE the leading English Education Company in China. In 2010, she was listed by various medias as one of the “Ten Most Influencial Enterprises Spokeswomen in China.”

Despite the words of the public, when asked about her mother’s success, her teenage daughter said: "As an educator, my mother's biggest success is how proud her daughter feels to have her as mother and the most intimate friend."

"To me, my daughter's words are my best prize and biggest happiness," Susan says.

(……正当所有人都认为她的事业和经历已经深受尊重的时候，她做出了一个冒险的决定：加入华尔街英语，一个初入中国市场的全球英语培训公司。"我们是为社会而生的，我们属于社会，所以我们需要为这个社会做贡献。我想帮助华尔街英语在中国传播英语学习的文化、同时又将中国文化介绍到像华尔街英语这样的西方文化和氛围中。我想将我从社会中得到的再奉献给社会。"十年后，她与她的团队一起将华尔街英语打造成了中国领头的英语培训公司。2010年，她被各大媒体评为"中国十大新闻发言人"之一。

虽然有了一些社会的评价和认可，但当被问到自己母亲最大的成就时，她女儿说："作为一个教育工作者，我母亲最大的成功是她女儿想到有她作为母亲和最亲密的朋友时，会无比自豪。"

"对我来说，女儿的话是给我最大的奖励和快乐"肖堰说。)

2015年"感恩节"那天，我又如期收到了已进入大学一年级的女儿的祝福，是一封让我感受到了最真诚的信任和赞美、也因此最让我欣慰的邮件：

今天是"感恩节"。我感恩老妈对我做的一切！

在去美国读高中前，由于在国内初中念的是走读学校，没太有机会观察感受同学们与父母之间的交流方式、关系模式，所以，我一直认为，我和您之间的朋友般关系模式，也是其他所有母女之间的模式，再正常不过，且理应如此。

但当我进入美国寄宿高中，与同学们朝夕相处时才发现，原来，有多少母女，就有多少关系模式。而让我惊讶的是，不少同学经常对父母不满委屈，怨气十足，别说像朋友，母女、父女都不像，而更像是冤家！有的尽管与妈妈也会经常视频，甚至在进入高中的初期，应妈妈的要求每天都要视频，但她们常常相对无语，或开着视频，却各行其事。还有的会经常话不投机，怨言相向。“太羡慕你和你妈每周一次视频时竟然能有那么多话说。”这是同学们常对我说的话。

成年以后，我仔细想过，我为什么能把您当成如此亲密的朋友，愿意跟您无话不说，同时又对您从心底里敬重呢？很重要的原因就是，我一直直接或间接地感觉，您平日那么忙，却不论是为人师长、为人领导，还是为人妻、为人母，都做得那么恰到好处。平日您总是以那么开放的态度，从来没有放弃过自己的学习、思考和改变。就像我去你办公室时，看到你身着职业装时的魅力状态和强大气场，让我对职场充满着向往。就如我知道，您原先有如此强的“恐水症”，竟然在50岁“高龄”时，学会了游泳，也能让我经常和您一起去游泳；也同我每次放假在家目睹您只要不出差每天都不间断地练习古琴，也让咱俩对民族乐器的鉴赏有了更多的共同话题……

而您能够“为我母亦为我友”的最重要原因，还包括您的“分寸”。凡事您绝不包办代替、或“婆婆妈妈”，更不会让我感觉对我的占有、令我窒息，您总是非常有“分寸”地逐渐放手退出，总是给予我充分的信任，外加适当“狠心”的要求和训练。也因此，我一直以来都能感受到，您凡事总能站在我的角度考虑问题、解决问题。也因为这些，您帮我确立了自信，并一次次被强化，成为了我的最大财富。这些，也让我成人以后更加感受到了您作为母亲的心胸和智慧……

谢谢老妈在过去的18年里为我做的一切！我爱您！

我没能进入严歌苓所说的那种“孩子懂的，我们懂；孩子不懂的，我们也懂”的“理想状态”。但我一直明白，父母的爱虽是一样的，却会产生不一样的结果。人的“恃强凌弱”本性，常常容易让家长以“爱”的名义去非理性地“操控”比自己弱小的孩子。就在父母把自己全部心思都放在孩子身上、一味强加自己的想法和愿望时，他们越希望继续这样的“爱”，儿女就越不领情。到头来，父母与孩子之间，要么近在咫尺，却陌生如远在天涯；要么互不理解、彼此埋怨，最后无法沟

作者（左一）与美国第41任总统乔治·布什（右一）和夫人芭芭拉·布什（右二）以及华尔街英语创始人 Luigi T Peccenini 博士（左二）（图片来源：华尔街英语）

通，甚至完全对立。

因此，我一边尊重、维护着女儿作为独立个体的存在，一边没敢放松自我学习。特别是在女儿出国以后，我更把她在美国的遭遇、经历看作是她为我打开的另一个世界，是让我更丰富、同学习、共成长的重要机会。而在不断与她产生交集的同时，我能随时自如地走进她的内心，也让我对她的尊重和呵护不断投射到她对我付出的在意和感恩上。

## （三）留学中介？还是DIY？

DIY，是英文Do It Yourself（自己动手）的缩写。

我身边有留学计划的学生和家长很多会徘徊在出国留学是通过留学服务机构办

理还是自主申请更好的纠结上。

虽然女儿美国高中和美国大学的两次申请，我们都是自主完成，但在2010年决定送女儿去美国读高中后，我们先是从去留学服务机构咨询开始的。而且，在女儿进入美国高中的第一学期快结束时，为了提前了解、准备申请美国大学的要求和过程，我也去过相关留学服务机构进行过咨询。所以，对于留学服务机构和自主申请的利弊，我有些自己的体验和感受。

俗话说:“术业有专攻。”留学服务机构通过接触的广泛案例和积累的专业经验，无疑有着更丰富和详细的资讯，掌握的行业内申请大数据、成功经验、失败教训也更多更全面。申请过程的繁琐程序和信息对接，例如，像学生的自我评估、书写申请论文的亮点定位、选择学校、参加考试培训、报名语言考试、请求推荐、开出成绩单、在校证明、填写申请表、开资金证明、邮寄材料、申请签证等事务，的确是一套很繁琐、实践起来很复杂的程序。特别是对没有经验的学生，父母又工作繁忙或因外语能力不够而帮不上什么大忙的话，如果申请过程中由于某一个环节不熟悉，可能会出现连锁反应，影响申请流程。如果通过留学服务机构的帮助，则会省去不少精力，确保每一个环节的顺畅衔接。而这一切对那些标准化考试成绩出分晚、自主性略差、交流沟通能力较弱、临近初中毕业或高中课业负担又重的学生来说，委托中介的优势很明显。

我接触的家长，通过留学服务机构申请的占多数，因为他们担心留学申请工作很辛苦。能送孩子出国留学的家庭，大都有一定的经济实力，为孩子留学已准备不菲的费用，再拿出几万元来找留学机构，请更加专业的人指导申请，通常会让家长感觉更踏实。

由于咨询服务行业的特点，经验更多体现在留学咨询顾问的个人身上，而留学顾问的流动性很强，使得这些丰富经验无法全面地体现在留学服务机构的真正实力上[①]。这样，选择相对可靠优质的留学服务机构，便成为众多希望通过机构申请出

① “出国留学该通过中介还是自主申请?”，搜狐出国，2014年9月9日，http: //goabroad.sohu.com/20140909/n404162531.shtml。

国留学的学生和家长的纠结。何况，常有被曝的无良留学服务机构，更让学生和家长时常感觉无所适从。

目前留学服务市场上，大致有两种服务模式：留学中介和留学咨询。留学中介的特点在于，有海外招生资源，与国外某些高效建立了招生合作关系，同时又与国内的学生签订留学申请服务合同，将学生输送到合作院校去，以此收取双方的服务费用。留学咨询，则更注重为学生提供留学申请业务咨询服务。

要想选择一家相对可靠的留学服务机构，应该更多地关注留学服务机构的服务流程、方式，特别还应该了解清楚提供具体服务的顾问和团队[①]。在我看来，所谓"可靠"的留学机构，还应该包括，家长是否认同留学服务机构及其咨询顾问的教育理念，以及在对孩子出国留学意义和价值的看法上是否接近。

2012年初，我女儿去美国读高中9年级的第二个学期开始不久，当看到女儿第一学期成绩单上的"不良记录"后，我心里有些着急，便想到应该去听取一下专业人士的看法，也能为下一步准备申请美国大学寻求些建议和帮助。于是，经过朋友的介绍，我找到了一位在业界很有影响力的专家，也是某留学咨询公司的创始人。由于他已把自己的孩子成功送入顶级美国大学，又创办并经营了自己的留学咨询机构多年，我当时对他充满信任。

征得女儿同意后，当我把她的第一学期成绩单给这位专家看时，他没有询问其他问题，只是连说几遍："这个成绩太危险了，将来别说没法申请到什么好的美国大学，就连还能否继续在美国高中读下去都会是个问题。赶快把她转回国内来上吧！"

当然，经过反复权衡和多方咨询，我没有听从他的建议。至今回想起这件事来，我甚至有些后怕。无法想象，假如我因缺乏对女儿的了解，盲目地按照那位专家的建议把女儿从美国转回中国的话，会对女儿当时、乃至一生的心理产生怎样的影响？更谈不上女儿在后来的海外求学之路上虽然屡次经历茫然困惑和跌跌撞撞后，还仍能以她坚韧灵活的性格、独立思考的能力和奋力拼搏的勇气，在与社会和

① "出国留学该通过中介还是自主申请?"，搜狐出国，2014年9月9日，http://goabroad.sohu.com/20140909/n404162531.shtml。

自己内心和谐相处的过程中，继续着她的努力和探索。

“货比三家”，是在选择留学服务机构时，我通常给家长和学生的建议，包括应该亲自走访了解几家留学服务机构，分别与顾问和团队交流感受，再通过身边或网络论坛已经成功申请的学长、家长去了解情况，最终做出自己的选择。

如果是希望通过留学中介申请相应的合作院校，则要查验它们是否具有教育部颁发的“自费出国留学中介机构资格认定书”以及当地工商管理部门颁发的允许他们开展自费出国留学中介业务的“营业执照”，并核对他们的核心资质情况。还可通过查看驻外使领馆对合作院校的认证文件和资质情况，以及该合作意向书或协议是否已报经当地省、自治区、直辖市教育行政部门确认。签署出国留学服务合同时，除了要将涉及双方利益的核心内容写入合同外，还应注意合同中署名的留学中介机构名称是否与其“资格认定书”上的名称相符。缴付有关费用时，应索要有效发票或盖有企业财务专用章的收据，以避免不必要的损失。

即便是通过留学服务机构申请，也不是缴纳了申请费用后就一劳永逸了。申请的学生自身仍需要具有能够与咨询顾问沟通的基本能力，以便让顾问充分了解自己，才能借助他们找出自己申请文书中的必要亮点。同时，申请者的在校成绩，标准化语言考试，寻求推荐人写推荐信等工作，也都需要申请者自己很好地配合完成。

近两年，由于越来越多的学生以及年轻家长外语和网络运用能力的提升，使得越来越多的人考虑或选择通过DIY申请国外大学，那样既能节省一笔中介费，又是锻炼自己能力一生难得的好机会。但那样做，对学生的信息甄别能力、自主行动力、自我约束和语言能力都是不小的挑战。

留学申请是一项需要早规划、早准备的工程。从“硬件”上说，要求申请者根据申请要求尽早规划，提早准备。而“拖延症”，是自主申请过程中很容易出现的问题。我屡屡听到由于时间规划得不好、不清楚申请重要节点而错过最佳申请期的自主申请者。一般而言，申请高中的学生，至少要从初中入学就开始准备托福、

SSAT考试和课外活动；本科的学生从初三开始规划留学考试、社会实践活动、夏季课程等；申请硕士的学生从大一就要开始规划考试时间、学术活动，大三结束前考出托福、GRE成绩。而良好的在校成绩或学术活动记录，更是要靠平时努力学习获得和积累的。

如果说，以上的“硬件”的准备要在“早”字上下功夫外，那么，独立思考、分析判断、选择决定、规划实施的“软实力”准备，包括，申请过程的计划安排，对自己特点优势的分析考量，清楚自己希望选择的学校定位，写出富有深度和广度的英文申请文书，就像本书其他章节中讨论的那样，更应该起始于幼年的训练培养了。

## 第三节　再说留学值不值

### （一）何时留学好，绕不开的话题

在留学规划已进入中国的千家万户后，“到底何时留学好”，虽然已被问过无数次，也有各路专家给出过各种看法、解答，但在两位参赞和我与众多家长接触的过程中，这还是个绕不开的重要话题。

在陈参赞看来，又是个很难笼统回答的问题，它实际上是个很个性化的问题，必须结合每个家庭、每个人的具体情况、具体需求去看。因为“如果从语言学习去看，年龄越小出去，会越有优势，这是无容置疑的。但同时也要看到另外一面，即年龄太小出去，心智不够成熟，也比较缺乏自制力。身处异国他乡，缺乏父母的关爱和监管，可能会产生一些副作用。而如果年龄大一些出去，尽管语言学习能力比不上年龄小的孩子，但他们世界观比较成熟了，独立能力也比较强了，他们的学习目的又会比较明确，学习效率也会比较高”。

陈参赞还根据当今出现的留学低龄化的趋势，与改革开放初期国家派出的那些留学生做对比分析认为，当时，那些留学生都是成人。尽管开始他们的语言能力大都无法与当今的留学生相比，但他们往往在更短的时间内，能取得更大的收获。因为他们的学习目的非常明确，也非常清楚自己需要什么，最需要学习什么。现在中科院、工程院的许多院士，就都是改革开放初期国家派出的回国留学生。陈参赞相信，他们刚出国的外语能力，肯定不如现在的许多留学生，但他们留学的收获却是很大的。所以,“不同的年龄段出国，都分别有各自的优势和劣势。什么年龄段出国最好，还是要看各人的情况”。

但不论是在国外工作还是回国后，每当陈参赞遇到别人来问她“何时出国好”的问题时，她一般都不会推荐在孩子过小的时候送他们出去，像出国读小学或初中。在她看来“孩子不是一台学习机器，而是也会像大人一样有很多情感需求，也会在很多方面对父母有依赖。同时，还有其他许多方面的需要，如：养成良好的生活和学习习惯；性格的形成；情商的训练；是非道德观的形成。包括吸取本民族文化的营养，这些对一个人的成长都很重要，都是不可或缺的，都离不开父母的言传身教和环境的影响熏陶，并且很多都是通过父母、在家庭日常无形的、潜移默化中影响的。而一旦情感方面有了缺失后，可能终身都无法弥补”。

谈到这一点时，陈参赞显得有些沉重，因为，她经历的一个过早送孩子出国留学、而送出去的预期又不恰当的例子，导致孩子在外成长的过程中，家长缺失，最终的结果令家长非常失望、甚至痛苦。那位家长是改革开放后先富起来的那批人，非常富有。他当时有一个想法，就是把自己的孩子培养成“贵族”。而且他认为，要把孩子培养成贵族，就必须趁早送出国。于是，他就这么做了，并且与他的兄弟姐妹一道把他们的孩子总共四五个凑在一起，一并送了出去，同时，还请自己的姐姐一起陪孩子出去到国外做这些孩子的监管人。当时，他自己的孩子只上小学四年级。孩子在一段成长过程中没有父母的陪伴。

后来，在面临选择大学学校和专业的问题上，这位家长与已经长大了的孩子产生了很大的分歧，他不得不通过越洋电话与孩子来回反复交流。在那个过程中，孩子说了这样一句话，让他听了后既震惊，又伤心。孩子说："你们没有权利管我的事！我最需要你们的时候，你们在哪儿？我现在大了，你们却过来指手画脚。离我远点儿！"以致于有一段时间他总在反思：当时在孩子那么小的时候送出国，是不是正确的决定。

陈参赞认为："在孩子过小的时候送出国，其可能产生的副作用会抵消可能会有的优势。而副作用的影响，可能终身难以弥补！也正因此，当有人向我咨询什么时候是出国的最佳年龄时，我总会建议，还是根据孩子自身、家庭需要的考虑。但我不建议在孩子小学、初中时，把他们送出去。至少这是我个人的观点。"

总结这些年来不论是与留学服务机构专家们面对面探讨，还是看到他们在网上讨论"什么年龄是留学的最佳时期？"的问题，我总结了下这些自身具有跨中西教育经历、日常又会接触许多留学生的专家们的观点，大致包括以下四点。

a. 出国留学与每个人的性格、爱好、家庭背景、家庭教育、知识与经济基础以及个人期望值，以及在国内还是国外发展、是否考虑今后移民等问题都有着密切的关系。任何阶段出国，都没有绝对的好或者坏。

b. 在国内完成初中后出国留学去国外读高中，孩子可以有机会打好中文、数学和科学、物理、化学、生物等方面的基础。由于东西方教育的明显差异，会使完成海外高中教育的孩子，在体验式学习、批判性思维、开放的价值思想、创新能力等综合能力方面，都与东方传统模式中的机械学习、重复记忆、应试为主的教育模式形成强烈对比。四年的海外高中学习生活，有益于更深入了解居住国的文化。

c. 出国读本科，相对于读高中，思想会更成熟，更能独立判断和解决问题。相比国内学生，也由于在居住国本科教育的严格训练，更容易受到教授的推荐，因此，也更容易申请到名校的硕士或者博士名额。

d. 出国读研究生，世界观已经形成，有自己的想法、见解和清晰的目标。但该阶段出国深造的最大问题就是，更愿意待在自己的"文化舒适区"中，降低融入当地社会的机会，而最终使自己的思维方式停留在国内的状态。

## (二) 想通过留学成为什么样的人

这些年来，我听到送孩子出国留学的问题时，首先最容易触及的话题就是:“投入那么大，包括资金和情感上的投入，留学的目的意义到底何在?” “出国留学究竟为了什么?” “到底要通过留学成为什么样的人?”即使已经送孩子出国很久的家长，有的在谈论起这个问题时，或者面对现实中的很多问题时，还会有些茫然。花费那么大，孩子“海归”后，成了“海带(待)”；有的即使找到了工作，相比留学付出的成本，也完全不成比例。

陈参赞向我讲起她遇到的一位留学生的经历：那是一位非常优秀的留学生，获得过“国家自费留学奖学金”特等奖去美国读书。可以想象他今后能在美国获得份很不错的工作，事业前景本已非常光明。但他却有自己的纠结。到底回国还是不回国，总有一天会面对。那位留学生说，如果留在美国，他的儿女会在另一个体系面长大。他曾经珍惜过的东西，儿女们可能会不屑一顾。而他们在意的东西，他自己可能会认为不足珍贵。儿女是一个人生命的延续，而最成功的父母就是和儿女成为知己。他希望能跟孩子开心地聊赵氏孤儿和令狐冲，而不是花十分钟去跟他们费力解释什么叫“说曹操，曹操到”。这位留学生想象自己与孩子之间如果没有了共同文化纽带的话，那幸福的定义一定会打折扣。

这个留学生的这番话，一定程度上超越了留学仅仅是为了追求更加优越的生活方式的狭隘理解。

相信，这样的纠结，许多留学生也都会有。

面对“想通过留学成为什么样的人?”这样的问题，答案也会见仁见智。

陈参赞认为:“不同年龄段孩子出国留学会有不同的意义，例如，去读高本科，还是研究生，或者访问学者，由于出国阶段和时间长短不同，所期望的目的应该是不一样的，也会因人而异。但是一般而言，如果能获得知识结构、社会生活和世界观方面的收获，留学的目的就达到了。”

“知识结构方面，是指校园内接受的正规、优质的学校教育：通过学校教育，搭建起一个合理的知识结构；训练良好的思维能力；培养起终身学习的能力。这些都是非常重要的。这些，都可以通过学校教育、完成学业而得到的收获。”

“而校园生活和社会环境，能够开阔眼界，增长见识，培养国际眼光。特别是通过和不同文化背景的人打交道，了解文化的多样性和世界的多元性。让自己拥有更大的包容度。这是仅在国内成长的孩子不太容易获得的体验。文化本是个非常复杂的问题，世界本来就是多元的，允许差异的存在。文化也是这样。只有多样的文化，才有了今天丰富多彩的世界。对于不同民族和地域的文化和价值观，只有通过深入比较，才能发现并吸取更加先进的方面，包括建立起对本民族文化的认同和自信。这种对世界的包容和理解以及更加开阔的眼界和世界观，对一个人的一生都会非常有益。因此，留学的意义并不像有些人狭隘地理解为学到一门知识，今后可以留在国外，找一份好工作，而在于他对这个世界有了更加丰富的了解和认识。”

而这些，在陈参赞看来，“对于仅在国内长大的孩子，不太容易具有。因为，对于西方的价值观、文化，只有在比较中，才能更清楚地了解到它们的长处是什么，我应该学习、借鉴的是哪些。这只有通过深入比较，才能发现、并吸取更加先进的方面。这对一个人的一生都会非常有益”。

在美国中学、大学本科、研究生的留学和在美国中学、国内国际学校做老师的“全线”经历，让林杰老师在谈起这一话题时，更具有多维度。他首先并没有直接回答这个问题，而是通过他在国内巡回演讲过程中发现的一个非常具有代表性的问题，反问道：“为什么中国家庭普遍都希望自己的孩子进名校？”

紧接着，他又自己做出了回答：“除了面子以外，他们似乎都认为名校会给学生带来更大的回报。”但实际上，在他看来，“就好比两个人都吃了燕窝，因其消化能力不同，各自吸收的营养也肯定不同。而留学前的准备和积累才是保证留学回报的关键所在。所以，就在吃燕窝前，必须要有一个强大的消化和吸收系统……美国大学资源丰富，不论是排名前10的，还是前100的。如果一位学生在留学前就已经学会主动利用资源，并拥有强大的学习和消化能力，那么不论是什么样的大学，个人成长自然显著”。

在美国接受中学、本科、研究生教育，又在美国中学做过多年老师的林杰，总带着鲜明的“西式批判性思维”，不断提出问题:“我经常会请我遇到的留学生，尤其是名校生，回答一个简单的问题：‘倘若去了所有标签（博士头衔、耶鲁校友、某书作者、某奖获得者等)，我还剩下什么?’”

林老师的结论也是开放式的:“到底要通过留学成为什么样的人，你自己说了算！要有多大的收获，你自己能决定。”

## （三）看留学生们自己算的留学账

“留学到底值不值?”不论是早年留学被认为多么“高大上”，还是当今被看得多么“平民化”，这也会是个不断被问到的问题。

从一个在北美留学生中非常有影响的、名叫“北美留学生君”的微信公众平台上，我看到过这样一篇文章，题目是“出国留学到底值不值：毕业三年，我的常春藤教育还剩下什么?”[①]作者从自己“留学后”的经历，反观留学的价值和意义时是这样概括的:“一个更宽阔丰富的人生”“独立思考的能力”“创造的可能”，以及对“施比受更有福”的感悟。

作者认为:“真实的世界充满着不确定性和模糊性，而独立思考可以让你迅速做出判断，从而走出行动力瘫痪。而没有独立思考的能力就意味着随波逐流，陷入生活给别人看的洪流。”至于“创造的可能”，更让作者在经历了中国传统家庭和教育中“对生活预设的一条固定的流程：学习、高考、找好工作、结婚、买房、生孩子”后，在出国后却接触到了“形状各异的生命”，看到了“‘活法’的无限可能”和“彰显出的丰富强烈的生命力”，受到了强烈的感染，体会到了“一种让你身上每个细胞都打开的东西”，便也逐步拥有了“凭着对新事物的尝试和面对自己的勇

① “出国留学到底值不值：毕业三年，我的常春藤教育还剩下什么?”，微信公众平台“北美留学君”，2016年4月23日。

气……”

在另一个同样颇有影响力的叫做“留学这点事”的微信公众平台上，我还看到另一篇题为“你什么样，你留的学就是什么样”的文章①，作者强调的观点是：“留学从来就没有个统一的定义，每一个人的留学亦是生活，都是独一无二的，究竟什么样，全凭自己决定。”“留学从来不是什么可以标签化和定义化的产物，因为它真是一件很私人的事。”“但如果有幸能做到自己认同的事情，培养出自己认同的品格，而成为让自己尊敬的人，就不算白来一趟。”

这些年，我在遇见、接触到的众多留学生中，包括自己的女儿，“有生以来头一遭”，是我听到他们提到很多的一个词，因为他们经历了太多的“有生以来头一遭”。虽然他们为此付出了昂贵的代价，却会被他们无比珍贵地收藏在成长的记忆中。

头一遭没与爸妈过年，第一次感觉原来习已为常的家是那么温暖，头一次在满眼大鼻子、蓝眼睛的人群中上课，前所未有的在人山人海中的孤独，第一次自己收拾、搬家，第一次自己采买、做饭……

但是，他们却拥有了“人生头一遭”的种种独立和担当。经常独来独往，独立安排一切，独立做出选择并对自己的选择负责，独立面对处理一切，并充满信心、无所畏惧……

他们遇见了从未遇见过的自己。他们看到了不止有自己原来生活过的多样世界，他们在对比冲突中跌撞调整、自我否定后又自我肯定，在形形色色中习以为常、淡定包容，在大融合中四海为家！

一次，我带着女儿与一位好友以及她在美国读大三的女儿一起出游。途中，听到两个女儿经常说起的一句话是：“Don’t be judgmental!（别做主观判断！）”她们解释说：“没有深入接触过东西方两边文化的人，很难理解这一点。”因为，在她们看来，我们的文化强调集体主义，人与人之间彼此相互关联，鼓励和谐共处，一旦个

① “你什么样，你留的学就是什么样”，微信公众平台“留学这点事”，2017年2月14日。

人想法太多，就容易遭遇评判。在美国，则看重人的独立性，每个人的人生观、价值观都不同，因此具有更高的包容度，而不轻易对别人做出主观判断。

所以，在美国待久了以后，她们感觉对什么都见怪不怪了！世界在她们眼里也变得那么简单而丰富！未来的她们，感觉手持一本护照，世界就在脚下、就在心中！

刚从加拿大多伦多大学本科毕业的同事的儿子，在随我参加一次家长恳谈活动中这样坦言："在国外的几年学习和生活经历，让我看到了自己人生更大的可能。很多中国留学生认为'绝不可能'的事，加拿大同学就会跃跃欲试，付诸行动，最后竟能'好梦成真'！"

于昆田，这位从北京对外经济贸易大学本科毕业、已完成了哥伦比亚大学"气候与社会"专业硕士课程的学生，对留学给自己带来的影响也有很多感慨。虽然她感觉留学对于每个人的意义各有不同，但从身边的同学朋友们身上，她感受到了他们在准备行囊时那种对未来的兴奋和憧憬。"兴奋来自于那是一个较为未知的环境，憧憬在于这种知之甚少的环境蕴藏着无限的机遇。"于昆田回忆当年出国前的那种感受时，依然感慨万千。

在她看来，真正的意义，是在对留学生活有切身体会之后发生的，而且随着时间的推移，每个阶段对这段宝贵生活经历的体会都会有所不同："对我而言，留学生活的最大意义在于从理想滑向现实时积累的宝贵经验和心路历程。因为远在他乡，很多问题只能依靠自己解决，亲力亲为。于是必须张罗生活的琐碎细节，管理学业的进度，也要为找到一份心仪的工作或实习费尽心机。"

出国前，于昆田也总是浪漫地以为，她要在这次人生旅途中思考"我是谁，我从哪里来，我到哪里去"。但是现实生活中，她不可避免地掣肘各种各样的"今天该交……""明天又该交……"了。也因此，在这个过程中，她学会了自主掌控生活的节奏，学会平衡不同任务之间的轻重关系，学会了让生活充满趣味。"我认同'生活在别处''成长在别处'的说法。远离故土的独特生活让我经历了期待、失落、孤独、调整、适应的过程。还让我看到了月亮的阴面、孔雀的屁股、理想背后的现实支撑，更让我即使知道了这些，也对生活依然怀有热情和期待。”留学生活的历练，让于昆田更加成熟与自信。

她特别提到了在留学过程中的最大收获之一，是能够开始沉下心来思考自己到底想要什么：“在留学期间，我接触到了一些人，包括老师、同学、路人，他们给我的感觉是，他们在人生中很早的阶段，就有一个比较明确的人生构想，并且愿意为这个目标付出很大努力。他们的这种精神对我的激励很大。”于昆田语气中透着沉稳与笃定。

第三章>>>>

# 留学北美的新认识

## 第一节　所见所闻的北美核心教育理念

### （一）制度保障下的“以学生为中心”

我们常说出国是为了“深造”，现在还有人把留学比作“西天取经”，即使没有九九八十一难，也要在不论是情感还是经济上都付出巨大代价，并历经各种酸甜苦辣。但在进行这些投入前，我们是不是能自信地说，知道要去深造什么？在经历那些酸甜苦辣后，我们能不能确定地说，我们已取到国外、包括北美教育理念的真经？

美国，这个从20世纪初开始就推崇教育学术独立和办学自由的国家，从一开始就首先把学生的满意度放在最重要的位置，并在日常教学、学校管理中处处体现“以学生为中心”的理念。而学生满意度的重要体现之一，校友捐赠是众多私立学校经费来源的一个重要组成部分。那些杰出的学者、学生、校长和捐赠者们“为大学提供了数额庞大的资金，他们代表了美国高等教育从1636年起的一种不同寻常的

美国布兰迪斯大学图书馆内（摄影：榕儿）

特点，我们的学院与大学非常依赖于私人无偿捐赠……这些提供给学术组织的资金被广泛用于修建宏伟建筑，为学生的财政援助提供资金，或者为杰出教授提供资助。在世界上其他地方，大学获得的大部分资金来源于政府拨款”。① “以学生为中心”，也是在美国工作、走访、调研几年后，驻芝加哥领馆教育组前教育参赞陈维嘉对美国核心教育理念进行的概括总结。

陈参赞认为：“‘以学生为中心’教育理念的背后价值观，是把学生真正作为‘人’、作为活生生的个体去培养，而不是工具，也不是知识填充器。因为有这样的核心理念，学生能够得到很大的尊重，他们的个性特点、选择权利，包括选择课程、选择老师的权利，都能得到很大程度的尊重，学生们都有很大的自主性。”她还借用世界著名的未来学家、肯尼迪总统时期的美国教育部副部长约翰·奈斯比特

① ［美］约翰·塞林：《美国高等教育史》（第二版），北京大学出版社2014年版，第2页。

(John Naisbitt) 曾借用过西方的一句谚语说:"'教育的本质，不是把篮子装满，而是把灯点亮。'学生们像是一粒粒火种，教师的责任是把火种点燃，把灯点亮，而不是把学生像知识填充器一样对待，只往里塞知识，而无视学生的特点。"

"以学生为中心"的理念在美国学校教学上体现为"教与学的互动性很强，老师鼓励学生提问、质疑，参与讨论，让学生学会独立思考和大胆表达，放飞心灵，激发创新"。

"以学生为中心"理念之所以能得以实施、推广、持续，陈参赞认为，其重要原因是"有制度上的保障"，因为"在美国，大学知名教授、包括诺贝尔奖获得者上讲台承担教学任务是天经地义的事。虽然在有些大学里，教授因科研任务很重而会把主要精力放在这方面，学校也会允许他们在一段时间脱离教学岗位，也会存在有些教授不愿意给本科生上课的情况，但这样的情况绝不普遍，因为从政策和制度上限制了这种情况出现的可能"。

从陈参赞更深入的介绍中，我们还能看到"制度"的可靠性和有效性。"由于美国大学类型多样，各校在对教师的要求和管理上都有着不同的做法。对于教学型大学来讲，教授承担教学任务、给本科生上课是份内之事，例如，在文理学院。而对于研究型大学来讲，除了要确保教师投入科研的时间和精力，从而保证师资队伍在相关学术领域上的一流水平之外，也会在薪酬、职称晋升和其他奖励上对承担教学任务给予激励。例如，一些学校会采取'置换'的方式，即，以科研项目的费用去'置换'教学工作量，但只允许一段时间这么做。这样，既确保了教授自身的科研任务，又保证他们给本科生上课。"

2004~2007年间，作为时任中国教育部直属高校工作司司长的陈维嘉，曾先后三次组织协调、亲自参与了三期"耶鲁大学-中国大学领导高级研讨班"，并对这所世界顶级大学进行了全面系统的考察，广泛接触了包括时任校长、享誉全球的教育家理查德·莱文（Richard Levin）在内的180多位耶鲁大学的教师、教授、各级管理者和工作人员。也因此，她对耶鲁有一定深入的了解。所以，针对制度上保障"以学生为中心"教育理念的长期实施和发展，她也以自己比较了解的耶鲁大学为例，让我们看到了这所世界名校如何从制度上保障教师对学生的教学与服务。“耶鲁大学的《教师手册》上写明：在教师职称系列任职的人员，‘无论其薪酬是否或在多大程度上来自研究基金，都需要在任职期间将至少一半的时间投入在教学和与教学相关的任务上’①。”

此外，这一《教师手册》还针对教师的教学与薪资、奖励制度有明确界定。

a. 所有的教师，包括终身教授，每年要提交年度工作报告，其内容包括学术研究、教学和社会工作，系主任对此报告进行评估之后提出薪酬建议。

b. 教师在职称晋升方面也要接受对教学工作的考核，“作为对候选人学术水平的有力支持”。

c. 对于特别优秀的教学工作和成果，学校还会给予特别奖励。

在与耶鲁大学教务长的交流相处中，陈参赞还了解到，“在耶鲁，教授承担教学工作是不能讨价还价的。对于大学的年轻教师，学校往往鼓励他们将更多的时间精力放在学术研究上，因此教学任务相对较轻。而年长的，已经获得终身教职的教师会承担更多的教学任务，包括给本科生开设的课程”。

同时，她还观察到：“美国大学教授比较喜欢与学生们在一起。有些人之所以放弃校外的高薪职业，愿意到大学当教授，就是因为喜欢并能有更多的机会和年轻人在一起。那些教授们认为，学生们的问题以及学生身上的活力，会激发他们的想象力和创造力，包括会激发或启迪他们对学科问题的思考。年轻人活跃敏锐的思维、多焦点的看问题，都会让他们汲取营养和动力。这种教与学的互动使教授和学生双方受益，也是教授们喜欢接触学生，愿意承担本科生课程的内在动力。”

教育，首先强调的就是人与人之间心灵的沟通、精神的相遇、智慧火花的碰撞。如果老师与学生之间思想交流、观点碰撞的渠道是畅通的，不但学生能从老师那里获取知识、思想、智慧，老师也同时能够从学生身上获得优于自己的奇思妙想

① 美国耶鲁大学《教师手册》。

和创意，从而使老师自身变得更加有活力、更加有灵感。这种相互敞开、彼此接纳的过程，也是一种相互分享合作、共同探索创造的过程。就像美国成功学奠基人奥里森·马登说过的那样：每个孩子体内都有着伟大的能量，关键看有没有慧眼，像许多美国教授那样，在与学生交流的过程中，能点燃他们的信念，同时，也在激发、燃烧自身的灵感①！

也因此，在陈参赞看来，"'以学生为中心'就像空气一样，弥漫、渗透在美国绝大多数学校里的各个方面。熟知美国高校建制的人都知道，美国大学的学生代表是可以进入学校董事会、成为校董成员的。有的甚至能进入学校的决策层。这也是学生的声音一定能被听到、并受到重视的另一制度保障。学生管理工作更是将学生作为服务的对象，而不是管理的对象，着眼点是替学生着想，为学生排忧解难。例如，校园的公共设施充分满足学生学习、生活和活动的需要，特别是体育设施十分完备。图书馆、实验室可以24小时向学生开放。校园的社团活动更是丰富多彩，学生在这里可以发展兴趣爱好，锻炼能力，施展才干"。

针对"以学生为中心"的教育理念，陈参赞最后还谈到了美国大学另一个为众人所知的突出地方，那就是，"美国学校的学生社团以及非常丰富多彩的社团活动，而学生们在这样的社团中，能够发挥自己的特长、施展自己的才干、锻炼与提高自己的能力"。

## （二）由央视两期节目看通识教育

2005年，我曾作为主要发起人及策划者之一，参与了中央电视台"对话"栏目进行的两期同名为"两样青春　同一世界"节目的录制。那是在应邀来访的12名荣获"总统奖"、已分别被哈佛大学、斯坦福大学等大学录取的美国当年的高中毕业生、与12名刚结束"硝烟弥漫"的高考之战、即将踏上人生新征程的中国高中生代表之间展开的一场"巅峰对决"。"在这一次围绕价值、责任、烦恼、未来等的对

① ［美］奥里森·马登：《奥里森·马登成功学全书》，中国三峡出版社2009年版，第51页。

中央电视台"对话"栏目"两样青春 同一世界"节目录制现场（图片来源：华尔街英语）

话中，美国学生表述价值观的独立和沉着、体现出的改变当今世界的坚定及责任以及探求未知世界的眼光与渴望，无不令人感受到美国通识教育理念下培养出的强烈人文精神和思辩能力。"①

美国的通识教育，英语叫做：General Education，也有人译为"博雅教育"。是美国教育的基石。更好地了解美国教育这一根本特点，有助于我们中国家长和学生在课业学习方面遇到问题、面临选择时，能够有一个重要的看问题依据。

通识教育虽然仅限于美国大学本科的前一两年，但其背后却有着深厚的教育理念。耶鲁大学前校长、著名教育家理查德·莱文（Richard Levin）曾提出：如果从耶鲁大学本科毕业时，学生们变成了物理、电脑或其他任何领域的专家，那是一种

① "中央电视台'对话'栏目'两样青春 同一世界'节目"，新浪教育，2005年8月18日，http://edu.sina.com.cn/l/2005-08-18/1644125317.html。

失败。因为，他不希望四年大学教育让学生们在某一领域里投入那么深，以至于忽视掉在其他领域更广泛的做人、做公民、做有思辨能力的人的机会。通识教育实际上就是为学生的未来做准备，对学生的终生负责。

而且，事实还证明，不论是什么学科、什么专业领域，研究、从事得越深入，需要的知识结构反而越广博。在当今的创新型经济的发展模式下，知识和人才是基本依托，因此而对综合人文科学和对人性社会的理解、广博的视野、思辨精神和创新能力，显得更加重要。

说起美国通识教育的话题，陈参赞也是感触良多。她认为："这一理念注重的是知识结构的广博和人文精神的培养。"她也谈到理查德·莱文（Richard Levin）曾表达过的观点：在知识更新、产业调整、职业流动都在加快的现代社会，培养学生适应社会变化的能力至关重要。因为在莱文校长看来，"学生进入大学后，学校不应该仅交给学生们专业知识，而是要教给他们适应社会变化的能力。在这样的前提下，培养学生较高的人文素养、广博的知识结构、独立思考的能力以及有效的学习方法，便可以使学生以不变去应对复杂多变的世界"。

"在美国大学本科阶段的必修课中，通识课程的学分大约会占所有必修课的1/3。通识教育的学科，主要涉及人文、艺术、社会科学、自然科学。人文学科虽然仅限于美国大学本科的前一两年，但它贯穿在整个大学本科毕业的要求中。"陈参赞还是以自己了解的耶鲁大学为例，列出了该大学通识教育课程按学科划分的四组内容，让我们从中可见一斑。

**表1　　耶鲁大学通识教育课程学科分组**

| 组　列 | 课程内容 |
|---|---|
| 第一组 | 语言与文学、英语与外语、古代与现代 |
| 第二组 | 建筑、艺术、古典文明、电影、历史、历史艺术、历史科学、医学史、人文学科、音乐、哲学、宗教，主要是基础人文学科和艺术类的学科 |
| 第三组 | 人类学、考古学、经济学、语言学、政治学、心理学、社会学，以社会科学为主 |
| 第四组 | 天文、生物、化学、计算机科学、工程、森林和环境科学、地质学、数学、分子生物物理和生物化学、物理学、统计学，主要是自然科学的一些基础学科 |

从以上通识教育的学科设置中我们也能看出，都是一些基础学科。特别是人文学科占的比重很大。陈参赞强调："耶鲁大学要求学生在以上的课程中每一组必须修两门，四组加起来要八门课程的学分，最后才能毕业。这些课程，在大学的所有学分中至少占到1/3。社会的飞速发展和快速变化，使得知识更新加快，产业结构的调整速度也在加快，过去的许多职业可能会衰退，继而产生新的职业。再加上职业流动也在加快。这样，一个人终生从事自己所学专业的可能便越来越小。所以，必须培养学生适应这些变化甚至主导这些变化的能力。"

对于这样做，陈参赞非常认同，因为在她看来，"大学教育本就不应该仅交给学生专业知识。它们如果能培养出学生终身学习的兴趣和能力、帮助他们探索出真正富有吸引力的学科方向、使他们具有适应社会变化的能力，也就达到了目的。在这样的前提下，学生如果还能具有认识世界的胸怀、较高的人文素养、广博的知识结构、独立思考的能力和有效的学习方法，便拥有以不变应对复杂多变世界的基础和定力"。

"在大学本科教育阶段，学生们接受的应该是'大行之道（Universal Knowledge）'，而不仅仅是'雕虫小技（Skills）'……为了保证通才教育，大学不应该限制学生的专业，至少要允许学生换专业。"①

同时，陈参赞还提出："一门学科或行业的发展，以及人类社会面临的问题，往往需要综合诸多学科知识，而不是单一学科就能解决的。以医学为例，医生不但要具有医学知识，还要懂得一些医疗仪器的基本原理和使用，同时要对社会心理、自然环境、地域特点、家族历史给病人造成的影响具有敏锐的判断和分析能力，包括谈话的技巧，与病人沟通等。而如果仅仅满足于专业知识学习，学生的知识面过于狭窄，无法具有综合分析、解决问题的知识结构和能力。"

---

① 吴军：《大学之路——陪女儿在美国选大学》（上册），中国工信出版集团人民邮电出版社2015年版，前言。

## （三）他们经历的"以学生为中心"

"你们交学费，是来接受服务的。"这是刚从哥伦比亚大学"气候与社会"专业硕士毕业的于昆田回忆一位教授说过的话。无疑，作为美国"以学生为中心"理念的使用和受益者，她的感受更加直接："在美国，我上过的所有课程都会有office hour，也就是教授或者助教会额外地拿出时间回答所有学生的问题。"

当然，在于昆田看来，"以学生为中心"是在教育资源丰富下的理想教育状态，并非美国教育的专利。"早在孔子，就已经提出过'因材施教'这种类似的命题。与之相对的'以教师为中心'，是以填鸭、灌输式的方式对学生进行教学，这也是我从小学到大学本科阶段接受教育的主要形式。并不是说'以教师为中心'就是不好的教育方式，只能说这是当学生数量远多于师资力量时，教学质量对教学资源的一种妥协。当平均一名教师要面对50名以上学生，且每名学生的受教育目标高度一致（完成高考）的时候，只能将教学过程标准化、统一化，给所有的学生灌输同样的知识。"

同时，于昆田还认为："究其根本，美国的'以学生为中心'的教育理念，也是西方个人主义（individualism）在教育领域的体现。与之相对的是东方的集体主义（collectivism）。前者教育出来的学生更勇于表达自己的观点，勇于主动设置学习目标。后者教育出来的学生则更擅长与教师的教学任务合作，高效完成被布置下来的任务。其实教育本身承接了多种角色，既要完成人的社会化，使人脱离自由放任的原始状态，成为被'驯化'的社会动物，又要完成人的个性化，尊重每个人本身的需求和特点。"

从"美国留学妈妈圈"转自"小花生网"的一篇留学生自述中，也能看到无处不在的"以学生为中心"理念带来的影响，让这位留学生完成了"从寻找正确答案，到整合资源解决问题"的思维蜕变。这位来自河北的学生感觉，自己从小学到高中，都是在一种"被控制"的环境中生存，生活每一天都严格围绕学习成绩这一目标进行。自己的兴趣、甚至亲情、友情、爱情也都要严格服从这单一目标。如何与社会和自我相处的两大命题被彻底屏蔽。但是，4年美国大学里“以学生为中心”地自主选择课程、老师、兴趣小组、论文开题、打工实习，让这位留学生完全养成了“如何满足自身的需求、分析外界的情况变化、整合手头的资源、做出自身的决定”的全新思维模式。

我女儿从美国高中到大学的学习经历，则让她对“以学生为中心”在美国课堂以及师生在作业交流方面的体现有很多感触。不同于中国高中及大学的大班授课方式，在美国大学中，除了在大一、大二时比较经常接触的入门课程是教授演讲式的大课堂教学以外，其他大部分课程是以小班讨论式为主。以女儿去年大学一年级的写作课为例，全班只有十几个学生，老师提出一个问题以后就不再进行讲解，而是发散性地让学生互相讨论。有时候甚至一上课，老师就跟他们说：“I will shut up

美国康科德学院高中课堂上（摄影：榕儿）

from now on（从现在开始我就闭嘴了）。”之后，除了必要的时候把大家拉回课堂主题或是对某位同学的发言给予特别的肯定和总结以外，老师就真的再没说过话，而是由学生主导课堂，互相讨论、补充。

对于习惯了国内五六十人听老师“满堂灌”的上课方式，最开始进入美国高中时，女儿并不适应小班的教学方式。“我当时总觉得好像老师并没有传授任何真正的知识，有时甚至觉得这样的讨论很浪费时间。但当我认真投入并积极参与讨论之后，我发现这样上课的效果事半功倍。”女儿还举例说明，有时教授自己讲了20分钟，她真正记住并内化的内容可能只有5分钟，甚至更少。而课堂讨论中，只要是经过她大脑思考提出的观点，再加上同学们给她的回应和老师的评价，她都会100%记住。在日后需要写作的论文中，她还会经常重新运用这些观点，并真正促使她进一步思考和探讨。毕竟，通过讨论和碰撞，她活跃的思考和思想火花被更好地激发了出来，思辨能力也逐渐得到了提升。这是女儿认为美国式课堂的精华。当然，她还认为，这还要看学科类型，因为这样的课堂讨论更适合人文学科。

师生在作业方面的交流方式，是女儿感受到的“以学生为中心”的另外一个惊喜，因为，美国学校对于有些作业的截止日期表现得很宽容。不同于中国学校每天布置习题的作业方式，美国学校大多喜欢给学生布置周期相对更长一些的作业，像很多论文和科研小课题，老师都会在截止日期前几周甚至一个月前就布置给学生。至于具体怎样实施和完成，都由学生自己安排。有时候，几个很大的项目、论文、和考试的截止日期可能会集中在一周，有时甚至是同一天，所以就形成了美国学生经常提到的“crunch week”（危机周）。在这种情况下，很多老师会给学生延长期限，但前提是学生必须自己规划好后，提前几天跟老师申请，并在邮件中说明自己需要延长多久以及原因。在女儿留学的这几年里，每个学期都会至少有一次向老师提出这样的申请，而且几乎每次都得到了允许。学校这样做的目的就是根据每个学生不同的安排和需求进行灵活的变通，并让每个学生的能力最大限度地展现在作业成果中。

在女儿看来，“逃生训练课”应该是“以学生为中心”理念的又一个典型体现。

美国康科德学院寄宿高中学生宿舍内、外（摄影：永祥）

虽然该课没有被列入学校的常规课程设置中，却会时常进行，尤其是女儿所在的高中，许多宿舍和教室为木质结构，防火训练课更加频繁。而每次演习都突然却又逼真，有时发生在上课时，有时还在午夜甜梦中。每当警铃大作时，学生们会迅速起身，在任课或舍管老师的带领下，不带任何物品，紧张而有秩序地离开教室或宿舍。

还有不少美国学校开设地震逃生训练课，“依然专业人士来讲解……每次训练过程和结果都会有专门记录，以确保孩子们是否按要求安全撤离、逃生通道是否畅通。更重要的是，让每个孩子都有防灾的意识，学会危难时逃生的本领”。①

## 第二节　重新认识北美大学排名

### （一）主要大学排名机构及其背后

这些年来，不论是家长直接找到我，还是我从留学推介、展览会或中介服务机构处了解到，家长询问问题时，排在第一位的往往一定是“学校排名如何?”这其中，除了强烈的“中国式”名校情结以及“排队文化”外，还有很自然把学校排名首先作为衡量出国留学值不值得的标准。“我们非前30或前50不考虑。”这是我经常遇到家长在选择学校时的一个态度。

“现在，我经常回国，也常有张三李四，或他们的家长王二麻子，和我谈及赴美留学的计划。我听来听去，几乎听不到他们对所想申请的美国大学的具体院系、学科建设以及关键的教授有多少的了解。听到的总是这个学校在全世界排第几名，或那个系在全美国列第几位。”②

---

① ［美］钟雨：《陪着女儿在美国成长——一位中国母亲移民美国的真实经历》，中国发展出版社2014年版，第138~139页。

② 丁玖：《亲历美国教育：三十年的体验与思考》，商务印书馆2016年版，第290页。

但是，对于像“当今世界范围内有哪些排名机构?”“这些机构的背景和情况如何?”“学校排名是怎么产生的?”“在对学校进行排名时都采用什么标准、考虑的是什么权重?”这类排名背后的问题，家长们真正了解多少呢?

在与两位教育参赞谈到这些问题时，尽管她们都表示在学校排名问题上不是专业人士，对此也没有做过系统、深入的调查了解，但她们却都很关注这个问题，并根据自己的了解和经历，说出了自己的一些观点。

当今，在中国，最为广大家庭、特别是那些选择美国大学的家庭所熟知的大学排名，是美国《新闻周刊》的排名。对此，陈参赞认为:“由于美国《新闻周刊》开展大学排名的时间比较久，所以社会认可度也比较高，有比较大的影响力。《新闻周刊》原来只是对美国大学进行排名。从2014年起，它发布了对全球范围内的主要国家的大学进行综合性排名。美国《新闻周刊》的大学排名的确是一个具有参考价值的排名。”

但是，除《新闻周刊》之外，另外3家比较有影响的、针对世界主要国家的大学排名机构。

a. 英国的QS公司。

b. THE，即英国《泰晤士报》副刊的排名。它与QS原本是一家机构，但后来分开了，发布的结果也是不同的两个。

c. ARWU（Academic Ranking of World Universities），“世界大学学术排名”。这是上海交通大学世界一流大学研究中心所进行的排名。

在以上3家全球性大学排名机构中，陈参赞对第3家上海交大的排名了解得更多些，“实际上，上海交大开始这方面的工作始于2003年，2004年第一次发布结果，比前两家都早。由于它是国际上第一个针对全球范围内的大学进行学术排名的机构，所以直至今日，相比在国内，它在国外享有更高的知名度，影响力也更大，为许多世界一流大学所关注。这一排名的初衷是，因为当时国内正在推进‘世界一流大学’的建设，即‘985工程’‘211工程’等重点建设项目的实施。上海交大希望通过研究世界一流大学的主要特征，找出中国大学的差距及其努力的方向。这种研究，也就引发了上海交大对世界范围内、特别是发达国家一流的大学进行排名，也包括对中国的大学在这一范围内、用同一种标准进行排名”。

某种程度上讲，相比美国的大学，国内对加拿大的大学排名情况不那么熟悉。而加拿大政府等官方机构对加拿大大、中、小学又都没有官方排名。

所以，根据薛参赞的介绍："目前在加拿大，通常使用的是由《麦克林》（Maclean’s）杂志做的大学排名。《麦克林》的大学排名于1991年首次推出，其对象包括自愿参与的大学及其附属院校。评选范围不包括那些全日制学生少于1000人的学校以及具有严格的宗教限制和专门教学使命的学校。每年7月份，麦克林发给这些大学一份17页长的调查问卷，其中学生和教师获奖方面的信息是由学校行政管理部门负责提供。到了秋天，杂志编辑将花费几周汇集家长、校长、教授和学生意见，并针对数据进行核实。”

《麦克林》杂志是针对加拿大的基础、综合和医学博士三类大学进行排名的。它的评价体系包括以下六大指标。

a. 学生比例。将各学校本科一年级人数中所在省的学生、外省学生入学及国际学生入学人数比例进行比较。此指标反映了入学学生的多样性给班级带来了积极影响，国际学生在综合类学校及医学博士类学校的研究生层次的人数比例也反映了他们给学校发展带来了活力。

b. 班级数量。学校评比包括了这三类大学学生在第一、二年所属部分班级规模，以及一部分大三、大四班级规模。

c. 师资力量。统计获得博士学位的教师占教师总数的比例以及教师中获得任何学术成就和荣誉等。

d. 财政方面。学校用于全日制学生公用经费、学生服务预算比例和奖学金数额。

e. 图书馆。图书馆的规模和藏书量、图书馆的经费预算和在用于图书馆服务及更新收藏的经费。

f. 学校声誉。毕业生对学校的评价和社会团体对学校的评价。

在谈到大学排名的问题时，两位参赞均表示，只要自身条件允许，她们也都希望中国学生能选报排名靠前的优质学校。

但是，何为“优质”呢？

在陈参赞看来，“所谓优质，只是一个相对的概念，没有一个统一的、所谓‘权威’机构去界定。也因此，目前，我们首先只会根据‘排行榜’去判断。‘优质’与否，通过排名、比较得出结果，排名靠前的，就被认为是‘优质’学校。通常来说，判断一所学校是否优质，首先会有一些主观标准，就像在中国，百姓心中也有自己的主观标准一样，例如，在一个地域，哪些是好大学，包括好中学，民众心中都有自己的主观标准。像北大、清华这样大家公认的‘优质’大学，不用看排行榜就都知道。美国的大学排行榜也有‘主观’标准：把业内权威的、有声望的人士聚在一起，‘你认为好大学是哪些？’为各学校打分。这样的打分结果会在评选中占有一定的权重”。

当然，陈参赞也同时提到了一些客观标准，即评估机构设定的一些具体指标。她以中国为例，“大学也有排名，具体的评价指标会包括：高考录取的分数——一个大学的录取分数越高，意味着这所学校就越好。还有，毕业生的就业结果、就业后的收入水平等，都会作为客观指标。而评价一所大学的学术水平，通常会包括：这所大学有多少大奖获得者、有多少人在世界级刊物上发表过多少论文、研究成果被引用过多少次。还有科技创新能力怎样等一系列客观指标”。

从陈参赞的分析中可以看出，“任何排名都受排名机构在价值取向上的制约，它采集什么样的评价指标，确定什么样的权重，都会导致不一样的结果。比如，世界大学排名注重的是学术表现和科研成果，而美国《新闻周刊》的大学本科教育排名则要考量本科学生录取、毕业率、生均占有教育资源等指标。同一所大学在不同的排行榜上会有不同的结果。有些大学在世界大学排行榜上很靠前，但在国内本科教育排行榜上未必很靠前。因此，任何排名都具有相对性，不可能全面客观反映一所学校的全貌特征。排名并不代表一切”。

虽然陈参赞比较了解上海交大的排名而并不太熟悉其他3家机构的排名指标及其差别，但有一点她非常肯定，那就是，“那些排名，由于指标不同、权重有区别，导致的排名结果也一定是不一样的。这也是为什么同一所大学，往往在不同的排行榜上的名次是不一样的原因。像美国加州伯克利分校，在世界大学的排行榜上非常靠前，曾被排在前五，甚至前三。但在美国《新闻周刊》的排名却在20多名。因此，对于排名，我们要有这样的意识：任何排名都有相对性，也都有局限性，不可能反映一所学校的全貌，尤其是特色。同时也说明，排名并不代表一切。这是我的观点”。

具有30多年教学经验的美国心理学教授Sally Springs，曾在美国东西两岸的高校担任过管理者。她还曾担任过哥伦比亚大学和戴维斯大学的副校长。Marion Franck毕业于布朗大学，在成为职业作家之前，其大部分的职业经历都是在大学做过讲师、新教师顾问和学生顾问。他们两人合著的《Admission Matters》一书，在美国一直以来被奉为升大学宝典。此书中披露的《美国新闻和世界导报》就大学排名进行的打分方法，也能让我们更进一步看清其中的客观真相:“在《美国新闻和世界导报》的大学排名调查中，25%是基于该杂志在大学校长、教务长、招生办主任中针对大学声誉进行的表决。而表决的内容，却仅围绕着那些与打分者来自的学校（如文理学院或研究型大学）拥有同样使命的学校学术质量打分。从1~5分，分为“最低”“出色”“我不知道”3档。这些打分者中，许多人看到问卷时承认，因为没有参加调查的学校的详细信息，所以，他们给出的评定不具备什么意义。”〔“Twenty-five percent of a college's ranking in the *U.S. News survey* is based on reputational ratings it receives in the poll of college presidents, provosts, and admissions deans that the magazine conducts each year. These administrators are simply asked to rate the acaedemic quality of undergraduate programs at schools with the same mission as their own（for example，liberal arts colleges or research universities）on a 1~5 scale from “marginal” to “distinguished”，with the option to respond “don’t know”. Many of those who receive the questionnaire acknowledge that they don’t have the kind of detailed information about other colleges that would be needed to respond meaningfully……”〕①

也因此，斯坦福大学时任校长Gerhard Casper就曾对《美国新闻和世界报导》记者表达过以下担忧:“作为排名顶级的大学的校长，我希望我表明的立场能够让你明白——那些排名，特别是其中似是而非、缺乏准确性的计算方法，完全是误导。”（Gerhard Casper，while president of Stanford University，expressed his concerns about the rankings to the editor of *U.S.News* and *World Report* as follows:“As the president of a university that is among the top-ranked universities，I hope I have the standing to persuade you that much about these rankings-particularly their specious formulars and spurious precision-is utterly misleading……”②

在加拿大，根据薛参赞的了解，学校拒绝参加排名的情况也时有发生:“有一些大学认为,《麦克林》排名‘太粗糙、太武断’，所以经常拒绝参评。2006年就发生过47所大学中，有26所大学拒绝填写排名问卷表的情况，其中包括阿尔伯塔大学、康哥迪亚大学、卑诗大学、蒙特利尔大学、皇后大学和多伦多大学，致使关于这些大学的研究经费拨款、经营预算、学生服务支出、奖学金和助学金、图书馆支出和购置等关键数据，不得不从其他官方渠道或以前报告中获取。”

“因此，对于加拿大的大学排名，我认为不应该成为选择学校的重要依据，而只是一个参考。”

## （二）排名150与“985”

因为大学排名背后的这些情况，陈参赞揭示的另外一个现实是，“美国很多大学

---

① Admission Matters，Sally P Springer，Marion R.Franck，JOSSEY-BASS，A Wiley Imprint，P10~11，2005。

② 同上，P10。

并不看重排名，也不参加排名，因为他们认为每一所大学都有自己的追求，自己的价值观，自己的特色，不能被排名所绑架。很多美国公众也会这么认为。何况，美国排行榜上的同类大学，哪怕名次相差几十位，在基本的教育理念、管理模式以及校园设施上没有太大差异，至少没有人们想象得那么大的差异。因此，他们对中国学生在选校时这么重视学校排名往往感到不理解”。

“咱们国内有的学生和家长不切实际地只盯着排名靠前的学校，位次差几位就不能接受。名校申请扎堆，一方面加大了时间精力的投入，降低了录取几率，另一方面未必就是孩子的最佳选择。名校申请难度大，学生中强手如林，学习压力也很大，孩子在这里未必能找到自信并建立起持续的学习动力。”因此，陈参赞语重心长:“可以参考排名，但一定不要迷信排名。特别是要根据自身情况，对排名要有一个科学理性的认识。”

那么，如何根据美国大学排名选择学校呢？

“要根据美国各类大学的特点和优势，结合自身的条件，选择适合自己的学校。”陈参赞还做了个非常直观的联系对比,“美国大学的整体实力是比较强的，能够进入世界大学排行榜的美国学校有150所左右。而中国大学能进入这个排行榜的仅有20~30所。也就是说，哪怕是进入了美国在这个排行榜上非常靠后的学校，也意味着进入了中国的一所‘985’学校。这样一比，可能很多中国家长和学生会释然不少。”

针对分别在申请本科、硕士、博士过程中如何看待学校排名的问题，陈参赞还有针对性地建议如下。

a. 在选择本科学校时，要着重看学校的办学传统、校园氛围、课程设置、师资力量、社会声誉等。综合性大学规模大，学科专业覆盖面广，有机会接触了解学科前沿，学术讲座多，学生社团活跃。而文理学院小而精，师生比高，学生个体受到的关注高，以通识教育为主，可以涉猎更加广博的学科知识。这些都可以根据个人的特点和偏好做出选择。

b. 如果申请研究生，建议参考学校的专业排名，考量学校的专业优势和科研实力。

c. 而如果申请博士生项目，就更要了解导师的研究方向和学术影响力等。有些学校综合排名并不突出，但在某些学科专业上很有特色，有些名家大师，未必一定在榜上有名的大学里。

总之，陈参赞认为："千万不要只是盯着大学排名，讲究实效更为重要。"

对于如何根据加拿大的大学排名选择学校的问题，薛参赞介绍说："家长和学生，特别是中国和东亚的家长和学生，会把《麦克林》杂志做的大学排名和菲沙研究所（Fraser Institute）的中小学排名视为宝典，作为选择学校的重要指南。但是，加拿大教育界对学校排名一直争议不断。譬如，卑诗教师联会（BC Teachers' Federation）对菲沙研究所的排名从不认同，因为它们认为，基础学测验（FSA）对实际教学没有帮助，它不能够帮助中小学生学习或老师教学，对于学生成绩的评估和对家长都是一个误导。相反，这项测验占用课堂上大量宝贵的教学时间和资源，也限制了老师将有意义和有用的教学经验传授给学生的能力。"

## （三）"别在一味追求排名上耗费精力"

对于中国家长和学生比较看重大学排名的原因，陈参赞和薛参赞的共同看法，是既有个人原因，也有社会原因。

就社会原因而言，陈参赞认为："中国作为一个发展中的人口大国，教育资源总体相对不足，优质教育资源短缺的矛盾更显突出，重点校与非重点校的差距比较大，择校好像是各级教育人士都会面对的'永恒的主题'。而在美国，大学排名位次上的差别却没有人们想象得那么大，那么重要。所以，千万别在一味追求排名上耗费精力！"

陈参赞在美国工作期间，在驻芝加哥总领馆辖区范围内访问过60多所大学，有的排名在120或130名以外。"但是，那些大学却非常好，包括一些公立大学。从它们的办学状态、它们的真正实力以及它们的办学理念和学校管理看，与那些排名50以内的学校相比，没有本质的差异。从学生能够享受到的资源和有质量保证的教学水平看，也没有太大的差异。这实际上意味着，对于那些非得争取进前50的大学、认为进不去就感觉好像毫无前途的中国家长和孩子来说，是完全按照中国人的眼光和标准去衡量的，并且他们对美国的学校和排名并不十分了解。”

从个人原因看，薛参赞认为：“重排名的心理，让中国许多家长、孩子在申请美国大学时，也会像参加国内高考那样，都拥堵在瞄准美国排名前20、30或前50的学校上，不管是否适合自己的孩子。结果，导致了越来越激烈的竞争，甚至不惜为争取高分违规作弊。与此同时，美国、加拿大的一批世界级顶尖名校，也就是排名在前50~60名的大学，或者是前30名的大学，学校规模有限，对学生的录取标准也非常高。如果孩子不具备条件，仅仅寄托于中介的包装是不太可能达到目的的。而且，即使那样进入名校，那里强手如林，学习压力大，孩子未必能找到自信并获得学习上的成就感，也会令孩子产生越来越多的焦虑，他们的未来也会因此而隐含着越来越多的不确定性，有的甚至还会因为压力过大，导致家长和孩子都不希望看到的各种不良后果。”

就这些问题，陈参赞一直建议：“美国大学丰富多样，决定了它们作为不同类型的学校在办学目标上有不同的追求和定位，人才培养的模式就会有差异。例如综合性大学、文理学院、社区学院肯定不一样。所以，家长和孩子首先要根据自己的情况做出选择。就综合性大学来讲，学校之间的差距主要体现在科研上，包括科研能力、科研成果、能够争取到的科研经费以及学术力量的积累上。但基本的教育、教学方面，涉及到与学生直接相关的方面，没有太大的差别。而美国教育资源广泛的覆盖，也使得来自不同阶层或是有着不同理想抱负的学生都有相对自由的选择空间。”

说到底，中国家长和孩子对学校排名的在意，“暴露出他们对排名不了解，对美国大学的多样性不了解，特别是忽视孩子自身条件和学校的匹配性”。陈参赞这样坦言。

这令我想起北京生命科学研究所饶毅教授曾说过的一段话。这位有着中美两国教育教学经历、享有盛誉的教授认为，那些在美国排名顶级大学里的顶尖系科就读的主力还是美国学生，他们如此优秀，足以令身边原本也很优秀的中国学生感觉到无形的学习压力，以至于后来无法有所成就。相反，进入那些排名不那么顶尖大学学习、但后来却成就斐然的中国学生相对更多。本科毕业于罗彻斯特大学的美国前能源部长、诺贝尔物理学奖得主朱棣文，与其毕业于哈佛大学、后来并无杰出建树的兄长，就是两个代表例子①。

通过两次与哈佛大学前招生官Rachel Robins博士针对大学排名的交流，我也了解到："在美国，大学排名对诸多学生和家庭来说，只是提供了一种衡量学校竞争力和学术水平的参考。但当他们真正选择、确定大学时，排名只是诸多要考虑的一个因素。毕竟，一所排名第67位的大学，与排名第4位的大学相比，同样会给学生带来富有学术活力和丰富经历的学校生活。"

Robins博士同时提出："大学生活，是使学生能够发现最适合自己、并且能够从学校的学习、生活中获得尽可能多的机会和尽可能大的收获。"所以，她提醒说："同样重要的是，学校排名更多的是针对整个学校的综合方面、而不是某个学科专业进行的。一所排名第48位的大学，可能会有全美最顶级的工程学科。相反，一些学校在全国范围内有较高声望，却不意味着它们全面领先。"以生物医学学科为例，综合排名第12位的约翰霍普金斯大学在此方面就比绝大多数前10名的美国大学还要好；综合排名第25位的卡耐基梅隆大学，在计算机专业方面，堪与麻省理工大学和斯坦福大学媲美。

实际上，美国人选择大学的标准是非常多维度的②：

---

① "饶毅谢宇对谈：上名牌大学到底好不好？"，新华网内蒙古频道，2015年6月10日，http：//www.nmg.xinhuanet.com/home/kjww/jy/2015-06/10/c_1115576818.htm。

② "美国人是如何看待大学排名及选校的"，北美出国考试，2016年8月2日，http：//mp.weixin.qq.com。

a. 很多美国家庭认为州立大学由政府支持，专业多，毕业后在本地就业有足够的优势，所以会作为优选学校。对于一些出身中产甚至更富有家庭的美国学生，他们选择本地州立大学的一个重要原因是父母在本地的人脉和影响，这有利于他们今后找工作和事业的发展。

b. 还有些美国家庭收入虽然不低，却因为要承担着还房贷的压力，或家里有不止一个孩子上大学，或父母自己的助学贷款还没有还清等情况，同时，按照美国文化传统，孩子到了18岁都要独立生活，所以很多美国大学生的学费花销是由学生自己通过贷款和打工来负担的。这就不难理解，每年都有一些美国学生放弃常春藤名校的录取，转而去读给全额奖学金的州立大学。

c. 与中国相比，美国各地区的社会发展较为均衡，所以即使经济落后的地方也不一定买富裕地方的账——美国年轻人对于纽约、旧金山的向往，远远没有中国年轻人对于北上广的向往那样强烈。美国人也认为大学教育很重要，可是他们很少有靠上大学来改变命运的强烈愿望。

d. 相对于中国，美国的工业商业分布更广泛。经济比较发达的州都有一些大牌企业，如佐治亚州拥有可口可乐总部；密歇根有很好的汽车工业；位于华盛顿州的西雅图则是波音总部。这些大公司所在地的地方性大学比外州的学校更有就业优势。比如波音公司的很多人都是排名48的华盛顿大学（州立）的毕业生。

e. 美国连各州立大学都有在当地人气超旺、比赛时万人空巷的体育队，如棒球，橄榄球，篮球等，都会是吸引从小就是球队粉丝的美国学生的一个原因。

美国家庭选择学校的这种多维标准，有的非常务实；还有的则完全超出中国人的想象。在美国，这种选择学校的多维度标准，也与衡量孩子的多样性标准密切相关。因为，“有些家长注重孩子的数学，有些家长注重孩子的演讲。有些学生毕业后去了哈佛大学、麻省理工大学，大家都知道他很好。有些学生去了一般的大学，大家也不觉得他有什么不好。有些孩子不想上大学，父母不会强迫他。美国父母看到自己的孩子有一个A就会觉得很光荣，可是中国家长要孩子全部都是A，才会说你好”。①

综上所述，由于美国、加拿大的大学，特别像那些能进入《新闻周刊》排行榜的美国大学，在教学理念、课程设置、学校管理、师资力量的配备方面，基本标准没有太大差异，起码没有我们想象的差异那么大。所以，“我们希望，在关注排名结果的同时，一定要了解数字背后意味着什么，特别是根据自身的实际情况和理想目标，去选择学校。一定不要只因排行榜浪费时间”。这是陈参赞、薛参赞的共同愿望。

## (四) 在列表中认识自我

王逸然写的“不必成功，要成长——我为何离开西北大学来到排名56的SJC”的文章非常吸引我，此文作者做出了离开美国大学排名前20的西北大学，而转去St. John’s College的决定；更因为她面对总不断被提醒“要成功”、被追问“做这些有什么用?”时表现出的冷静和珍惜自己成长、清楚自己是谁、明白自己想要什么的笃定。

在我近几年的接触中，已有越来越多的中国留学生家长意识到，排名不是绝对的。但在当今全球范围的就业市场上，供需关系失衡，用人单位由于“僧多粥少”，在选拨、雇佣人员时，首先会考虑应聘者毕业于哪所学校、是否名校。那样，那些知名学校的毕业生显然会更受青睐。这种受青睐，尤其表现在获取第一轮面试的“敲门砖”上。这也促使中国家长、孩子看重名校，在选择学校时看重学校的排名。

毋庸置疑，如果孩子有能力选择并考上排名靠前的学校，某些程度上说明，孩子具有竞争力，也增加了孩子未来的选择机会。但如果无视孩子的自身特点和好恶而一味追逐学校排名，或只为孩子进入排名靠前的学校后能增加自己对外炫耀的资本，忽视孩子自身需要经历的巨大压力、孤独痛苦、自惭形秽，甚至由此引发孩子

---

① 凌志军：《成长——微软小子的教育》，湖北长江出版集团、湖北人民出版社2008年版，第77页。

的身心疾病，到头来造成的终身遗憾是无法弥补的。这是陈参赞反复表达的担忧。从日渐增多的中国留学生被抑郁症夺去生命的公开报道中看出，这种担心绝非多余。

同时，不论在中外，随着大学毕业生、包括从位列前茅的大学毕业的学生数目日益增多，越来越多的用人单位表现出对“人”本身的重视，而采取综合评价标准考核应聘者。美国大学和雇主协会（National Associations of Colleges and Employers）的曾经一项调查显示，美国公司雇佣大学毕业生最看重的素质，排在第一位的不是学生毕业于什么大学，也就是不以名校论英雄，而是注重大学毕业生的个人素质。这项调查显示，大部分雇主都将大学毕业生“是否具有非常强的与人沟通能力”放在录取与否的最主要五项考量标准之首[①]。

我还曾看到过另一篇关于谷歌人力运营高级副总裁Laszlo Bock接受《纽约时报》采访时说过的一段话：“GPA（Grade Point Average，北美大、中学校取得的各学科成绩平均下来得到的数字绩点）作为招聘依据毫无用处……”他们更看重的是出色的学习和认知能力、新一代领导力、知性谦虚、主人翁意识等。相反，作为这家全球最受欢迎的雇主负责招聘的最高决策者，Bock先生认为：“成功的聪明人很少经历失败，所以，他们没有学会如何从失败中学到东西。”[②]由此可见，世界的发展，让有眼光的管理者越来越在意“排名”和学业成绩以外的软实力。

在女儿申请、选择美国大学时，为了减少我们仅根据大学排名而进行选择的盲目性，也帮助她更好地自我评估、减少纠结、明确方向、最终选定目标学校，经过与她共同讨论后，我参照了几本美国的升学指南书籍，为她制定了以下一个自我测评表，在她的整个申请过程中起到了一定的参考作用：

---

① “美国雇主最看重大学毕业生的五大素质”，2013年7年25日，http：//blog.sina.com.cn/0202why。

② “弗里德曼：谷歌招聘看重哪些能力？”，托马斯·弗里德曼，翻译：经雷，新浪财经转自《纽约时报》中英文网，2014年2年25日，http：//finance.sina.com.cn/stock/usstock/c/20140225/200318327285.shtml。

**表2　　选择美国大学的自我测评表**

| 确定你的特点与择校时着眼点的关系 | | | | |
|---|---|---|---|---|
| 问　题 | 你的特点 | 程　度 | | |
| | | 非常 | 有一些 | 一点都不 |
| 你是个什么样的学生? | ·总希望在班上名列前茅<br>·也能接受没有名列前茅的情况<br>·学业上不那么争强好胜、野心勃勃<br>·如果需要，会想尽一切办法去寻求帮助<br>·最好不需要费太大力气就能得到希望得到的 | | | |
| 你的学科兴趣? | ·对某个领域特别感兴趣，并希望大学毕业后能够从事该领域的工作<br>·还没有确定学习什么专业，希望在确定之前能够多方探索<br>·介乎以上二者之间 | | | |
| 你希望的课堂规模和形式? | ·课堂形式对我很重要<br>·喜欢大课堂，不希望因是否积极参与讨论而对我构成压力<br>·喜欢小课堂，享受发言带给我的兴奋 | | | |
| 你更喜欢文理学院，还是研究型大学? | | | | |
| 你有什么希望大学一定具有的课程吗? | | | | |
| 你希望怎样的大学课程安排?<br>·难度大、学业紧张?<br>·中等?<br>·不紧张? | | | | |

续表

| 问题 | 你的特点 | 程度 | | |
|---|---|---|---|---|
| | | 非常 | 有一些 | 一点都不 |
| 你希望学校所处的地理位置？<br>·大城市？<br>·小城市？<br>·小镇？<br>·乡村？ | | | | |
| 你所希望的大学规模？<br>·小规模的3000~5000名学生？<br>·中等规模的5000~8000名学生？<br>·大规模的10000~20000名学生？ | | | | |
| 你有什么希望学校一定要具有的社团或体育、文艺项目？ | | | | |
| 你更看中学校的：<br>·学术研究？<br>·社团组织？<br>·就业机会？<br>·创业文化？ | | | | |
| 你希望的同学结构：<br>·更多元？<br>·中国学生比较多的校园文化？ | | | | |
| 你对校园文化有什么特别希望？如：文艺、体育？政治、学生之间关系密切？ | | | | |

在女儿选择学校过程中，我和她始终有个基本共识，那就是，选择学校好比择偶，得双方相互欣赏、你情我愿，没有所谓“最好”的统一标准，只有“最合适”。

所谓“最合适”，包括客观和主观两个方面的因素。

客观上说，就像择偶时希望了解的外在条件，即，上面“自我测评表”中所列举的客观情况，包括地理位置，学生人数，教师情况，社团组织等。但即使这些客观情况再好，也要看有多少会直接受惠于学生；还要看自己能否主动利用、充分发挥这些条件。

主观上说，也像择偶：希望有“眼缘”，必须感觉“舒服”，即所谓的“气质”。这些感觉很主观，因人而异，但也能够通过具体过程进行判断，如参观校园时，志愿者学生的言谈举止、介绍老师的情感流露等，都可能会是一所学校文化的折射。

为此，女儿的一段“校园访问独行侠”经历，让她至今说起来还很得意。

在女儿看来，无论是网上、参考书，还是别人口中的介绍，都只是二手资料。于是，在最后确定学校名单之前，她便有选择地去亲身参观访问、感受体验。由于我当时工作上实在无法走开，加上女儿也认为是她自己未来要在选择的学校里度过至少4年的学习生活，所以，我们最终商定，参观前，我们全家一起先讨论出在参观访问大学过程中希望了解的情况和发现的问题，然后，再将这些问题请高中的升学顾问老师提意见和建议。最后，由女儿自己去一一实地考察访问大学，我们就不陪同她去美国了。

不曾想，几乎在所有的校园访问活动中，她成了罕见的“独行侠”，因为，几乎所有去参观访问的都是以家庭为单位，其中，也包括几乎所有到访的美国家庭！但因为女儿相信自己的感受，了解自己的需要，也清楚自己的标准，即使是参观过程中的提问环节，她也都会非常有针对性地提出自己的问题，最终，也就了解到了自己希望了解的情况。

实地参观访问后，她从原先列出的申请名单中删除了一些自己确认不合适或不喜欢的学校。就像我也会听到接触过的留学生谈论起某所学校时常说的那样：“我第一次踏上这个校园时就爱上了这里。”

女儿后来告诉我说：选择学校的过程，也是真正审视自己内心、了解自身愿望、清楚自己需求的过程。

同时，我在给女儿的一封邮件中这样写道："妈妈时时告诫自己：一定要客观地看待你，而绝不被'别人家孩子如何、怎样'的比较所绑架。我不希望你和我将有限、美好的生命浪费在无谓地攀比焦虑、急功近利中；也不会着力放大某个过程中的影响和意义。而是把每个阶段的选择、努力和胜负交替、得失无常的结果，放在整个生命的长河中去看。这些将构成你丰富人生的完整画卷。你如果能够进入美国顶级名校，我为你高兴！我同时希望，当你回忆青春时，绝不仅是排名、分数；就像你喜欢的JK罗琳说过的那样：'你的简历、你的证书都不能代表你的生活。生活是如此的复杂，任何人都不能掌控它。'明白了这一点，你就能宠辱不惊。"

## 第三节 北美大学专业选择与非中国式思维

### （一）本科专业设置与职业划分不完全相关

"美国大学本科的课程设置简直太多了？到底该怎么选择？"

"什么是最热门的专业？"

"哪个专业容易就业？"

"我儿子的化学课成绩一直都很强。我希望他到了大学能继续学习和保持。"

"我女儿非得选择社会学专业，我怕未来不好找工作，就让她改选了比社会学更实用些的教育专业。"

……

这是近年来我常遇到的家长提问，也是非常具有普遍性的家长担心：巨大的投入，未来会有什么样的回报？

如果仅着眼于自己喜欢、却不好就业的专业或者待遇低的专业，是不是会影响孩子的“钱途”?

而如果选错了专业，会不会误了孩子的一生?

如果孩子选了一个自己不喜欢的专业，会不会影响学习热情?

选择了一个压力大的专业，又会不会影响成绩而不利于就业或研究生申请?

这些比较典型的“中国式”纠结和焦虑很让人理解——毕竟巨额花费送孩子出去留学相当于投资，回报的体现，就是孩子学成之后能找到好的工作，有不错的收入。因此，很多家长在专业选择上用心良苦，生怕一步选错而耽误了孩子的就业前景。

有的专家论著中也强调专业选择在学生、家庭的留学规划中的绝对重要性。网上也会有不少留学咨询机构诸如“专业的选定，就意味着我们人生方向的基本确定”一类的推介语。

但随着出国留学规划走进更多的中国家庭，父母们也对留学过程中要面对的许多问题有了越来越多的了解和思考。我曾在微信上看过一个叫做“美国留学妈妈圈”里一位名为“蜡笔小新”的妈妈在一篇文章连连发问：留学最终能否取得真经？而如果按照咱们中国人的思路去延续在美国的生活，那么，出国留学的意义又何在?

对此，让我们再听听两位教育参赞的观点。

“美国大学本科的专业划分与未来的职业划分不完全是一回事。”陈参赞一语概括，“美国大学本科阶段的专业意识其实比较淡薄，而非常看重的是基础知识和能力的训练、学习和培养，也就是我前面提到过的本科教育阶段推崇的‘通识教育’。”

在芝加哥领馆教育组工作的3年多时间里，访遍、调研过辖区内各类美国大学、广泛接触过美国各级教育管理及教学人员后，陈参赞对美国的本科教育有深入的了解。在中国高等教育管理岗位上的多年经验，更让她对教育与人生的关系有自己的独到见解：“在美国的文理学院，本科期间不用选择专业。即便是综合大学，前一、二年，也不会进行专业学习，一般先到该大学的文理学院学习两年，都是学习些基础课程。真正进入专业学习是高年级，即大学本科三、四年级阶段。而有些专业，如临床医学、法学类的专业，甚至在整个本科阶段都不设置。”因为，美国的同行们认为:“像医生、律师这样的职业是非常神圣的。而一名高中毕业生、十七八岁的孩子，通常没有任何社会阅历，对学科也不了解，对像医学这样的职业及其神圣意义更不理解。他们因此而会缺乏对生命的敬畏，也缺乏对这种职业的献身精神，那他们怎么能具备选择学医的能力呢?”

在美国，大学的专业划分与未来的职业划分之所以不完全是一回事，还因为，特别是一些学术性很强的专业，不是按照职业划分的，譬如，像陈参赞列举的数学、物理、化学这些专业，都很难直接与职业对应起来。“所以，学术与职业的划分依据是不同的，一个是依据科学的自身发展和知识演化的规律；而职业的划分，更多受社会经济结构的影响。二者有联系，却又不完全一样。所以说，想通过专业的选择就把孩子未来的职业去向明确，实际上是很困难的。”

至于没必要让“专业选择”成为中国留学生和家长紧张、焦虑的问题，还有一个重要的原因，那就是在美国，“从大学新生的分类看，有一小部分是已经选定专业的，还有一大部分是未定专业的。根据大学的规定，即使是已经选定专业的学生，入学后，还是可以更换专业的”。因为，“随着年龄的增加，学生对自己究竟将来要从事什么工作也会比高中生有更成熟的想法，这时的选择往往比较符合实际”。①

在美国，“大学本科期间换专业也比较简单，特别是在同一个院系内。对于非热门专业，只要符合专业学习的前提课程和学分要求外，基本上提交一个申请就可以实现；对于热门专业，除了满足前提课程和学分要求，还要看空位的多少和学生们之间的竞争，主要是看此前的GPA”。②

当然，如果学生在高中阶段“就能对自己的专业选择确定一个大方向，有个相对明确的学习目标，会更有利于未来的发展，如文理工商法等职业方向”。③只是，

---

① “在美国读大学选择专业的几大‘误区’”，网易教育论坛，2013年3月19日，http：//edu.163.com/13/0319/13/8QB81MH500294IPE.html。

② “去美国读本科，选专业到底重不重?”，新华出国，2015年7月29日，http：//news.xinhuanet.com/abroad/2015-07/29/c_128067570.htm。

③ “去美国读本科，选专业到底重不重要?”，新华出国，2015年7月29日。

如果在身边熟知的留学生中做一个调查的话，也许不难发现，选择“金融”“经济”“商科”专业的很多。但再进一步问起的话，可能会发现很多人说，是父母的建议或要求。由于不少家长为送孩子出国进行了巨额投入，所以，在孩子选择专业时，瞄准的是那些现在看上去就业容易、“回报”高的专业。这些，很容易让人理解。

陈参赞也早已注意到了这一现象。在她看来，“中国很多家长和学生很看好金融行业的就业，出去读金融专业的学生也的确不少。但实际上，许多美国金融机构在聘用大学生时，并非都是从金融专业招聘。他们还是更看重个人综合素质，包括表达能力，沟通能力，工作责任心，解决问题的能力等”。陈参赞女儿的高中同学，大学本科学的是人文学科。后来实习是在华尔街的一家金融机构，毕业后就在华尔街的金融机构工作。这位同学学的不是金融专业，却被金融机构看重，就因为她的综合素质。陈参赞在针对家长的公开讲座中，还经常听到家长议论，孩子的同学毕业于美国文理学院，主修艺术史或其他人文学科，目前却在美国的金融机构或投资公司工作。

我身边也有不少这样的例子：原本修的是环境管理，现却在旧金山的一家信息技术公司工作；有修生物工程的，目前在美国的德意志银行工作。

这些都传递着前面说到的一种趋势：用人单位看重的不仅仅是学的什么专业。

当今社会，“知识的更新换代越来越快。所以，教育最重要的，是使孩子打下扎实的学习习惯、学习方法的基础，具备终身学习的能力，以不变应万变”。陈参赞言近旨远。

前面讨论到的美国大学本科阶段的“通识教育”理念，其最大优势就是，给学生提供了足够的机会和自由去探索、尝试、挖掘自己的擅长、寻找到自己的热爱。在如何进行这样的尝试、探索方面，陈参赞也提出了一些具体建议。“例如，在课程设置方面，本科设有‘双专业’‘辅修专业’等，修文学和心理两个专业，或选择经济的同时，可以再辅修数学或统计，从而让自己所修的学科领域更加宽广、丰富。与双专业不同的是，辅修是指当专修一门专业时，又十分热爱另一门学科、却达不到双专业的要求的话，就可以选择‘辅修’方式，如：选择了数学专业，还同时喜欢电影，就可以把后者作为辅修专业。”

我还曾看到过哥伦比亚大学经济学一位名叫Christopher Blattman的教授，根据自身的学习和多年的教学经历总结出“专业学习”的几条建议，这些建议既高屋建瓴、又具体实用，其中的两条在我看来尤其具有参考价值①：

a. 不要忘了去获得那些校外很难获得的技能，数学、统计、人种学、法律、会计属这一类。

b. 这些很难的课程都需要一位经验丰富的导师、加上学生实实在在的付出，才能学会。通常情况下，这些技能也是许多工作中的基本知识构建。

在薛参赞看来：“面对日新月异的世界，大学教育应以鼓励学生探索未知世界的勇气和好奇心、激发他们的想象力和创造力、挖掘他们的潜力、提高他们处理海量资讯的能力为目标，使学生面对复杂的社会时可以以不变应万变。同时，选择专业应当综合考虑学校名望和专业优势、学生兴趣和家长意愿、学校入学条件和学生学习能力等各方面的因素。各个学校都有自己的优势专业和非优势专业，一般院校如此，名校也如此。有的一般院校也会有非常优秀的专业，并且，同一个学校的不同专业录取的条件也不同。名校的优势专业入学条件要求最高，名校的非优势专业和一般院校的优势专业入学要求就会低一点；一般院校的非优势专业的入学要求就会更低一些。这样，学生就可以根据自己的学习基础和兴趣，在不同的院校不同专业中做出自己的选择。”

薛参赞还认为：“在选择专业时，不仅要考虑自己的学习兴趣、职业规划和社会发展的需要，还应该综合考虑自己的学习能力，包括自己的学习基础、知识结构、学历提升空间和入学条件以及完成学业的要求，切不可为虚荣一味争着挤入一流大

① “哥大教授：我希望我上大学前能知道这10件事”，360doc个人图书馆，2016年2月17日，http://www.360doc.com/content/16/0217/16/30733658_535286002.shtml。

学，或不动脑筋地随波逐流，结果却无法完成学业。要牢记：只有能握在手中的才是自己的；只有适合自己的才是最好的。对于那些目前还不清楚自己的学习兴趣和学习能力提升空间的学生，薛参赞认为，也不用紧张，因为同美国一样，加拿大大学课程设置很灵活，而且大学一年级只确定一个很宽泛的学科领域，到第二年后才确定专业。在学习一段时间后，再决定学习专业也不迟；即使是已经选择了专业方向，中途转专业的情况也屡见不鲜。”

## （二）硕士、博士专业选择标准不同

在了解了北美大学本科教育阶段那些“非中国式”的课程设置理念后，未来可能还将面对硕士和博士生不同阶段的专业选择，又应该具有什么样的着眼点呢？

在美国，由于硕士和博士是不同的升学途径，所以二者的培养方向方法、就业选择也就完全不同。

硕士学位，是在一个专业领域为学生提供扎实的教育。大部分学生需要通过一到两年的学习才能获得学位，然后回到专业工作岗位。

硕士学位的要求是，一年级硕士学生像普通大学生一样学习学位要求的各种课程，但要求更严，任务更重，课程更专业。硕士学生一开始就必须选择（或被指派）一位教师做导师。导师将帮助学生确定研究方向和必要论文的题目。二年级的硕士研究生应该已经定下研究课题，并在一学期或一学年的时间里完成硕士论文或研究项目。

博士学位，是为学生提供某一专业领域全面深入的教育，大致需要五到六年的实践获得学位。虽然不少博士生毕业后也会选择其它工作，但对其培养的基本方向会定位在做教授或研究员，从事学术研究工作。

博士学位的要求是，博士学位前三年要学习学位要求的各种课程，获得相关领域广泛而深入的知识。要选择导师并写出博士论文开题报告，要和系里的教授们建立和谐的工作关系。大部份博士学生承担本科生教学助理工作，还有一些做研究助理。

由于硕士、博士以上的方向定位、培养方法不同，二者申请的途径和标准也就不同，申请难易程度也有差别。

硕士研究生的申请，是通过几个硬性指标，包括GPA，托福，GRE或者GMAT成绩。而博士申请，除了几项硬性指标外，还同时需要与美国的博士导师进行项目沟通，看对方是否需要此项目方向人才。否则，会由于没有名额导致拒录。

针对美国大学本科、硕士、博士生的选择标准，陈参赞进行了以下三点简明扼要的概括：

a. 读本科，应着眼于选学校；

b. 读硕士研究生，要重点选专业；

c. 读博士，主要选导师。

“针对博士生选择导师时，有一种比较常见的情况是，在学科领域非常优秀的导师，却并不在很出名的学校里。最新获得菲尔兹奖①的北大校友张益唐，从事的是数学领域的研究。他被公认为数学界的一匹‘黑马’。他原先一直在新汗布什尔的一所名不见经传的大学里当讲师。由于他能够潜心做学问而最终获得了数学界的最高奖项菲尔兹奖。”陈参赞列举了这样一个例子，并认为，“要读博士，就要选好导师，因为，做课题、做研究，是直接在导师的指导下进行。”

“同时，有的排名是反映不出大学专业情况的，虽然现在《新闻周刊》的排名，已经开始包括专业了。”

对于硕士研究生专业的选择，陈、薛两位参赞都提出了另一个值得关注的问题，即很多学生会因为未来就业的考虑或来自家庭的压力，而选择自己并不喜欢的课程、专业。现实中，当家长们在专业选择与就业高薪、甚至移民问题焦虑不堪

---

① 美国菲尔兹奖，Fields Medal，the International Medals for Outstanding Discoveries in Mathematics，是一个在国际数学联盟的国际数学家大会上颁发的奖项，被视为数学界的诺贝尔奖，每四年颁奖一次。第一位获得菲尔兹奖的华人数学家是丘成桐。

时，孩子们想的却可能会是，怎样让自己成为自己希望成为的人，过上自己想要的生活。

“我真不赞成选择专业时，家长太功利而不去考虑孩子的爱好、能力和意愿，把家长的意志强加给孩子的做法。”陈参赞推心置腹，“如果孩子有明确的专业兴趣和取向，家长应给予鼓励和支持。兴趣是学习的动力，也是能够坚持下去的源泉。不管今后专业火不火，能学好，就一定会有用武之地。如果他根本不喜欢，不爱学，这个专业今后再火，他学起来、将来干起来，都会很痛苦。所以，在选择专业、课程的过程中，我首先建议应该遵从自己的内心、选择自己擅长并热爱的。不论是学校还是职场，那些有技能、但更有热情、激情的人，一定更受欢迎。”。

针对家长在对待孩子专业选择方面的态度，薛参赞与陈参赞的观点不谋而合。因为她接触的不少学生和家长，在选择学校和专业方面常常会持有不同意见：“通常，学生的考虑是出于自己的兴趣爱好，而家长是出于今后就业市场的供求关系。”当然，如果有多种选择，能同时兼顾两者最好。但如果双方意见不能协调，薛参赞建议，家长最好采纳孩子的意见，因为“爱好是最好的老师。孩子学习自己感兴趣、与自己事业规划密切结合的知识和技能，会热情高，动力大，意志坚，出力吃苦都不在话下，最后更可能学有所成”。薛参赞就遇到过有些孩子“为了父母学习”了后，最终倒是拿到了经济学博士，却去做了流行歌手；拿到了法学硕士，却去演话剧。

“孩子现在喜欢不喜欢所选择的专业，未来热爱不热爱从事的工作，如人饮水，冷暖自知，家长无法替代。而选择专业的过程，不仅是具体的选择什么、如何选择的技术性问题，还可以是父母帮助孩子认真审视内心，了解自身特点、优劣、好恶的过程；同时也是让自己更清楚地了解孩子、促进父母与孩子相互沟通交流的很好机会。”

原本对法律专业好奇的女儿，在高中时选修了国际生学起来比较吃力、因此很少选择的历史课，因为，未来要学习法律，历史是基础。到了大学后，在进一步尝试了一些像“法律入门”类的最直接、最基本的相关课程后，她的目标更加清晰。

而要深入进行法律专业学习，深厚的英语语言、文字表达功底也是基础。所以，同时，女儿还选修了写作和英语语言文学。文学课上，从古希腊罗马神话，到莎士比亚，晦涩难懂的古英文，令不少美国同学都望而却步，也因此，女儿成了班上唯一的国际生。但她学得津津有味，乐此不疲。

我曾这样对女儿说:“高中也好、本科也罢，即便再加上研究生阶段的学习，加起来也不过一生中短暂的八至十几年时间。而你如果有一个你愿意终生富有激情和努力付出的学习方向，结果未必一定最好，但你一定会更快乐！否则，结果一定不好！甚至没有结果！而在美国的这阶段教育给你提供了探寻这种方向的更大可能.你应该好好珍惜利用!”

当然，十几年来，每到一个关口，我都会经过认真研究思考后，结合女儿的特点，提出我的建议。同时，我也会尊重理解女儿的感受和选择，包括她对爱好、课程、专业的选择。而越是这样，就像每一次面临重要选择时那样，女儿对自己的选择都越会认真负责，并随着不断向学长、老师、专家咨询、了解、学习后，她逐步具备了一些分析问题的视角和方法，选择能力也得到很大的锻炼和提高。而且，不论如何分析、判断和选择，如果女儿能放眼于一生的成长过程，让学习成为可持续的能力和终生的习惯，则是最为重要、最让她受益的。

### （三）授孩子以鱼，还是渔

“授人以鱼，不如授人以渔。”这是在与陈参赞交流过程中，她很强调的另一点。鱼是目的，但授人以鱼能解一时之急、一时之饥，却无法避免“吃了上顿没下顿”的“窘境”。要想永远有鱼吃，就要学会打鱼的方法，打鱼的能力，确保终生有鱼吃。于孩子教育而言，学校应该这样做，家庭亦应如此。

那么，什么是教育授人的“渔”呢？

卢梭有个著名论点：教育即生长。

近代英国最伟大的学者之一怀特海（Alfred North Whitehead，1861–1947）在他的《教育的目标》（*The Aims of Education*）一书中有这么一段被后人不断传诵的名言:“直到你失去你的教科书，烧掉你的课堂笔记及忘记你为考试而熟记于心的细节之前，你的知识对你无用”（Your learning is useless to you till you have lost your text-books，burnt your lecture notes，and forgotten the minutiae which you learn by heart for the examination.）[①]是教育该做什么才“有用”？也就是说，教育的目的究竟何在？这位罗素在剑桥大学时期的老师、曾是哈佛大学的哲学教授，在这本1963年被新美国图书馆出版社第13次印刷的“良师丛书”的序言里，用一句话浓缩了他对教育目的的诠释:“学生是有活力的，教育的目的是激励并引导他们的自我发展。”（The students are alive，and the purpose of education is to stimulate and guide their self-development.）[②]

中国通才教育思想的先驱潘光旦在《教育与成见破除》一文中也有过类似的论点:“教育有两大目的，一是教人认识自己，尤其是认识自己在能力上的限制，二是教人破除成见，少受些成见的蒙蔽。”

思想家、教育家蔡元培也说过:“教育者，养成人格之事业也。”[③]

既然教育是生长，是激励学生的自我发展，发掘人的天性、潜能以及潜在价值的过程，那么，在这个过程中，作为教育场所的学校和教育者的老师的“使命就是为生长提供最好的环境”[④]。

怎样的环境是最好的？在周国平看来，既然教育是生长，而“生长是人的能力的自由发展”,“最好的环境就是为之提供外在的自由”。提供那种因每个人天性中都蕴含着的好奇心和求知欲而都有可能依靠自己去发现和领略的阅读快乐。“但遗憾的是，当今功利至上的教育体制正在无情地扼杀人性中这种最宝贵的特质。”[⑤]

就此而言，北美教育的“通识”理念、更灵活的设置和更丰富的选择，某种程

---

① 丁玖:《亲历美国教育》，商务印书馆2016年版，第302~303页。

② 同上，第302页。

③ 同上，第304页。

④ 周国平:《周国平人生哲思录》，上海辞书出版社2008年版，第276页。

⑤ 同上，第276~277页。

度上讲，更有条件针对学生的个体差异提供更多相应的机会，保护发展学生的求知欲，激发学生的独立思考、批判思维和选择判断的能力。在知识和信息唾手可得的互联网时代，这种独立思考、批判思维和选择判断的重要性变得更加突出。同时，也为学生去追求幸福而有意义的人生拓展了更多的可能性。

面对为生长提供最好环境的使命，作为孩子的第一任老师，家长更是首当其冲，责无旁贷。而家长能够提供的“最好环境”，不是本能任性的爱，也不是无条件的物质满足，更不是对孩子的情感控制。“在我看来，做孩子的朋友，孩子也肯把自己当作朋友，乃是做父母的最高境界。”“为人父母者所能遭到的最大的失败却并非被自己的孩子视为对手和敌人，而是被视为上司或者奴仆。”①

所谓做孩子的朋友，就是随着孩子的降生而视他为独一无二的人，父母不但疼爱他，而且在他的成长过程中真正关心他，关心他的外在身体，更关心他的内在精神，通过放手、信任和尊重，逐渐把独立、自信和感恩投射在孩子身上，使他来心甘情愿地做父母的朋友。这些是父母为孩子的生长能提供的最好环境，也是为终究要到来的与孩子的别离所能做的最好准备。

---

① 周国平：《周国平人生哲思录》，上海辞书出版社2008年版，第271页。

下篇

# 圈内妈妈篇

# 篇首语

《优秀的绵羊》的译者林杰，也是两个孩子的父亲。他读完了我的书稿后，这样评价道:“你们一家最大的财富是两代人之间亲密和谐、高度信任的关系。这种信任和默契是众多家庭渴望、但只有少数家庭拥有的。你们家庭的亲子故事相当有参考价值，尤其对于年轻家长们。而其中最独特之处在于，亲子教育理念始终贯穿在从女儿出生，到国内小学、初中，再到美国高中、大学的一路求学各阶段中，延续不断，一脉相承。”

留学未始，亲子先行。当出国留学规划已进入千家万户后，家庭已承担了培养留学生的主要责任。另一方面，越来越多的家庭还在孩子很小时就开始了留学规划。他们从补习英语，到出国留学，从选择国际学校，到办理出国移民，想方设法，费尽心血。但当放眼孩子终究要远离去独自面对纷扰世界的现实时，这些看似父母能够掌控的“硬件帮助”和“技术支持”，却取代不了原生家庭的生态状况和情感作用的长远影响。选择出国留学，不是拍脑门儿的一蹴而就；亦非人云亦云的跟风攀比；更不是出国后的万事大吉。出国留学后，孩子进入人生爬坡的新阶段，马拉松刚刚起跑，更多问题、更大挑战还在前面。一路征程，他能否披荆斩棘，满载至终点，如果仅寄希望于从西方教育中得到解救，是自欺欺人的不负责任。而尽早构建原生家庭的亲子生态环境，无疑是孩子成长的决定性因素。

30年的国内外学习、国内教学一线、教育宏观管理部门的职业生涯，让我有机会访遍了世界近40个国家的200多个，以及国内20多个省市100多个各级各类教育、教学机构，结识了国内外众多顶级教育专家；16年的跨国培训机构的工作经历，又让我有机会推动、促成了一些开创历史先河、富有社会意义的合作培训项目的实施和推广。女儿的出生和21年成长历程，更令我有可能直接探索实践常年来对教育的观察与思考。

作为一位母亲和观察者，每当我听到家长抱怨孩子或者发出“与孩子没有缘分”的宿命观点时，总会让我回忆起那些贯穿在女儿成长过程中无所不在、而又外松内紧的意识与用心，理念和方法，也因此让我坚信：家庭教育，是理念在意识层面润物无声的体现和践行。在日常生活中，家长对每一件小事如何处理，对每一个细节怎样把握，就会给孩子、也给自己与孩子之间的未来种下什么样的种子。

第一章>>>>

# 当女儿遇到问题时

## 第一节　她失而复得“自我”，因为我的理解

### （一）女儿的四段留学心路历程

不论是教育参赞总结的留学生的困难，还是专家教授观察的留学生的问题，亦或是留学生们自身经历的困惑，都集中表现在留学生的“水土不服”问题上。可以说，这是众多留学生在学业、生活、心理方面会共同面临的“适应性”问题。

在国内，从小学到大学，从教学计划到学习内容，都由学校安排得井然有序。回到家后，还有父母的规划督促，甚至包办代替，学生们只需要按部就班地遵守服从。可到了国外，从规划学业到选择课程，从协商教师到购买课本，从论文开题到社团活动，都需要留学生们独立分析判断，决定选择。

从生活和心理上说，在国外，不论是语言文化、生活习俗，还是交友方式、法律法规方面与国内的天壤之别，又会让留学生们在意识、行为和价值观上因不适、不安而产生对抗、排斥，从而出现无所适从、甚至困惑焦虑的负面情绪。

这些，在我女儿身上也都没有幸免，虽然是逐步发生的过程，历经了几个不同的阶段。

回顾自己自入读美国高中、到进入美国大学读书以来6年多的心路历程，女儿把它分为4个时期：**蜜月兴奋期；挫折失落期；调整适应期；回归自我期。**

15岁的女儿，刚到美国时，周围的一切在她看来都是那么不同。同学、老师、宿舍、饮食，都让她感觉那么新鲜、好奇，继而兴奋、投入，似乎对未来一切都充满着憧憬和乐观，以至于通过视频时的屏幕，万里之外、在国内这边的我都深受感染。当我征求她愿意多长时间与我视频通话一次时，她说每周就一次。即便这样，有时，她还会因为或者与同学们有约定，或者要参加学校的活动，与我通话很短后就匆匆结束了。女儿说，有新朋友一起聊天逛街，有各种以前没有接触过的活动，没有堆积如山的作业，没有每天不断的考试。用她自己的话说，每天都很high（亢奋）……我当时很清楚，她在深入接触到周围各色人等、周遭生活前的短时期内，即便保持着刻意迎合、甚至违心顺应，也能有很大的包容度。所以，有初去乍到的那种亢奋，很正常。

但是，没出两个月，没了新奇感，学业压力也扑面而来。美国同学最初的礼貌、客气，随着更多相处后，似乎不再掩饰对她的“打量”而视她为“不同”，让她感到自己希望尽快“融入”的愿望和努力严重受阻。有的老师、同学在她眼里好像还怀有偏见、甚至敌意。越来越多的事情与她以往在国内的经历、感受也都完全不同。很多时候，她甚至还会感觉到“不公平”。

沮丧、不安随之而来。

而这一切，又因为完全无法对等交流的语言能力，更让她感觉受挫。“完全不能适应每天一直说英文的生活，经常在开口前都需要花时间组织语言。尤其是在课堂这种相对严肃的氛围中，每次发言像是在用英文进行一种小型的演讲，愈发紧张。”所以，一开始，她在课堂上表现得不止是“被动”，而且很安静。她这个在国内读小学、初中时经常被老师称作课堂发言“风向标”的学生，这种不得不表现的“安静”一度让她很苦恼，“上课需要发言时，我怕‘说错’，怕别人因为自己的语法错误或者思想不够有深度而看轻、甚至笑话自己。所以，我便选择‘沉默’”。她到后来才发现，其实很多美国学生的发言绝非无懈可击，而且经常并没有太多深度，但美国老师最在乎的不完全是发言的质量，而是学生个人的原创想法。在美国老师和同学们心中，没有中国学生经常寻求的“标准答案”，却更看重独立的思想。至于语法错误，尤其是对国际学生，老师们更是非常理解，甚至毫不介意。只要学生的发言能让他们明白，他们就都很鼓励和欣赏。

等认识到这些后，她开始了调整适应，继而回归自我。但这些都是在后来才发现而逐渐改变的过程。

学业压力，交友受阻，环境反差，语言不畅，一切一切都在沮丧、不安之后，似乎使女儿的自我价值在逐步丧失。

## （二）交友受挫后的醒悟

当孩子出现或面临问题时，特别是当孩子还尚未成年、需要父母帮助时，最关键的是看家长怎么与孩子共同面对问题，如何为孩子提供帮助。回顾女儿自2011年15岁独自去美国读高中，到2015年进入美国大学本科，遇有任何喜怒哀乐，她之所以想到并愿意诉说和分享的主要对象会是我，是因为贯穿在我与她远程交流相处、为她提供支持和帮助过程中的几个关键词：理解、鼓励、支持、信任。

起初，当我身边一些亲朋好友和其他一些留学生家长知道女儿每周只与我通一次话，而且还只是视频，没有电话或其他方式联系时，都非常吃惊。在了解到有时女儿还会因学校或同学活动导致匆忙结束与我的通话后，他们甚至有些担心，劝我不能这么快就允许女儿一周只与我联系一次，也不能这样任由她可长可短地通话。因为，我身边的许多家长的做法是，每天都要与孩子联系通话一次。但是，对于家长们的担心和劝告，我却总是一笑置之。因为我理解，对于刚从初中毕业的孩子来说，进入高中本就不是初中的简单延续，更何况进入的是异国他乡的高中，那是孩子人生重大转折和奋力爬坡的全新开始。面对这样一种人生新启程，有的孩子会新鲜兴奋、好奇要强；有的则会紧张焦虑、回避退缩；有的还会敏感多疑、寂寞孤独。

虽然对女儿个性特点的了解，让她最初表现出的新鲜和兴奋都在我的意料之中，但是，我很清楚，那些都是暂时的，她对新环境中的一切适应才刚刚开始，问题、困难还在后面。所以，在她出国前，我和她讨论制定的第一学期主要目标也非常简单：先尽快适应新环境、新师生、新课堂，合理安排好时间，为以后的更好学习打下基础。除此之外，我没盲目地提出其他更高要求，更没有简单地强求她每天视频汇报在美动态。

果然，女儿那样的亢奋劲儿没持续多久，就发生了问题。“美国同学怎么那么多变莫测？几个总是在一起的朋友昨天还出去喝咖啡，今天因为一个人没来，这个朋友圈就发生了变化。”前几次视频通话时还很兴奋的女儿，这次变得有些困惑。以前跟她形影不离的一位美国同学，突然有一天早上不明缘由地不再等她一起去教室了，也不再叫她一起去hangout（外出）或者买咖啡了，并且开始对她爱搭不理了。她因为有了“美国朋友”的“突破”而刚刚产生的一点“归属感”，现在荡然无存了；刚刚熟悉点儿的美国式朋友关系也分崩瓦解了；从以前在中国压根不了解的诸如沙滩舞会、壁球等活动中产生的兴奋，也好像一下都无影无踪了；举目望去的满眼美国同学，竟似乎没有一个能交流对话的了。

在她看来，在国内由于鲜明的以班级为单位，一旦同学成为好朋友，就会比较稳定地持续下去。开学不到一周就可以叫出全班同学的名字，不到两周，大家就可以打成一片，不到三周，就已经有了相对要好的朋友，不出两个月，大家就可以心甘情愿地为班级而战。

而在美国高中，因没有班级建制，同学们是以选修的课程相识相聚，所以，让她实在找不到那种“团结”的感觉。

虽然在她那所美国高中，没有她以前看的美剧中那样由一群漂亮美国女生“统治”的情况，也没有剧中那些“阶级”的划分，但同学们中还是好像自然地分为“外貌派”“体育派”“文艺派”“学术派”等不同的朋友圈。

这次，我们俩视频通话了很久……

这些在我和女儿今天看来都会嗤之以鼻的“小事”，对当时我这位15岁留学生的母亲来说，可是马虎不得的，我不但有责任认真倾听，而且应该借此机会让她感受并逐步加强未来独自面对问题时应有的意识、态度、视角和方法。

我首先让她清楚：刚进入全新环境，满眼望去全是与自己原先所在的环境中完全不同的长相外貌、饮食习惯和语言文化，一切都需要重新开始、适应。她那些感受，对于一个高中生来说非常正常。

接着，我设身处地地表示对她的理解。她遭遇的这些问题，就是大家常说的、几乎每个留学生、包括我自己当年出国留学都经历过的“文化冲击”的一种表现形式，也非常正常。然后，我再安慰、鼓励她说，她已经很不错了，刚去这么短时间就有了能让她在一起感到高兴的美国朋友，虽然这种高兴没持续多久。而且，她能够把美国的高中现象与国内初中的经历进行比较，这本身就已经开始显现出她去美国读书的价值了，因为，不出国，是无法体会到这种不同、进行这些比较的。也就是说，她已经开始有收获了。

我们决定在女儿高中阶段就送她出国留学的过程中，谈到很多的两个字是“融入”。由于我们认为，相比于到国外读大学，初中毕业出去念高中会融入得更快些，所以，我猜测，初到美国后，女儿把“尽快融入”作为自己的首要目标。也因此，她更在意“融入”的效果。而在一个15岁的女孩儿看来,“融入”的效果如何，就是看能否在当地的美国同学圈里“混得开”，能尽快有一种“主人感”。而且，她当时认为，因为去美国读书而能拥有美国朋友，是一种完全不一样的感受。相反，如果在美国学习没有要好的美国朋友，就如同只是在中国用英语上课，就不算是真正地“融入”。

我的这些猜测和判断在那次视频通话中得到了证实。于是，我这样建议女儿：要坦然面对自己，向内好好观察自己的心理感受，想想自己是不是太急于去交美国朋友，去刻意寻求那种“认同感”，甚至因为这种着急和刻意而去迎合别人？本来，在哪里交朋友都来不得半点着急和勉强。更何况现在身边的美国同学和她的成长环境与经历是那么不同。任何深层关系都建立在彼此相近的看问题角度、相似的兴趣爱好和共同关心的话题基础上，而且是由浅入深地逐渐了解、直到最后高度融合、相互接纳的。所谓“物以类聚，人以群分”，都是以相互的“契合”以及各自的“实力”为基础的。我相信，她最终一定会有一个属于她的群体。

当时，我正好刚看到过一篇有关类似话题的文章，转载的是美国著名青少年专家、连续4年被《纽约时报》评为最受欢迎的作家Alexander Robbins的文章，便借机读给女儿听。美国许多中学里盛行popular（受欢迎）文化：男生们崇拜橄榄球队长，女生们争当“交际花”。学生们分为A~E等。以上两种人被视为A等。而那些读书好、特别是科学念得好的学生，则被视为E等，常被看作另类、甚至“白痴”而备受冷落、歧视。这显然与中国中学里的应试教育氛围完全不同。

最有意思的，是文中提到比尔·盖茨就是在这种氛围内度过的中学阶段，每天被人叫做“白痴”。也因此，他成人后“劝诫”过美国高中生，要善待身边的那些“白痴”，因为说不定哪天你就要为他们打工。

女儿听得直乐，好像一下释怀了很多——连比尔·盖茨都有那样的经历，自己眼前这样的事算得了什么？

我还给她列举了通过各种渠道经常看到的关于中国青年学生精神领袖式人物俞敏洪的那些相似的大学经历，向她讲述了这位当年天天忙着为宿舍同学打水、且经常被人呼来唤去的“受气”学生，如今成为了中国最大民办教育机构的创始人、董事长的故事。

挂断视频后，怕我会担心，在当时微信还不那么普及的时候，女儿紧接着给我发来一封简短的邮件，说她感觉轻松了不少，让我放心。其中，还小大人似地引用了这么一段话:“世界上有很多事是我们想要改变的，但是却无能为力；还有很多事是我们不想改变的，但却必须改变。我要分清这两者，去改变能改变的，接受不能改变的。”

就这样，因为遇事我总能首先设身处地地去理解女儿的所思所想所为，让她遇事时总愿意首先来找我倾诉，与我讨论。而这种从她幼年起我就无数次不断重复表现出的“同理心”，奠定了我与女儿的相处和交流的基础。

在她进入异国他乡的全新环境后，我对她的“同理心”变得更强：想象着如果我自己是她会怎样；感受着她的内心世界，并从她的处境去体察、接纳她的内心感受。最关键的是，她不论是新鲜兴奋，还是紧张焦虑，甚至多疑敏感，我的“同理心”会为她提供敞开心扉、诉说释放的机会。同时，在帮助她制定目标时，我尽量以她能够并且愿意接受的方式，努力做到为适应新环境所应有的短期务实态度，然后再设定清楚界限，就够了。这样，在针对她的问题进行分析、引导、提出建议和措施时，我的“同理心”，再加上实事求是的态度以及对她的不断鼓励、支持和信任，不愁她能否听得进去，且让她在遇到问题需要倾诉、寻求帮助时，不但愿意过来找我，而且还更有可能使她愿意根据我的建议去行动、去改变。并让她在初遇困难、再遇困境时，仍能快乐向上，对未来充满向往。

## （三）寻找“丢失的自我”

怀着尽快“融入”的目标，女儿已从交往到一些美国朋友中产生了点“归属感”，相比前面提到的美国同学的“多变无常”，下面发生的事，让女儿更有些猝不及防。

事情源于一天早上，女儿像往常一样坐到平时常在一起吃饭的一桌朋友面前吃早餐。最开始都很正常，大家边聊天边吃饭。也不记得聊到了什么，一位美国男生突然问她：“你来自中国对吧？是直接来自中国吗？”（You are from China，right? Are you directly from China?）

女儿不明白“直接来自中国”和“来自中国”有什么实质性区别，所以，先回答了“Yes”后，又进一步问他具体这么问是什么意思。

“别误会，我就是好奇。你出生和长大都是在中国吗？你来这个学校前一直都不在美国吗？”（Don’t take this wrong，I’m just curious.Were you born and raised there?You were not in US before you came to this school?）

听了这话，女儿心里莫名其妙地产生了些不舒服的感觉。但还是回答了“Yes”，只不过这回她自己都感觉到了这个“Yes”中带着些愠怒。

美国康科德学院寄宿高中食堂内、外（摄影：永祥）

“不，不，别误会。我只是好奇，仅此而已。”（No，no，please don’t take this wrong.I’m just curious，that’s it.）

女儿在视频中告诉我说：知道他只是好奇，可是还是不明白他好奇些什么。不过因为他是好朋友，而且也说了不要误会，所以女儿当时也没有继续追问下去，只是掩饰不住自己不解的神情。

眼看这样的对话要结束时，可能是看到了女儿的不解神情，另一位平时也很要好的美国女生突然又张口说话了：“他这么问是因为我们都是美国人，但你不是，你是中国人，这有些怪异。”（He asked that because we are all Americans，but you are not，you are Chinese，that’s kind of weird.）

话音刚落，整个餐桌都没有什么人说话了，气氛立刻变得尴尬起来……

女儿在视频中连连发问：他们为什么不顾及这样说会让她有什么样的感受？为什么整个餐桌没有人站出来指出这样说有什么不妥？美国不是一个移民国家、有着多元和包容的文化吗？自己出生和成长在中国对他们来讲就那么不可思议吗？这样下去她在美国还能交到真正的朋友吗？以后遇到这样尴尬的情况她该怎么面对？在中国上小学时、初中时，都遇到过与同学们之间的问题，或因闹别扭，或被别人误解，甚至被老师严重误解，但是，最后都无一例外地冰释前嫌。可是这一次面对的问题，不是拌嘴、或者被误解，而是好像她周围的朋友“不理解”她为什么来自另一个国家，而这又是她无法改变的事实。

她继续说，她太不喜欢同学们把她看成一个外来人而不一样对待；不喜欢他们因为她不一样的思想和看问题的角度而露出不解和奇怪的表情；不喜欢他们一听说她来自中国，就用那种很稀奇的语气。在她看来，他们好像终于卸下了礼貌客气的“伪装”，不再那么友好热情了。

美国同学把她看作“不同”于他们，而她却恰恰不希望被认为“不同”。这次，她受到了更强烈的“文化冲击”，感觉到更大的不舒服，并努力希望让自己看上去与其他美国同学没有什么“不同”。

听了她的倾诉，我口头上做出的第一反应是，作为第一代中国人到了国外后，都无法避免这样的经历和苦恼。也许到了第二代、第三代，这样的问题就会减少。但女儿马上回答说:“不是那样的。我们同学中有不少‘ABC’（在美国出生的中国人)，我看，美国人没有把他们看作美国人；我们也不把他们视为中国人。我将来才不会让我的孩子生长在美国呢!”

显然，这是女儿初去乍到新环境由于敏感多疑而产生的过度反应，也造成了她在一种全新语言和文化中自我认识的降低和削弱。

在当今中国留学生人数众多的美国大学里，女儿这种“丢失自我”的感受或许不那么突出。但在6、7年前中国学生还很少的美国私立寄宿高中里，这种“遭遇”很有代表性。本来就怀着“融入”的愿望，又因为中国学生少而具有更强的“融入”动力，却在努力“融入”过程中不断遇到问题和困难，因此，比较敏感，反应也就比较强烈。她之所以感觉交友受挫，某种程度上也是因为她为了寻求一种“归属感”而有些“为交朋友而急于交朋友”。那样，她就很可能会因为蒙蔽自己的判断力而“误交”；遇到问题时也自然就更容易心烦意乱。

之前女儿游学去过美国，因为时间短，而且又是跟一批中国学生一起在美国中学里学习，所以美国老师和同学都对他们格外关照，也就自然会让她感觉舒服很多。可是现在，她作为一名正式的学生，大家不但都理所当然地把她与普通学生一样看待，而且随着时间的推移，美国同学的新鲜感褪去，便会因为文化、甚至哪怕仅仅是面孔上的差异而有所疏远。这很正常。

帮她梳理了这些原因后，我又继续建议她，首先要时刻提醒并不断强化这样一个认识，那就是，这所高中也是她的高中。她如果把自己当“外人”，又怎么指望别人对她有“认同感”？她也就无法提高自我认知和自我接纳!

同时，她一定要正视、接受一个简单的现实，那就是，她本来就与美国同学不同，她的血脉、肤色、母语、文化与美国同学都完全不同。她再怎么努力融入，哪怕已经成功“融入”，也还是改变不了她是中国人的事实。不是别人对她不再友好热情了，而是因为她失落敏感而过度反应了！所以，她改变不了也没必要去刻意改变她的“不同”。相反，更应该保持她的“不同”，也是她自己的独

作者（右）和前任美国教育部部长理查德·赖利（Richard W. Riley）在新加坡举办的亚太经济合作组织（APEC）教育部长会议上（图片来源：教育部国际司）

作者（右）和前任中国教育部部长陈至立在新加坡举办的亚太经济合作组织（APEC）教育部长会议上（图片来源：教育部国际司）

特。还应该发扬光大这样的“不同”和独特。这也是她在美国同学面前的最大价值所在。

谁自以为是，就是谁的局限，因为任何文化都有各自的特点和优势，就像每个人都有自己的独特和优点一样。这是我在与女儿视频交流过程中特别提到的另一点，还包括我的一段回忆。多年前我陪同前任中国教育部副部长韦钰博士会见来访的美国教育部评估司司长时，那位司长对韦部长说过这样一句话：“听说，当今中国正着手在中小学实行‘减负’。而在美国，却正希望向中国学习，期待看到中小学学生的课业量能适当增加的改变。”由此可见，往往当我们努力学习别人的时候，可能别人却恰恰也在试图学习我们。

这么小就远离父母，开始自己的真正独处，更开启在陌生国度独自面对、处理一切问题的人生新阶段！仅从这一点说，相比身边的美国同学，他们这些中国小留学生们就应该感到自豪！

我的这些梳理、分析、建议和鼓励，让女儿最后完全平静了下来。

虽然在如今很容易找到庞大“同乡”群的美国大学校园里，中国留学生们不会再有那种自我意识被削弱的强烈感觉，自我接纳起来也更加容易。但要想多了解美国生活和文化，就必须打破“扎堆”现象，去拓展自我“舒适区”，那样，也就不可避免地会遇到种种挑战。同时，在经历体验“差异”、重新认识自我的过程中，他们也难免会遭遇类似的失落和困惑。

作为家长，我能够做的，就是帮助女儿分析自身的特点特征，认清自己的优劣强弱，鼓励她跳出自己原有的经历，敞开心扉去面对、接纳新的一切。一开始丢失了“自我”不要紧，但通过对比和自省要努力找回自己。真正的“融入”，应该是一种包容接纳、融会贯通后对两种文化的更深理解、认知和珍惜。因此，更应该放平心态，顺其自然，随机随缘。

带着我的建议和鼓励，女儿继续寻找着“丢失的自我”。虽然她还继续不断地遭遇各种“困境”，但她和我交流的内容越来越深入，也不再感到奇怪，更不会回避，而是敢于去尝试，勇于去冒险，调整起来也变得容易、快速了许多。

这些过程，就应该是经验、视野、成熟和成长吧！在女儿和我看来，也是出国留学带给她的大礼！

## （四）让自己强大是硬道理

作家周国平说："成长是一个不断学习的过程。学习如何做人处事，如何思考问题。不过，学习的场所未必是在课堂上。事实上，生活中偶然的契机，意外的遭遇，来自他人的善意或恶意，智者的片言只语，都会是人生中生动的一课，甚至可能改变我们人生的方向。"[①]交友遇挫后的又一次视频通话时，女儿表达了另一种疑惑说："我怎么感觉，到美国来留学还是挺有损失的？"因为，当时她看到，在体育比赛和文艺演出等这类课外活动中，不论是主力队员，还是啦啦队员，不管是伴舞还是伴唱，大都是美国同学；而以往在国内初中时，在这些方面，她和班里的其他同学一样，都会有各种机会。这让她感觉，到了美国后，遇到了一些"不公平"。

女儿每提出这样的问题，也在帮助我理出思路。"起点不同的比较，既长别人的威风，又灭自己的士气，毫无意义！你把自己完全不同的成长经历和语言文化，放在异国他乡和别人的母语文化中看待，岂不自讨苦吃？"

当然，我非常理解好强女儿的这种"委屈"和"失落"。在以美国中产以上家庭为主流、美国学生占绝对多数的美国私立寄宿高中里，很多活动自然会以美国同学为主导，风生水起、风光无限。像女儿这样的少数"国际生"，很多时候只能眼巴巴地看着他们，失去了很多在国内上小学和初中时的那种"主人"感。何况，在私立高中读书的美国孩子，很多学生不但天资聪慧，而且勤奋努力，学业品格全面发展，非常优秀。

对此，我向女儿建议，既然喜欢参与那些活动，何不根据自己的特点多去寻求、甚至可以多为自己创造那样的机会？这也是在拥有灵活制度的美国学校里非常有可能做到的。虽然要证明自己的价值和贡献需要付出更多努力，但如果能利用好

---

① 周国平：《周国平人生哲思录》，上海辞书出版社2008年版，第274页。

自己的特点、特长，也可能会事半功倍！例如，可以先从浅层面的兴趣爱好入手，比如像她喜欢的二胡，这是典型的、也是她们学校非常稀有的中国文化元素。她可以向老师建议为同学们组织二胡欣赏交流活动。通过这样的活动，她不但能为丰富学校的文化生活作些贡献，让中国文化元素得到更多的展示和更多同学的了解和欣赏，而且还可能从中结交喜欢中国文化、兴趣相投的美国同学。

也就是这次视频通话后，在随后的几年高中生活里，女儿这样的行动紧接不断。她找到了音乐老师，主动提出给同学们开办一场“中国民乐二胡”鉴赏活动；她当选了学校心理学社社长，并还在高中最后一年，结合自己的心路历程，主动申请、并经过了学校审核批准，在老师的带领下，开设了一门小型入门性的专业研究课（Departmental Studies），她担任助教；刚入学时，她选择的运动是以往闻所未闻、更从未碰过的壁球。在通过一段时间准备和刻苦训练后，她进入了学校队。开始，在12名队员中她排在最后。但是，四年如一日的课余训练，经常不断的校际交流比赛，最终让她深深爱上了这项运动，球技得到了快速提高，名次逐步上升到第3名，身体也练得结实了不少。进入12年级后，除了日常刻苦训练，她做事的认真负责和乐于助人，又经过了一轮轮“竞选”，她这个一直自认为“毫无运动细胞”的人，最终被队友、老师们推举为了学校壁球队队长，经常带领校队外出参加各种校际比赛。

这一切，还让女儿了解到了自己原来不曾知道的很多潜能，也让她把原先一直认为的“不可能”转变成了“可能”。

在后来一次几家朋友为她开学回美国饯行的聚会上，当问起她留学美国以来的最大收获是什么时，她这样回答：“首先，我真正感受到了以往我妈妈曾多次对我说的丰富的世界。它的确不是我原先看到的世界那样，它还有与我生长、生活的国家那么多不同的地方；周围的同学还有与我那么不一样的生活、行为和思维方式。其次，我能在15岁时独自离开父母、家乡，远渡重洋地去异国他乡学习和生活，拥有了不同的、更丰富的经历，这让我很自豪！最后，如果不去美国，我不可能有很多‘困惑’的体验！而因为这样的困惑，才促使我有更多的行动和改变，去做更强大

为美国师生演示二胡（摄影：蒯文君）

的自己！”

接下来的经历，也让女儿越来越明白，“公平”不是抱怨得来的。虽然在美国社会中，像女儿这样的国际生看似缺乏很多在国内更容易具有的资源和机会，但美国文化对独立自强者的更多推崇，会让那些能让自己强大的人有更多的机会！这种自身的强大，也是保证让孩子在这个世界上独自走得更远、在遇有“不公平”时能拥有平和心态的寻求更踏实的出路。在面对所谓的“不公平”时，这也是我能给女儿的最好建议。

随着女儿在美国学习生活的不断深入，她遇到问题时也会越来越有自己的思考和见地，也促使着我不断学习和思考。这些也让我俩之间的交流内容变得越来越丰富。

女儿（右）在美国校际壁球比赛中（摄影：永祥）

对于女儿的每一个计划和行动，我都会提醒她、同时也是提醒我自己说：要着眼于走出教室和校园、经历社会与生活后，再放眼于一生的旅途和生命的长河，看自己最终能沉淀下来什么。那样，就应该能减少急功近利或对眼前问题的无端焦虑，也才能够静下心来踏踏实实地去学习积累，并在每次行动中努力做最好的自己，让自己逐渐提升和强大。

不记得在什么地方看到过这么一段话让我这位普通的留学生家长深以为然：中国留学生的背后不是什么“土豪”，只是有一点教育情怀的中国普通家长。他们没有把孩子搂在怀里为了自己的天伦之乐，而是倾其所有也要给孩子一个看世界的机会。中国留学生不是“挥金如土”的富二代，他们只是一群孤独前行，撞得头破血流也要打开一条路的十几岁的孩子。这代留学生并没有世人眼里的风光，他们背负着父母的使命，接受异国文化、宗教、孤独甚至歧视……把东方人的面孔展现给世界，并接受了不同文化的教育。

他们求学在世界各个角落，却终将是改变这个世界的一代新人！

## 第二节　她屡败但屡战，因为我的支持

### （一）美国高中乐队里的妥协

女儿年少时就开始的这条海外求学之路，跌跌撞撞，屡屡受挫。相信，这也是很多大、小留学生一路闯过来所共有的经历。但是，在我的远程支持鼓励、分析判断、提醒建议甚至还包括检查评估中，女儿总是屡挫不殆。

那是在交友受挫还未平息后，因组建乐队和排练演出过程中的大量协调工作而引发的又一场风波。

视频说起此事时，女儿的情绪比以前几次显得更激动一些。

起因是，在她选修的音乐课上，老师让她组建一个乐队，要在不久后的一次全校活动中表演。鉴于之前感觉的那种出国留学后的“损失”，这样第一次在全校师生面前的“露脸”，她很在意，很珍惜，很想做成做好。

然而，时间紧，各方面情况还不完全熟悉，却要协调很多事情，特别是需要几个同台配合表演的同学们的共同努力！但是，在排练准备过程中，却不断出现不是在选择曲目上就是排练时间上意见不一、别别扭扭的问题。有的同学还打起了退堂鼓。

挂断视频后，我还有些不放心，又给女儿追了个微信后，还给她写了封邮件：

你刚才的情绪，妈妈不完全放心，再追封邮件吧。

看得出，你很在意这次演出，需要协调的人和事那么多，时间那么紧，大家又都那么忙，还有各自的出发点和想法，可以想象其中的困难。

但因其困难，方需要你为之付出更多努力；最终也才会有成功后的更大喜悦！当然，这需要你多交流、沟通，而且一次不行，就两次……需要耐心，就像谈判。一次谈判达不成一致，很正常。内容越重要，涉及的厉害关系越大，“谈判”就越艰苦。

这次活动涉及的人多，大家意见相左、影响这次活动时，别人也许不太在意；但你喜欢，希望能成功搞好。所以，必要时，你该做出些妥协！

既然自己喜欢并认定要做的事，你就应该想方设法做成、做好！

从现在起，直至未来一生，伴随着你的就不断会是：只要想做一件事、并想有结果，就一定会遇到种种困难！希望你能以一颗平常心去面对每个困难，尽你所能地去做好每件事。这就够了！

紧接着的几天，女儿连续发来微信：

我提出请她也领唱一段。她同意换曲目了！

架子鼓手也欣然参加排练了。

……

虽然最终因其他原因，乐队没能如期表演，但女儿从中得到的协调、沟通、管理能力的锻炼，以及对团队协作重要性认识的提升，远超过表演本身。而后来的心理学社社长、壁球队长等工作，又让她的这些能力得到了进一步锻炼和提高。

就像所有成人在成长过程中经历的那样，孩子也会在这一过程中遇到各种各样的烦恼和困难。这些是成长的附属品。环境的重大变化会让烦恼和困难更加突显。每当这时，作为过来人的家长，如何运用自己的生活阅历和人生智慧，去引导孩子跳出一件事情本身看待问题、对待问题，是责任，也是挑战，更能让孩子受益终身。就像教育专家尹建莉在她那本《好妈妈胜过好老师》一书中传授她如何培养女儿对待问题的方式那样：“……遇到问题从不偏执于自己的理由和利益。这样的思维方式不仅让她在当下心情愉快，也能保证她一辈子不吃大亏。”①

同时，我仍一如既往地设身处地去理解女儿的那些烦恼和困难，并为如何化解那些烦恼和困难提出我的建议，因为，我非常认同“如果家长自己每天友好对待孩子，在任何事上都想办法理解孩子，孩子就学会了理解他人，学会了温和地化解矛盾。尤其是学会了‘让步’。这让步并不是怯懦的退让，是一个孩子表现出的真正的大度，是变通能力”。②

## （二）测验失利后的改变

可以想象，为在全新环境中迅速提升“存在感”和自身价值感所付出的各种努力，让女儿不可能把更多的精力放在默默而“见效慢”的读书学习中。所以，不出意外，紧接着的期中成绩结果和老师评价报告也自然差强人意，对女儿来说更像是雪上加霜。到了美国后，与同学们相比，她最拿手的数学课，成绩直线下滑。老师的评语中写道:“感觉上她好像明白了上课的内容。但她的考试结果却不如人意。”（It seems like she understands the materials in class. But her test results are not as good.）

生物也是同样的不理想成绩，尽管老师肯定了她的学习态度。

最出人意料的是英语，因为英语是女儿主修的四门课中作业最多、对她这个国际生来说也是难度最大的，所以她付出努力也最多的一门课。可是结果却好像连态度都没有得到老师的肯定:“我提醒她避免做作业时不思考而只是‘走形式’。”（I have indeed warned her against a tendency to ‘go through themotions’ without actually reflecting on the work she is doing.）

成绩失利，刺激人的老师评语，朋友的多变行为、“怪异”言语的不解，组建乐队、排练中的困难，演出被取消……件件不如意，种种差异冲击，都似乎扑天盖地地压向了女儿。

---

①② 尹建莉：《好妈妈胜过好老师》，作家出版社2014年版，第14页。

随后的视频中，女儿流泪了。这是她去美国两个多月以来第一次。说到老师的评语，她委屈丧气，甚至有些气急败坏。

我没有埋怨，更没有指责。为了促使她自己愿意调整改变，我采取的是提问方式引导她思考："你感觉，老师是真的冤枉你了？还是由于你与他们沟通和了解不够的误解？""你的成绩不如意，是因为你付出了很多而没有结果？还是压根就没有投入足够的精力？""你上课似乎听懂了，作业也好像会做，却一到考试就出现问题，这是否说明你没有真正理解和掌握？"

果然奏效，女儿承认，仔细想想，从开学到现在，她花了大把时间在交友上。除了有一次因数学没有考好、找过老师请教之外，确实想不起来还有哪次再去寻求过老师的帮助，哪怕让老师多了解自己一点。

看着屏幕另一端的女儿平静一些后开始接受并思考我的问题时，我又继续深入引导她说，不能等到没考好才去找老师。平时课堂上、阅读、练习过程中，有什么疑问或理解不透的地方，就应该多与老师交流、多向老师求教。这在中国学校应该如此，在那些不那么了解中国学生的美国学校则更应该这样。在老师不了解她过去的生活背景、性格、学习特点与方法的情况下，怎么能怪他们不真正了解她呢？

我的提问、引导方式，又说中了要害问题，女儿心悦诚服。"没错，我以往从未接触过、却一直不断努力的西班牙语课，虽然成绩不很突出，但每周我都不厌其烦地找老师问问题，这次的老师评价就好得多："她非常努力，而且在不断进步。虽然比较缓慢，但是很扎实。"（She works really hard and she is making progress. Though slow，but solid.）

看到女儿越来越一付"从谏如流"的态度，我又继续开导并建议她，既然成绩已是这样，不可能有任何改变，老师的评价也不可能控制，能改变的就只有自己了。接着，我又表达我仍会尽我所能继续帮助她的愿望，便趁机提出，目前我能想到帮助她的办法就是让她每周给我写一次"报告"，通过她自己总结、分析每周学习的内容和问题，提出她自己希望的解决办法。然后，我们再通过每周视频时进行检查讨论。这样做，一来可以促使女儿自己在日常学习中多用心思考、分析判断自己的问题，再通过去找老师咨询、请教、解决问题；二来也能帮助我通过了解她学习和解决问题的大致过程，清楚她的态度，并可以至少在解决问题的思路上给她一些建议。

像成人一样，孩子都会犯错误，何况是在异国他乡的全新环境里。初去乍到，女儿新鲜好奇，兴奋快乐，而不是忧郁想家，茶饭不香，这是我首先愿意看到的。所以，一开始，我只给她设立以适应新环境、新师生为主的短期目标，外加一些界限，如合理安排好学习、娱乐、交友的时间。至于她因把过多的心思精力放在交友上而耽误了学习，影响了考试结果，我心里也不高兴。但是，在孩子已经犯了错误以后，"就绝不要去责备他，因为这样做只有使他生气，使他出于自尊而反抗你。最不恰当的是向他说：'我早就告诉过你了。'当你看见他因为没有听你的话而感到羞愧的时候，你要和和气气地用好言好语把他的羞愧遮盖过去。如果他伤心的时候，你再去责备他，他就会恨你，而且会发誓不再听你的话"。①在女儿努力甚至挣扎去适应全新环境的过程中，如果我开始毫不理解而只是简单限制，出了问题后又粗暴制止，然后再一味斥责，甚至还加上像"谁叫你当初不听我的劝告"那样的讽刺挖苦，我相信，她不但听不进去，还会与我非常对立。

英国教育家斯宾塞著名的"自然教育法"，在面对孩子的错误行为时，也是主张，少用人为惩罚。他认为，当孩子认识到自己的错误所产生的自然后果后，吸取这方面的经验，以后不再犯，就是自然惩罚。现在，面对失利的成绩，再想想自己在学习上的有限付出，女儿比我更在意，也更难过！作为家长，我对她的理解，会让她不好意思。那样，我引导她分析问题，找出自身原因，提出解决办法，她接受起来也就比较容易。而且，她还在认识、改正错误，分析、解决问题的过程中，大大提高了自身能力，致使失败的收获远大于成功所得。

---

① 卢梭著，李平沤译：《爱弥儿》（上卷），商务印书馆2013年版，第383页。

## （三）高效的远程“交流机制”

近在咫尺做父母，要有法子，需要技巧；相隔万里做父母，更有门道，需得要领。

在我提出让女儿每周向我提交一次“周报”时，开始时她并不那么情愿。本来课业压力就很大了，能有时间写周报吗？理解她的担心，我建议她先试行2~3周。而且，如果“周报”能通过她自己的分析、总结、加上改进办法，从根本上帮助她减少学习问题、提升学习效果的话，那可是事半功倍的做法。在试行“周报”的过程中，如果因为课业太繁重而实在忙不过来，或因为效果不显著，可以马上终止。

女儿最终欣然同意。

以下是一次“周报”的实例，划线部分是我的批注。这样的做法，我们持续了近3年。女儿后来感慨地说：“如果从高中一入学就这么做，更好了！”

生物课，内容：Enzyme（酶）

分析：周一我们做了一个有关开学以来学过了的2章的测试，老师只给了40分钟。不光对我，大家普遍反映都比较难。老师也说：这个测试与以往相比也是最难的一次。我觉得我的主要问题还是上次说的：不知道怎样更有效地学习生物。我有时候觉得自己懂了，但其实并没有真懂。我总觉得是缺乏练习的缘故，但又不确定（对你生物课学习的全部过程，我不了解；我也不懂生物，所以没有发言权。但有一点是相通的，即像你上面说到的，不管哪个学科的哪个知识点，首先要确定自己真懂了，然后再通过多练，去验证自己是否真正掌握，继而熟练掌握）。

解决：上周没有跟老师面谈成，她上周都不在学校。我想等我这次测试的成绩出来了以后再去找老师，把考试的问题和生物学习上的问题跟她讨论。另外，顾问老师建议我可以和生物老师约一个固定的每周面谈时间（这个建议好。同时也给你一个启发：不怕做不到，就怕不敢想、想不到！只要积极主动地去想办法，当然，还得积极努力地设法做到，就没有解决不了的问题——“问题=机会”），这样每周有问题都可以去问她。

英语，内容：“奥德赛”22~24章

分析：“奥德赛”的学习将在下周一（12月5日）结束。本周已完成22章和23章，周末作业是阅读24章（最后一章）并写一段论述，周一上课讨论。经过一个学期的学习，对于“如何学习一本书”（包括阅读、笔记、思考题）已有充分的（真正做到“充分”了吗?）了解并在逐渐完善学习方法（包括先读内容概括和思考题；再分析文章等——还可以向上课发言比较积极的同学或身边的高年级学长请教好的方法。然后再自己去尝试、摸索，看哪种方法更适合自己）。但由于语言方面的障碍，在读书的时候获得的信息较少，导致内容理解和分析的障碍，所以在每次考试前的复习时会感觉不知道怎样抓重点，效率较低，由此影响了考试时的成绩。英语水平的提高需要时间，再加上奥德赛本身高难度的语言，所以感觉比较吃力。

解决：下周（预计周三，12月7日）会和英语老师见面并把这些学完奥德赛的感受与她交流，并请她给我一些期末复习的建议。另外，本周课上老师提到她很建议我们形成学习小组来复习，可以互相提问和补充。我和James、Angelo是班上的3个寄宿学生，时间安排会比较方便，所以我们自己形成了复习小组，预计下周会有一起学习的时间。不过在学习之前我会提前把要讨论的内容自己复习一遍。

从此以后，也开启了女儿在美国经常去找老师问问题的习惯。

美国的寄宿高中，没有国内学校里的年级组长、班主任，也没有班级；甚至跟自己一起上课的同学都不是一个年级的。老师平日不查作业，也没有班主任的督促，完全靠自觉。遇有问题，要自己去主动跟老师预约见面、多多请教。所以，对孩子独立自主学习的能力要求很高。

女儿后来告诉我，这样的周报让她感觉越来越踏实，即便因自己的能力和特点不同而出现每门课成绩有所不同的情况，但她很清楚自己在过程中的所有努力。

有一次她对我说:“我感觉每天都过得很充实!”

知道我与女儿以“周报”进行交流的做法后，身边有不少家长向我索要“周报模板”，希望也能让自己的孩子参照效仿。也有的家长在做之前非常不确定、甚至怀疑自己的孩子是否愿意学习效仿。可最终结果却是，孩子们都很愿意进行尝试。

女儿后来还不止一次对我说起这样的感受：周围很多家长对于孩子学习成绩的在意超过了孩子自己。她很庆幸这样的事没有发生在她身上。但正因此，恰恰是她一直不放弃努力的最主要原因，因为她很清醒，她做的一切要自负其责。也因此，她一直都清楚，自己学不好，没人比她更沮丧；成绩不好，没人比她更着急!

父母教育孩子，如同做管理，有什么样的管理思想，就会有什么样的团队。这是我因工作而结识的好朋友、资深媒体人、北京娱乐信报原副总编朱敏十多年前写的一篇育儿文章中的一个观点。朱敏认为:“很多父母知道什么该管，却难得知道什么不该管。”[①]在我看来，父母教育孩子主要应着眼于对他们在人品、自信、自律、责任培养上的宏观掌控，以及侧重于让孩子了解自己、探索世界、拥有兴趣并能安身立命的持久影响上。而很多家庭则“是要求孩子在班里进前5名，孩子只要能考上北大、清华就算成功，到哈佛、耶鲁就更加成功。这虽然是标准，但在我看来，都是错误的标准”。但是,“孩子的成长有很多标准，比如说人品是否高洁是一个标准，个性是否健康是一个标准，做事是否有创造力、想象力是一个标准，有没有吃苦精神、有没有勤奋精神是一个标准，有没有摔倒在地上敢于爬起来的精神也是一个标准”。[②]

在女儿刚到美国后，我征求她的意见希望多久与我视频联系一次，她提议正常情况下一周一次。也就是从那时起，开启了我们的“周会制”，也有了此前提到的

---

① “大咖论教：教孩子如同做管理，父母都应是伯乐”，朱敏,《北京娱乐信报》，微信公众平台“父母圈儿”，2017年1月20日。

② “俞敏洪：家庭教育最重要的是人品教育”，搜狐教育，2016年7月24日，http://learning.sohu.com/20160724/n460777737.shtml。

针对一波又一波问题的远程探讨。也是从那时约定后，我们都会每周通话一次，短则一个小时，长则三四个小时。遇到国内长假时间或我和先生外出旅游时，这样的“周会”也照常进行。

每次视频涉及的问题，大都是女儿在国外的所见、所闻、所经历的事情，方方面面。例如：师生中的趣闻轶事；读完一本书的心得感受；论文、报告的构思、结果；社团活动的过程、收获；壁球比赛的波折、胜负；遭遇挫败后的失落；获得成功后的喜悦等。

青春年少，异国他乡，喜怒哀乐，迷茫困惑，丰富而有趣。

让我感觉珍贵，也促使我思考，带给我启示。

因此，在后来的视频中，我开始不时地动手记录，也因此而有了后来每次视频后我整理的“纪要”。

有时，我们还会在接下来一周的视频时，针对上次谈论到的有些问题，共同讨论解决的结果和效果。

在这个过程中，我非常清楚，与女儿的有效沟通不在于说了多少。她烦了，听不进去，就跟没说一样，甚至还有负面作用。每当她说“我知道了，我知道了”时，我会及时刹车，或者重启一个话题。

“一周一报”，在女儿高中时期持续其中的3年间，成了我了解女儿、也是她自我了解课业学习的有效方式。我的“视频纪要”，也延续在那3年间，成了我们俩许多共同的美好回忆！而一周一次的视频，至今还在进行着，更成了我们母女俩说悄悄话、谈“闺蜜事”的最好远程平台！

有时，我因为周末有其他安排，忘记提前商讨具体视频时间时，还会传来女儿的微信提醒:“老妈，还要不要视频?”

一个仍未成年的15岁孩子，本没有足够的理性和自律，远离父母、只身在外，就更容易任性、放纵。而如果寄希望于美国寄宿学校代替父母行使什么管理作用，是不切实际的幻想。虽然美国寄宿学校的确都有各自的规章制度，还有名称各异、作用相同的监督管理组织，不少学校在孩子入学前，还会让家长在带有类似“严格遵守学校规章制度”这样文字内容的表格中作为孩子的监护人去签字画押，但是，那些主要都是针对像吸毒、喝酒的严重违纪行为。对孩子是否会合理安排时间，上课能否认真听讲，作业会否按时完成这样的事，基本靠学生自己自觉，而不像国内学校那样有班主任老师具体盯着、管着。这就要求父母继续适当行使约束、管理、提醒、建议的职责。

值得注意的是，这种约束、管理和规则能否在孩子身上奏效，不是等到孩子远离在外后才开始，而是在他们1~12岁还完全依赖父母的“有效期”内，从对他们制定规则、设定边界、矫正行为起就开始的。也因为这些规定，父母的角色定位以及父母与孩子间的关系模式就确立了起来。不少父母在孩子的早期容易放纵，到孩子入读中学或出国留学后，反而又过分严格，甚至还带有强迫性。他们似乎有自己的道理，要么认为中学学习任务重，要多加管教才能让孩子更加努力勤奋；要么考虑孩子留学在外，要更严格要求才能帮助他们管住自己。殊不知，这时，父母对孩子的教育已过了最佳期和“有效期”，再希望进行这样的约束管理的话，那就可能事倍功半，甚至适得其反了。

## 第三节　她愈挫却愈勇，因为我的支持

### （一）她的情绪她做主

不知家长们看到这位留美女学生写的以下这段话，会有何感受，“最近陆续听到很多关于留学生自杀的事情……最开始，我对那些自杀的留学生是毫不同情的。我甚至觉得他们是懦夫……直到我出国留学，一个人背着几十斤重的行李漂洋过海，来到一个完全陌生且不属于我的地方……面对困难，面对孤独，面对别人的不理解，面对一次又一次的失败，面对不被认可，当我真正感到绝望，我开始理解那些选择放弃、甚至自杀的留学生，开始明白他们为什么会做出这样极端

的决定”。[①]

不仅如此，2015年有一篇报道称，教育学专家与抑郁症疾病学研究专家均表示，在国内，仅北京的在校学生抑郁症患者率就高达23.66%，大约有10多万学生患有抑郁症。而这些数据要远远低于出国的留学生，因为环境因素、时差、饮食、风俗习惯与学校名气和制度都是影响学生患上抑郁症的重要因素。[②]

更让人“心头一颤”的是北京大学儿童青少年研究所曾发布的《中学生自杀现象调查分析报告》中的调查结果：在全国13个省约1.5万名学生参与的调查中，每5个中学生中就有1人曾考虑过自杀，占样本总数的20.4%，而为自杀做过计划的占6.5%[③]。

这样的话题虽然沉重，却无法回避。

发生这类事件的背后，一定有各种各样的原因。但一个铁定的现实是，困难、失败也好，痛苦、挫折也罢，在日常生活中无处不在，是每个孩子都无法避免的必然经历。不同的是每个人面对挫折的态度和能力，是对自己情绪的管理。

不少家长会认为，孩子积极乐观，还是消极悲观，是天生或遗传所至。的确，“这是可以遗传的。但是这种遗传基因的影响不超过25%。心理学家们对比了在不同环境中长大、用不同教育方式培养的同卵双胞胎，得出了一个重要结论：乐观的心态是可以后天培养的！”[④]所以说，面对挫折的态度、能力和对情绪的管理，需要家长在伴随着孩子点点滴滴的成长过程中重视、培养和训练。“人生之初，孩子的情绪发展与理智发展不平衡，容易冲动、情绪化，非常需要家长照管他们的心理需

---

① “留学在外，什么是压垮你的最后一根稻草？”，微信公众平台“北美留学生日报”，2016年4月16日。

② “揭秘：出国留学生为何更易患上抑郁症”，常有才，今日头条，2015年11月11日，http：//www.toutiao.com/a6215728456165818625。

③ “初中生自杀个案警醒：生命该如何‘教育’”，孙庆龄，微信公众平台“北京家长汇”，2017年3月28日。

④ “培养孩子的乐观心态，关键就在你”，联合国儿童基金会教育与儿童发展专家陈学锋博士，《幼儿画报》，2017年1月16日，http：//mp.weixin.qq.com。

要，培养他们的积极情绪，疏导他们的消极情绪，最终达到他们能够合理表达、灵活调节、科学管理情绪的目标，真正成为情绪的主人。”①

女儿小学一年级第二学期的一天，我下班刚进家门，她奶奶就紧张地把我叫到一边，悄声告诉我说：女儿正在哭，并说不想去上学了。我赶快坐在女儿身边详细询问情况。原来，她同桌男同学特别调皮，班主任就安排女儿与他同桌，为的是让女儿“帮助”他。可是，那位男同学总爱要么揪她的头发，要么捶她的肚子。回到家奶奶看到女儿情绪不高，问起时，她便委屈地哭了，并表示不想上学去了……

我认真听着女儿的诉说，努力去体会理解她的内心：“你是不是很害怕，所以不愿意上学去了？”听到了她的肯定答复后，我接着用现身说法试图给她一些积极提示和引导。“这位男同学那样对待你，你还敢与他同桌。你比妈妈当年勇敢多了！妈妈像你这么大时，也遇到过这样的问题：男同学给我起外号，并故意在路上拦住我，喊我的外号。我当时一见到他们就紧张，一直躲着他们走。”

面对女儿的情绪问题，我表现出的这种情感支持和理解引导，而不是居高临下和生硬说教，显然，让女儿平静了一些。她抬起了泪眼。

做过班主任的奶奶还是在旁边急不可待地催我一定要联系女儿的班主任、并通过班主任告知那位男生的家长。我相信，这也是许多家长都认为合理、也会做出的反应。

一方面，由于心疼女儿的遭遇，让我更紧地把女儿揽在怀里，也希望用这种方式进一步表达对她的理解，平复她的害怕和委屈。另一方面，了解了事情的缘由，我感觉，一年级男生的那些行为给女儿带来的只是烦恼，目前看来，还没有造成什么心理影响或身体伤害的可能。所以，接下来，我在脑子里搜寻着女儿能明白的语言，鼓励她先尝试着自己去面对、解决。我建议她先认真严肃地告诉那位同学，她很难受，甚至有时害怕得都不想到学校去了，然后再向他表达她非常希望跟他成

---

① 晏红：《中国儿童情绪管理》（第2版），中国妇女出版社2016年版，第21页。

为好朋友的愿望，还可以问他是不是也愿意成为好朋友。如果愿意，就不应该让好朋友难受、害怕。

紧接着，我再鼓励女儿，说我相信她自己能处理好这事。但如果她自己没有处理好，也不用怕，还会有其他办法，比如去告诉老师。或者，妈妈去学校找那位同学和他的家长。不管怎么样，一定记住并相信：妈妈永远坚定地站在她一边，帮助她！

眼看着女儿如释重负，高高兴兴地洗手准备吃饭去了，我原本提着的心也放了下来。

第二天，我给班主任老师去了个电话，把女儿前一天晚上表达的情绪以及她目前同意先按照我的建议尝试与那位男同学沟通的做法告诉了老师，并希望老师暗中多加关注，有问题请与我们联系。

女儿与那位男同学同桌了3年，最终，竟把他变成了超级“同盟”——因为他是班上个头最高的同学，也是最“强悍”的同学，所以，在男同学中非常有“威望”。在女儿竞选班委时，他极力在同学们中为她“拉选票”。

人的任何情绪的产生，不论是烦躁暴怒，还是悲伤不安，都是有原因的。成人尚且如此，更何况孩子？任何在家长看来不值得一提的“小事”，对孩子都可能是大难临头；任何家长会敷衍过去的情绪，都可能会给孩子心理留下一生的阴影；而任何成年人抑郁自杀的背后，都能找到他们幼年被家长忽略的经历并埋下的恶果。“每一种和儿童相处的细节，都是一场德行教育，也是一场心理健康辅导。”①

面对孩子的情绪波动，父母的对策不是以自己成熟的思维角度和处理方式去面对，也不该生硬地讲大道理，或因孩子的弱小而以成人的强势加以制止，甚或轻视嘲讽孩子。相反，首先家长要耐心倾听，对孩子的情绪表示理解和接纳；然后去用心感受孩子的困扰和问题，并引导孩子了解自己的情绪后最终排解释放出来。这首先要求家长能与孩子“共情”，去“降低自己的心理年龄，返回人生的原点，根据

① 尹建莉：《好妈妈胜过好老师》，2014年版，第249页。

海娃艺术团排练中的女儿（前一）（摄影：永祥）

海娃艺术团排练中的女儿（摄影：永祥）

孩子的阅历、理解能力、做事方式以及情绪调节水平来理解孩子的心灵，进而感受到孩子的困惑烦恼与喜怒哀乐”，帮助孩子走出无助、无奈、孤独的心境[①]。

小学四年级的几天里，女儿的情绪不像往常那样高，晚饭时也不像平日那样滔滔不绝。我一问，原来，她和一位非常在意的好朋友闹了别扭，两个人互不说话，已经僵持好几天了。而那位好朋友有时还故意做出一些轻松、不屑的动作。

我还是先进入与女儿的“共情”状态，表示我已看出她因为很在意和那位同学的关系而心里有些不痛快。接着，我又进行积极引导建议她说：既然自己在意、心里又不太痛快，那就主动想办法先让自己好受起来，而不只是在这里被动地难受。例如，是不是先主动找她，澄清中间的误会？

过了一会儿，我听到客厅里女儿通电话的声音。电话后，只见她脸上乌云散去。她告诉我：电话那头的好朋友听到女儿的一番表白后，也表达了她表面若无其事、其实内心也非常希望和好。只是碍于面子。

我的又一次帮助，让女儿关注到了自己的情绪，采取了积极主动的措施，没让自己的难受情绪延续下去。

“孩子的情感体验，远远早于认知的发生。”所以，家长要帮助孩子“察觉自己的情感，也帮助他们管理自己的情绪”。而逐步具有了情绪自察力的孩子，在成长过程中，则会越来越清晰地认识自己，在管理自己情绪的同时，也能够去“理解别人，进而与社会建立情感联系”，未来当大事真正来临时，他们才能够“面对纷繁复杂的世界，始终还能把握好自己的心理状态”[②]。

不少父母还有一个认识误区，即，作为家长，不应该在孩子面前暴露自己的难过脆弱或压力痛苦，而要在孩子面前做出“一切都很好”的假象，“仿佛只有如此，孩子才能健康快乐地成长，拥有无忧无虑的童年”。其实，“孩子远远比你想象得要敏感”，所以，“父母适当表现出真实的负面情绪，孩子才能知道如何正确地表达自

① 晏红：《中国儿童情绪管理》（第2版），中国妇女出版社2016年版，第71页。

② 李雪梅：《亲子情商教练》，企业管理出版社2012年版，第38页。

己的情绪”。①

有一次，我要代表公司为一起纠纷去天津法院出庭。头一天晚上，我感觉有些压力，先生又出差在外，所以，晚饭时我只顾埋头思考，没太说话。晚饭后，我又低着头在房间里踱着步。这时，只听见当时上小学2年级的女儿说:“妈妈，你为什么不说话？有什么心事，就说给我听听吧。”她一边说着，还一边过来拉着我的手。听完这话，我心头一震，犹豫了一下后，马上坐下来，尽量用女儿能听懂的语言简要地告诉她事情的来龙去脉以及我第二天要做的事情。

我当时之所以犹豫一下，是因为怕自己在压力下产生什么不良情绪传递给女儿。可是，她却早已觉察到了我的情绪，并表现出一些诧异不安而又善解人意。等我对她说出来后发现，不但我的压力得到了些缓解，而且女儿也轻松了不少。我对女儿的这种信任，也让她不但小大人似地那样安慰我，而且等我第二天从天津回来后，一进家门，她就问我打赢了官司没有。

与成人不同,“孩子的世界比较简单，父母绝对是其中最重要的”。当孩子“直觉地感知到爸爸妈妈生气了、难过了，可又不知道到底是为什么”时,“父母的情绪反应会让他们认为跟自己有关”。长此以往,“在这种情绪下成长起来的孩子通常会有很强烈的负罪感，觉得自责，过度关注他人对自己的看法，容易形成敏感自卑的心理”。所以，只有当“父母适当表现出真实的负面情绪，孩子才能知道如何正确表达自己的情绪”。只有父母“正视负面情绪的存在并试图排解，孩子才能更好地去面对未来人生中的挫折”。毕竟,“只有快乐的人生是不存在的”。本来，父母就不可能“为孩子阻隔外界的一切风雨。真正的父爱母爱是教会他们在风雨中如何继续前行的能力。父母恰当的负面情绪表达，既能给孩子创造了一次了解世界、生活的机会，又能拉近与孩子之间的心理距离，有助于建立起健康的亲子关系”。②

---

①② “别怕孩子看到你的负面情绪，这会让他们的个性更完整”，微信公众平台“美国留学妈妈圈”，2017年1月31日。

这样做也有利于培养孩子对情绪的了解、控制和管理能力，也使得她出国留学生涯遇到挫折时能积极勇敢地面对并解决。

## （二）老师们的感动

女儿曾开玩笑地总结过她从小到大最常听我对她说的、让她“耳朵都起老茧”的几句话：“你是独一无二的。”“我相信你能行？”“我太理解你了！”“爸妈永远站在你身后！”“不试，怎么知道？”“知错就改呗，趁着年纪小，代价也小。”“你的人缘儿真不错！”

这些“家庭语言体系”的形成，加上日积月累的培养和训练，对女儿从小性格品质、生活态度以及生活模式的养成，特别在她对待问题、困难的态度和方式上，无疑都产生了久远的影响。

即便如此，就像之前经常出现的情况那样，女儿远非事事称心如意，她也不可能做到一直都很快乐。只是每当出现了负面情绪时，她都会在短时间内很快调整好自己。

“围坐在那边一桌子的老师，可都是你的‘粉丝’！”这是女儿一次视频时告诉我，有一天她与几个同学们经过学校食堂时，其中有同学这么调侃地说。

同学们虽然是调侃，但是女儿读高中期间我去见她的几位美国任课和顾问老师时，从他们的众口一词中让我得到了以下印象：

### 1. 物理老师

我印象最深刻的就是她的坚韧和勤奋。不论有多少曲曲折折，在课堂上，Lauren（女儿的英文名）始终保持着积极的态度。她有着超强的自我激励能力，非常清楚如何能最好地学习。她不断抗争，从不气馁，自信地迎头解决面对的问题。她总会来找我获取额外的帮助，并按照我建议的学习方法解决问题。Lauren利用一切机会去提高，她的自主能动性不可撼动。她对成功的渴望，特别是从来没有过灰

母女俩（摄影：永宁）

心衰气以及她惊人的学习态度、从不灰心的劲头，简直太让我难忘了。（I was most impressed with her tenacity and hard work.Ups and downs aside，Lauren maintained a positive attitude in class.She has been an exceptional self-advocate and has a strong awareness of how she learns best.Despite her struggles and instead of getting discouraged, Lauren has thus far tackled each trial head-on and with confidence.She has sought out me for extra help and implemented study strategies and problem-solving tactics as suggested. Lauren′s stubborn desire to take advantage of every opportunity to improve and her self-motivation are unwavering，and I have been extremely impressed with her strong desire to succeed，her tremendous work ethic，and her refusal to get disheartened.）

**2. 非小说类创作课Creative Nonfiction**

如果说詹姆斯·布朗（James Brown）是演唱界最勤奋的人，那么，Lauren能算是“非小说类创作课”上最勤奋的年轻女士了。在一段提出修改作业的申请说明中，她写了这样两点：①我喜欢从论文的错误和不足中学习；②我感觉通过修改作业帮我了解自己的优劣，也教会我在写论文时以便时刻记住这些优劣。（If James Brown was，in fact，the hardest-working man in show business，then Lauren may just be the hardest working young woman in creative nonfiction... She puts it best herself in two lines from a paragraph about her commitment to revision this spring：①I love to learn from the errors and weaknesses of my essays. ②I think revisions really helped me explore my strengths and weaknesses，and taught me to always keep them in mind while writing.）

**3. 顾问老师**

尽管在这所学校才一个学期，她的慷慨精神和不屈不挠的学习美德已广被赞赏。她带来的积极能量、快乐态度、善良和尊重，真正帮助到了课堂。我们真的感觉拥有她很幸运。而且，我知道，任何一位与Lauren相处过的老师都这么认为。（After only one semester，she is universally admired for her generosity of spirit and her indomitable work ethic.She brought an attitude of kindness，respect and joy to class and really helped make the class work.And these commentscouldhave been written by any one of Lauren's teachers.）

其实，类似的老师评价，早在女儿在国内读初中时已经不断出现过，就像她作为英语课代表接触最多的英语老师，对她除了学业学习外，更赞赏有加的是她身上的正能量:“总能看到她富有感染力的笑脸。作为班里的英语课代表，她不但英语成绩优秀，而且课代表的工作尽职尽责，牺牲了大量的课间和休息时间，协助老师做了很多辅助工作，是老师的好帮手。每天早晨她会带领同学们晨读，对学习有困难的同学她会很愉快地给予帮助，同学们都很喜爱她。她还组织其他几个同学共同创办了中英文混合版的班刊，设计新颖，内容丰富，排版专业的一本本班刊赢得了年级乃至全校同学们的喜爱和盛赞……”

世界级大众心理学大师理查德·怀斯曼（Richard Wiseman）的顶级巨著《正能量》一书的出版发行，让“正能量”这个词近些年来流行起来。大师通过种种实验和数据所阐释的伟大的“发现”原理，破除了我们过去一直秉持的“性格决定命运”、或“情绪决定行为”等认知，因为怀斯曼认为，每个人身上愉悦、自信、乐观、积极、豁达、向上的正能量，是可以被激发出来的，并因此可以产生一个新的自我。否则，此消彼长，沮丧、自卑、悲观、消极、狭隘、消沉的负能量便会占上风。这样的伟大发现，能促使我们作为家长从孩子幼年起，就去训练、激发孩子不断积聚内心正能量，而减少、驱赶负能量的产生。每个人身上都是带有能量的。[①]只要我们改变，就能提升正能量。

## （三）美国老师的“至宝”评价

2013年暑假，也是女儿去美国读高中后的第二个暑假，我收到了来自她顾问老师的评价报告。其中的这样一些话让我看到，女儿身上的正能量深深感染了那些美国老师们：无所畏惧，顽强坚韧，这就是我们的Lauren。

她的音乐老师这样完美地描述她：“她不怕失败，不怕犯错，她总是洗刷自己，然后再试。”这是Lauren在过去的一年里为提升英语和西班牙语能力而努力的过程中的最真实表现；也是今年一年里她在各门课学习过程中的真实表现。

带着这种不倦的正能量，她应对着高中二年级不断增加的学业要求。她娴熟地完成了5门主课的过渡，特别是英语和历史课的大量阅读。她每天都在提升着自己的批判性思维能力。

任课老师们钟爱与她在一起，因为她始终保持着积极正面的态度，努力从错误

① ［英］理查德·怀斯曼著，李磊译：《正能量》，湖南文艺出版社2012年版。

中学习。“无所畏惧”已完全成为她在这所学校学习中的鲜明特征。

而如果“无所畏惧”是这位好学者的标志的话，那么，“坚持不懈”，则是她的代名。

她还是位模范舍友，助人，友善，富有感染力。

她是我们的至宝。

〔Fearless and undaunted，that's our Lauren.Her music teacher described her perfectly: 'She is not afraid to fail or make mistakes，for she just brushes herself off and tries again.' This is exactly what Lauren did all last year as she was struggling to strengthen her English and Spanish skills，and it is exactly what she is continuing to do this year in all her courses.

If fearlessness is the hallmark of this fine scholar，then perseverance is surely her middle name.

With tireless positive energy she is tackling the increasing academic demands of sophomore year.She skillfully handled the transition to five major courses，with the heavy reading loads in English and history.She is working daily on developing her ability to think critically.

Her teachers love working with her because she maintains such a positive attitude and is committed to learning from her mistakes. 'Fearless' has turned out to characterize her academic experience at CA so completely." "If fearlessness is the hallmark of this fine scholar，then perseverance is surely her middle name."

She has been a model citizen in the boarding community，offering supportive friendship and infectious good spirits.

She is our treasure.〕

# 第四节　她撒欢前行，因为我的信任

## （一）“加速物理”课，她选定了

不论与孩子近在咫尺，还是远在天涯，父母都会不断面临与孩子意见或选择相左的时候。对此，我给女儿留下的印象是，“你对我的理解和鼓励，最难做到的在于咱俩意见产生分歧时。你既不伤害我的自主意识，放手让我自己去尝试，去独立面对解决，又因为你对我的信任，而让我对你保持充分的信任”。

2013年9月上旬，女儿美国高中三年级、即11年级开学不久的一天早晨，我突然收到了她用英文发来的一段微信：“Accelerated physics is killing me!!! God，it's so hard，Mommy.I need inspiration and encouragement!!!（加速物理课快要我的命啦!!!上帝，简直太难啦！妈咪，我需要鼓励啊!!!）。”

我的心一下子被揪了起来！

加速物理课是她所在的中学特有的一门相当于AP（Advanced Placement，高级课程）的课程，也就是说，比常规物理课进度要快一倍，难度也大很多，被学长们称作“GPA（分）杀手”。学习该门课的前提条件是，必须得到数学和化学老师的许可。

女儿在获得允许、并考虑选择这门课时，不论是她的学长，还是我身边有过此类经历和教训的家长、朋友，都力劝她一定要避开这门课。而且，根据女儿在国内初中学习时表现出的倾向，她的文科更强一些。所以，在我看来，加速物理这门课让她学习起来感觉困难，是意料之中的。当时我也曾几次劝她慎重考虑。

但数学、化学课老师的许可对她无疑是个鼓励。同时，她也把自己相关学科的学习情况及对未来的考虑跟我做了全面分析：

a. 目前她的数学成绩不错，数学老师对她也非常认可。这是学好物理的前提，即说明她具备学习加速物理课的条件。

b. 她的英语、历史课等人文类学科成绩都呈现出快速上升的趋势；本来良好的数学成绩，如果再加上加速物理课，会让她的学科选择和成绩显得更全面。

c. 选择相当于AP课程的加速物理，又在老师的带领下学习，可以少自行准备一门AP考试，而她所在的高中没有专门开设任何AP课程。

d. 美国教学体制和课程设置的灵活、多样，给她提供了尝试打破固有的"文科较强、理科较弱"的自我认识和挖掘自身潜力的更多可能。她很愿意尝试。

她如此成熟、理性的分析，让我没有理由再阻拦她选择和尝试。

即便如此，在看到她发出那样的文字时，给我带来的情绪冲击仍是很大的！

我马上用微信语音回复过去进行安抚。她也很快又语音回复过来，并听出严重感冒的声音："呵呵，都是意料之中的。我没着急！做起来还是觉得挺有意思的。就是做作业累了，想撒撒娇啦……"

随后不久，我又连续发去几段微信文字，主要提醒她，如果加速物理实在太难的话，完全可以考虑降低难度，改选普通物理课程。先着眼于把自己能力范围内的内容学扎实；不要只考虑学这门课的难度系数与申请大学的关系。进入不了排名前10的大学，能够进入前50的也很好；前100的也OK；最重要的是，要保持自己对学习的热情和信心。学习是一辈子的事。拼的是看谁笑到最后。

不料，女儿竟这样回复："我不会放弃这门课的。都是意料之中的。何况，还没有难到学不下去。如果我做不到一开始就有好成绩的话，那就慢慢来。我觉得适应了节奏后，会逐步提高的。"

看到她这样说，我忍不住又回复："妈妈真的、真的好爱你！爸爸妈妈永远一如既往地站在你一边，坚定地支持你！"

不久后的一天，女儿又发来了个微信："刚刚拿回了上周的物理测验，得了我入学以来各门课的最低分……" 还有以下的语音："我已经非常努力了：昨天我做一份物理实验报告到凌晨1:00；今天早晨6:00又起来继续做……”

那段时间，继续、还是放弃加速物理课，成了我们与女儿越洋交流的主要话题。

而女儿最后的坚定态度，让我们最终还是闭上了劝阻的嘴：“我是不会放弃加速物理课的。以后，你们不要再劝我放弃了……”

终于，翌年春节假期间的一天早晨，我收到了她的一段微信：“我的物理实验报告得了个A……幸亏当初没有放弃……”以及随后一个载歌载舞的表情……

那一学期末，顾问老师的评价报告中涉及到物理课的部分，是这样写的：“我想，当Lauren回忆在这所学校的高中三年级一学年的学习时，她会永远记住这个‘物理年’。她竟从未提出过‘放弃’，似乎那是遥远的可能。就像她面对其他所有挑战时一样，她不懈努力的结果就是，她又一次战胜了。”（I suspect that when she thinks back to her junior year at the school，it will remain forever in her memory as the year of physics.Never once did she mention the word ‘quit’ as even the remotest possibility. The result of all her dauntless efforts was，as with all the other challenges that she has faced here，that she triumphed once again.）

作为成人，我们家长自己都应该有过这样的体会，当被充分信任时，会感到有很强的动力去主动寻求解决问题的办法，并在解决问题的过程中，不但十分自信，同时责任心十足。而且，不论结果如何，都心甘情愿地去面对、承担。

孩子，又何尝不如此？

前苏联著名教育家苏霍姆林斯基的重要教育思想之一就是“要相信孩子”，因为他认为，儿童的心灵是敏感的，它是为接受一切好的东西而敞开的。所以，教育技巧的全部诀窍就在于首先抓住儿童的上进心，孩子道德上的自勉；在于看到儿童优点的那些地方，儿童才会产生上进心①。的确，父母如果不相信自己的孩子，怎么可能对他们实施教育；又怎么可能把他们培养成才？

---

① ［苏］苏霍姆林斯基著，汪彭庚译：《要相信孩子》，教育科学出版社2009年版。

但是，我遇到的很多留学生家长，最容易看到的是孩子的缺点。最爱挂在嘴上说的是孩子的问题。同时，又最不愿意面对和承受的是孩子犯错。这已经成了那些家长的一些习惯，而这些习惯是他们在孩子还年幼时就已经形成了，并且毫不自知。殊不知，在孩子们完全具有丰富情感和成熟理智之前，他们是在用直觉感知世界的。成人的反应是他们认识自己、了解自我的最直接途径。所以，如果成人对他们的反应是挑毛病，是指责，或因唯恐孩子犯错而包办代替的话，就剥夺了他们的体验、经历。长此以往，便抹杀了他们的勇气、自信，导致他们自我否认，也让他们丧失了能力。如果成人的反应是相信孩子，相信他们的优点和上进心，鼓励他们去经历、尝试，那么，他们内在的能量就会被迅速激发出来而形成解决问题的自信、能力和责任。

也因此，即便当我们作为家长想表达担心，或者提出反对时，不应该是强加、逼迫，更不应该是批评指责。而且，不论结果如何，不但不要有“谁叫你当初不听我的劝阻?”的“反攻倒算”。相反，我们除了提出观点和建议外，还要认可、接纳孩子当初尝试的勇气和过程中的努力，特别是当我们发现孩子是经过仔细思考、并伴有实施计划时，他们真是在遵从自己的内心，做自己想、而不只是家长想做的事，希望成为自己、而不单是家长想要他们成为的样子。无论后来结果如何，他们都愿意、也能够自己面对。也因此，他们自己从中获得的经验教训乃至人生感悟，家长不应该、也不可能替代！那样，孩子未来成功与否，他们都能坦然做自己，最终，这一切也将成为他们人生的礼物！

## （二）申请耶鲁，被拒也值了

我与女儿的另一次从重大分歧到最后统一，是在她申请美国大学过程中的学校选择问题上。

耶鲁大学，是很多人的梦想学校，也是女儿的。所以，她通过“Early Admission”（早期录取），申请了耶鲁。

宿舍墙上，笔记本电脑屏幕，体恤衫上，甚至喝水的杯子……她身边无处不充

美国耶鲁大学校园（摄影：榕儿）

斥着耶鲁的画面。耶鲁的校训，她倒背如流；耶鲁的录取规则，她烂熟心中；几次专程去耶鲁学习和生活，让她用自己的话说：那里的每一栋建筑，她都很熟悉。

但当时这对我而言，却又增加了一次纠结。因为，一方面，我感受到女儿因为有这样的阶段性梦想，才有了她在学习中的内驱力，也有了她一次次面对困难的勇气、坚韧以及为实现梦想的具体计划和付诸的行动。这让我很欣慰，也让我表面上一如既往地捍卫着她的梦想。但另一方面，我心里非常清楚：从耶鲁大学多年的录取情况以及女儿当时的客观情况看，她还是有很大距离的。我更理智。

周围一些已经经历过孩子申请美国大学的朋友也力劝我，要让女儿珍惜“早期录取”的机会，在选择学校时要以“务实”“安全”为重。所以，私下里，我找到了已从美国名校毕业、在美国工作的好友的女儿，也是女儿从小一起长大的姐姐，试图通过“有经验”的同龄人的“现身说法”去说服她“面对现实”。

不想，等女儿告诉我姐姐已与她视频交流过这件事时，她申请耶鲁的决心更大了:“姐姐对我说，她当时的第一选择本来也是耶鲁，但后来由于周围人的各种劝说，就放弃了。现在回想起来自己连试都没试，非常遗憾……我可不希望带着这种遗憾走过我的美国大学求学之路!”

申请的学校名单，是女儿根据自己实地参观考察后，又与学校的升学顾问老师和我讨论后确定的，分为“要奋力争取的”(Reach)、“有可能性的”(Possible)、“可能性更大的”(Likely) 三个档次。但不论被其中哪个档次的学校录取，女儿说，都是她一定愿意去的。耶鲁大学争取不到，就着眼于“有可能的”，甚至“可能性更大的”学校。美国大学申请过程，也是一个双向选择的过程：选报的学校，录取或拒绝你，都有它的道理。所以对于女儿来说，选择的学校，无所谓“对”或“错”，只有“合适”。

在女儿申请美国大学过程中，我与她进行的充分讨论，以及对她越来越表现出的充分理解和信任，让她更加坚定、从容。就像当年申请美国高中一样，这次申请美国大学，她又是自主进行，独立完成。

在她后来书写大学申请论文过程中，我曾提出建议请“高手”给她修改、包装，这似乎已成为当今国内完成美国大学申请过程中的“标准动作”。结果却被女儿断然拒绝了，因为，在她看来，美国高中的升学顾问老师修改他们申请论文的基本标准，是手不碰键盘。她写的论文不是为了申请诺贝尔奖，而是为了申请大学入学，所以一定要展示真实的自我，才能供招生老师选择判断她是否真正适合他们学校；同时，她也能因此而知道，哪所学校真正适合她。而且，最关键的是，她认为，不能总指望“高手”包装，因为将来，她还需要独自经历很多“申请”，例如申请实习，申请工作。

结果，没什么悬念，女儿被耶鲁干脆地拒绝了！

她却说:“一切都很值得!”

耶鲁大学“亚洲美国领导力论坛” （摄影：榕儿）

从那时以后，我几次问起女儿后不后悔当时的选择，她总是这么说：“如果我当初没申请耶鲁，现在才会后悔！既然当时有‘早期录取（Early Admission）’的机会，我一定是留给我最想去的学校。不试，不知道我行不行；而没试，却是我直接承认我不行！那不是我！能进入耶鲁，不是我追求的最终目标，而是希望以此证明我的长期付出和积累。虽然现在没能进入，但为了这个结果，我在高中已尽我所能地尝试了各种可能，挖掘了我的潜力，发展了我的能力，拓展我的视野。对我来说，这一切就够了。”

曾任微软公司全球资深副总裁兼微软亚太研发集团主席、现任百度总裁的张亚勤说过：“那些敢于去尝试的人一定是聪明人，他们不会输。因为他们即使不成功，也能从中学到教训。所以，只有那些不去尝试的人，才是绝对的失败者。”[①]

虽然与一心瞄准重点学校、一味强求孩子只报“藤校”的家长相比，我在女儿申请美国大学问题上的做法可能显得有些“不入流”，但女儿的坚决和坚持，特别是她出国以来超越自我的不断努力和坚韧向上、乐观自信的正能量，一直感染并带动着我行进在这丰富多彩的世界上，让我把本来也有的担心甚至焦虑转变成对她的理解、支持，以至于欣赏、赞赏。青春年少的权利和奢侈就在于充满着希望，我不能把它浇灭；我培养建立起的女儿的自信，应该继续好好呵护；对于一个普通的孩子，即便这次是个“错误”的选择和尝试，却成全了她去追逐生命里哪怕只是阶段性的又一梦想，并且付出的是她人生中最小的代价；而为实现这个梦想的勇气和努力，该是人生的乐趣和美好，足以成为她最珍贵的回忆！这些是我在女儿选择耶鲁大学的问题上明知不可为，最终还是没有反对她为之的主要原因。

### （三）继续着对世界的好奇和探索

以往常听到身边经历过国内高考的家长说，陪伴孩子接收大学录取通知书的过程，不论结果如何，都会因巨大的压力而备受煎熬！

在等待选报的美国各大学录取通知的那个春假里，远在万里之外的女儿住在美国的亲戚家那远离尘嚣的山庄里。白天，她独自一人在家，边读书、做作业，边等待着申请的一所所美国大学的通知结果。

我实在无法克制，便惴惴不安、小心翼翼地在视频这端试探性地询问她诸如“如果最后真的只有垫底的学校录取，她会怎么样”之类的问题。

女儿的回应充满着定力。“我选择的学校，包括耶鲁，都是经过慎重考虑、甚至亲身访问过的。最终不管哪所学校录取我，不论它排名如何，都是我一定愿意去的。”她接下来一针见血的话让我有些羞愧，却也让我心安。“最与我相关的，是你和我爸会如何看待录取结果！如果你们看重的是录取结果对我的影响，你们不用

---

① 凌志军：《成长——微软小子的教育》，湖北人民出版社2008年版，第51页。

担心！就怕你们更在意自己的面子！其次与我相关的，是我的好朋友。如果他们因为录取我的学校不如他们的排名靠前就对我另眼相看、或有其他什么想法的话，我无法左右。但那样，他们就不是真正的朋友。至于还有其他什么人会有什么看法，与我无关……”

在国内，父母孩子在一起共同等待大学录取时的焦虑尚且那样大，现在，女儿在那寂静山庄里独自承受的煎熬，不难想象。她却如此笃定！

当我把这些过程说给在留学服务机构工作、接触过成百上千留学申请者的专业朋友听时，他们的反应都是:“女儿的内心很强大!”

现在，轮到我好好反思了。我一直自认为能放眼于女儿求学后的成长和发展去对待她的教育，在教育目的、方法上还算从容达观。但是，在等待大学录取结果

下课了（摄影：榕儿）

北极行中的女儿——无限风光在险峰（摄影：永祥）

时，我是否无可避免地试图用统一的“成功”尺度去评估衡量成长中的女儿？一直以来，我一直鼓励、支持女儿去“拓展经历体验、享受丰富过程”。但面对阶段性结果时，是否暴露了我的鼓励和支持的脆弱和虚伪？我能否接受一个“独一无二”、已一次次实现了自我超越、却又是一个普通平凡的个体生命？我是否准备好正视不管大学录取结果怎样，女儿接下来的人生马拉松才刚开始，继续奔跑的是她自己的现实？我是不是相信，我一直以来赋予女儿的犯错权利、选择机会，以及她成长过程中的代价，会带去20、30年以后的她什么样的人生收获？

15岁的女儿，在独自远行的初始阶段，差点“丢失”了自我。19岁的女儿，在她人生的重要时刻，以她的独立思考、自信乐观和笃定坚韧，学习着交出最初一份与自己内心和谐相处的这一人生命题答卷。也又一次拽着我奔向日新月异的未来。就像香港歌手陈奕迅主唱的香港马拉松二十周年主题曲《人生马拉松》歌词中有几句写的那样：漫漫人生路就如同跑过沿途的高低起伏与坎坷平顺，人生不就是一场永无止境的马拉松。唯有内心的意志坚持与奋斗不懈，才可以看到汗水泪水交织所换来的精彩，未来有多远前方有多难，没有人可以知道，但是唯有亲身经历全神贯注地坚持目标，这样才可以跑出人生的精彩。或许你我都不是命运的造化者，但肯定是自我的主宰者。

最终，女儿选择了一所优质的小型研究型大学。也开始了她人生的又一个新阶段。

4年的美国高中学习和生活，让女儿进入大学后无缝衔接。一如美国高中一样丰富紧张的课业，随心所欲的选择，夜以继日地阅读写作，接连不断的测验考试，丰富多彩的社团活动。同样，面对各种信息和对自己特点的了解分析后，她循着自己已经认准的方向，继续着各种学习积累，撒着欢地坚定前行：莎士比亚作品赏析课上，她是唯一的国际生；模拟法庭，晦涩艰辛，她乐此不疲；中国学生会，一年级的她，被选为了“活动策划部策划员”；校刊《国际报》，她是财务部长，唯一的亚裔学生；佛罗伦萨的艺术之旅，让她翘首以待；阿根廷的志愿者计划正在筹备中；三次荣登了“院长名单”……21岁的女儿又在学着交出与社会和谐相处的另一个人生命题答卷。

2016年6月，在女儿20岁前夕，我们一家三口开始了为期20天的北极探险、北欧自驾游。为了看看这些年她独自在外锻炼的结果，我特意“示弱”，一路走来，从登机、入关，酒店入住、退房，到目的地间衔接联络，旅途中驾车探路，她所展示出的成熟干练，考虑问题的缜密周到，应对突变的灵活机智，照顾起人的体贴细致，让我不由地在旅途行将结束时，通过包括女儿在内的微信朋友圈里，发出了以下一段文字，以给她一个生日的惊喜，也表达我对此行的欣慰和对她成长的纪念：

“亲爱的娃……本想以20天的极地探险和北欧自驾，给你20岁生日一个不同的喜悦，你却还回了20年的成长浓缩。没有成龙为凤，亦无成就卓越；却有驾车探路、机智应变、协调联络；还有相扶相搀、嘘寒问暖、‘导演’‘服装’‘制作’；更有欢歌笑语、古灵精怪、闺蜜话多多。20年来，为娘准备的就是，从此以后，不再是你的必须依托，在你面前好似（还真是）智商降到没法说。你可撒欢去探寻生命的美丽绽放，包括不断尝试、犯错。再次预祝你20岁生日快乐，一年比一年自我超越！”

第二章>>>>

# 留学亲子早开始

## 第一节　三个早培养

### （一）独一无二，在“伯乐”眼中成像

回想女儿的成长经历和国内外的求学之路，没有任何社会公认的成功标识，只是，不论是自我实现、自我超越的不断努力，还是屡败屡战、愈挫愈勇的自信和勇气，都让她始终保持着乐观豁达、积极向上的状态。而这一切，在她出国前以至于早从她幼年起，通过对她长期有意识的培养和训练，已潜移默化地成为了她的习惯和品格。

作为孩子人生的第一任也是任职时间最长的老师，父母与孩子之间培养建立起的人际关系模式，对孩子自幼养成的习惯和品格，有着社会和学校无法替代的作用和优势，因此也最为重要、深远，并且，一旦形成，便潜意识般深入孩子的骨髓，永久地作用于他们的生活、事业和人生。我曾看到过这样一种形象的比喻：良好的习惯和品格就像是人存放在自己身体内的“道德资本”，使人一生都会享受着它的

“利息”，深以为然。

2010年女儿申请美国高中过程中，除了按照规定的申请内容，她还自己创意、设计了一份补充申请小论文，标题为“世上唯一而独特的我——我的成长里程碑”（The Only and Unique Me in the World——My Developmental Milestone）。这篇申请小论文共分三章，每章标题的中文大意分别为：①

a. 一个与汉语幸运数6相连的“小女巫”。

b. 我的兴趣，我做主。

c. 我想成为为改变世界而努力的人。

自始至终，充满着自信。

有的家长把孩子自信和不自信归结为天生个性不同使然，认为，外向的孩子更容易自信；内向的儿童则容易表现出自卑。这是一种误解。德国哲学家戈特弗里德·威廉·莱布尼茨说过：“万物莫不相同，天地间没有两个彼此相同的东西。”苏霍姆林斯基也有一句名言：“每个学生都各自是一个完全特殊的、独一无二的世界。”难道，每一个独立的个体生命，不都是“独一无二”的吗？而且，我们一定会发现身边不乏言语不多却自信十足的人；也不难看到开朗外向却未必自信坚强的人。

我们应该、也能够把自己的孩子从“独一无二”的降生开始，逐渐培养成为一个自信的人。这也是为什么，我从女儿出生起，就始终把突出她的“独一无二”、培养她的自信乐观放在意识层面，融入到日常生活细节中。

在她出生前，我买了一本《成长记录》记事本。现在翻开这本20年前的《成长记录》第一页，先看到的是我填入女儿出生时的信息：“体重：6斤6两；头发黝黑、高鼻梁……”在这本“成长记录”后面，我增加了一个表格，以便不断记录女儿日益表现出的更多特点。随着她的成长，从她的外貌特征，到行为举止，再到性格特

① 见附录三节选。

点，后来还包括了能力变化，都以客观描述的方式，不断增加到表格中，例如：语速很快，口齿清晰伶俐；或者，已能背诵《春雨的色彩》全文，能讲述《黑猫警长》全书……

在她开始有语言交流能力后，我每次都会把表中的内容或在表格中增加的新特点读给她听，还会补充对她说：“世上只有一个你呀，独一无二。”我发现，每次这样做时，她都非常兴奋，经常会让我“再读一遍”。

在她学会了拼音和写字后，我就提醒她自己往表格中增加内容。后来，不用提醒，她就会自己去填写。毕竟，看着自己的能力、优点一天天增加，是件让人愉悦的事。

向好，是人的本能；上进，是孩童的天性。这样长久下来，女儿时时受到正面信息的鼓励，包括她每有一点变化，我就毫不吝惜地夸奖，更让她对自己“独一无

“世上唯一而独特的我——我的成长里程碑”画册节选

二”的认识不断被强化。而我夸奖她的方式都是就事论事，既不敷衍了事，也不过分夸张。

孩子的自信自立，首先基于自尊自强；而自尊自强，最初来自于外界、包括父母对他的尊重。只要家长有这种意识，并将这种意识贯穿在每天的生活细节中，随时让孩童参与到关系他们自己生活内容的选择和决策过程中，就是对他们尊重的最好开始。随着他们不断拥有了全新的经历和体验后，他们的自信也会随之增长。

这是在女儿1岁多、刚有最基本的语言交流能力时，经常出现在我与她之间的对话:“宝宝，家里有米饭和包子，你愿意吃什么?”准备午餐前，我不会忘记让她在限定的条件下参与选择。周末带她外出玩儿时，我会首先征求她的意见：是想去游乐园，还是动物园？就这样一次次在限定的范围内，让她在表达意见、参与决定的过程中，习惯我对她的尊重，也逐步建立起了她“做决定”的自信。

在到了她能够与我进行更多语言交流、有更强理解力的年龄以后，我还经常对她说的一句话是:“你今天比昨天又进步了!”

“我始终相信，好孩子是夸出来的。”在“严格要求”这一貌似名正言顺的理由

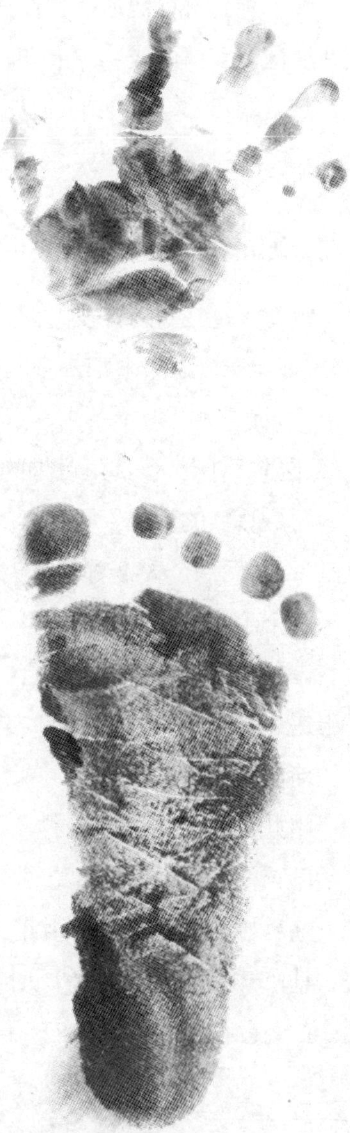

**成长的印记**（摄影：永祥）

下，“又因为每个人身上都会有缺点，所以，每天找出话题来批评教育谩骂羞辱孩子，是件极容易的事”。所以，“善于发现孩子身上可贵的地方，是我们应该学会的另一个本领。告诉他你行，你真棒，你很优秀。在鼓励中获取的自信，会延续到他直到把这个事情做成功。成功后的自信就是更切实的了，会成为他一生的养料”。[①]

孩子的自信心是能够在“伯乐”对“独一无二”的发现和强化中树立起来的。而且，应该尽早培养树立。

## （二）独立和责任，在赋予中培养

曾看到过在一对好友之间进行的以下一问一答。

“你觉得，汇集眼泪最多的地方是哪里？”

“医院。”

“医院算什么？真正可怕的是在机场！是在我手里攥着飞往国外的机票、强忍着内心最真实的情绪，不敢去抱一下含着眼泪的妈妈，强作笑颜地说：‘放心吧，我可以’，然后一个人推着行李头也不回、试图尽快消失在人流中的时候……”

那个手攥着机票飞走的孩子，紧接着在完全陌生中独自开始了一切。陌生的环境、设施，陌生的人群、语言，陌生的办事程序，所有都必须独立面对、解决。自己租房、开银行账户、办保险、逛街、买菜、做饭、搬家、上课、作业，一个又一个的新问题……

由此可见，留学准备绝不仅限于“SAT”“托福”“雅思”。而身为父母，是否帮助孩子们准备好去独立面对那一切了？

随着接触的家有留学生儿女的家长越来越多，特别是一些小留学生家长，我发现，他们中有不少已在不同时期分别出现在留学在外的孩子身边：有一些会长期“驻守”在国外；另有些应孩子要求、或因孩子身体需要过去帮助调养；还有的则

---

① “教孩子如同做管理，父母都应是伯乐”，朱敏，《北京娱乐信报》，微信公众平台“父母圈儿”，2017年1月20日。

是孩子情绪出现了问题必须守在身边……

女儿15岁进入美国寄宿高中就读9年级直至12年级毕业的4年间，我和先生除了开学送她去过，后来12年级的冬天为参加她的一场全校演讲以及再之后的毕业典礼我们又分别去过一次、做过短暂的停留外，其他时间没再出现过，因为用女儿的话说:“实在没感觉需要!”而此前对她的十多年训练培养后的积淀以及对她的独立性、责任心、成熟、自信的了解，也让我们在很大程度上对她比较放心。

从女儿刚会走路起，我就开始把对她独立能力的训练贯穿在日常生活的点点滴滴中。平日，我会把她常使用的许多东西，像洗漱用品、专用碗筷等，都有意识地放在她能够得着的地方，每逢需要时，就让她自己动手。虽然在这些过程中，经常“事故”不断，不是挤不出牙膏或一次挤得太多，就是把碗勺掉在了地上，但我都会再次进行演示教练后，坚持让她再尝试，她也经常再犯错。但也正是在这些不断尝试犯错过程中，眼看着她一天比一天能自己做越来越多的事。

很多孩子小时候都会有这种经历：每次洗头吱哇乱叫，眼睛里溅上一点水都不行。女儿也是如此。与我们一起生活的奶奶，每当看到女儿这样就很心疼。也因此，曾有很长一段时间给她洗头时，要像理发店那样仰面而洗。但从她4岁起，我决定开始训练她自己淋浴洗头、洗澡。为了减少她的恐惧，我一开始和她一起洗，用分解办法，示范洗头过程，并在过程中边讲解怎样保护好耳朵和眼睛，然后再耐心指导她完成每一步。一连好几次，我坚持“陪练”，并每一次都指出她的进步：你今天太棒了，没有尖叫；你这次好像一点儿都不害怕了；这次很好，只是要特别注意耳朵后边的泡沫……

当时，身边不少亲朋好友知道后都流露出担心：这么小就让她自己洗头，能洗干净吗？但在我看来，即使洗不干净，也不会伤及身心健康，值得继续做下去。就这样几次之后，终于有一天，女儿自告奋勇不再需要我“陪练”了。她自己洗完后，还会兴奋地叫我进浴室检查。摸着她因没太冲洗干净还有点儿粘的头发，我会告诉她如何再多冲洗。就这样帮助她闯过了“洗头恐惧的一关”。

我的一位同事，来自英国的高层管理者，也是一位两个儿子的妈妈，曾对我说过这样一句话:“作为父母，最难以忍受、却又必须忍耐的，是眼看着孩子做事时会一团糟，或要‘闯祸’，但只要不会造成什么身心不利，就要装出若无其事，让他大胆去尝试、犯错。”

同时，孩子从一出生的“自然人”逐步成为“社会人”后，便处处生活在与他人的相互关联中。他们能否在这种关联中愉快地生活，取决于他们是否能够很好地与他人相处。而能否和谐愉快相处,“责任心”起着很重要的作用，一种对自己和他人负责任的能力。然而，孩子的责任心也不是天生具有的。家庭和父母是孩子责任心滋长的第一场所和“第一任老师”。

女儿5岁时的一天，她提出想要一个滑板车。我虽然很爽快地答应给她买，但同时对她认真要求，买来后一定要负起责任，爱惜看管好滑板车。如果把它轻易弄丢了，她可就不会再有滑板车了。结果，一个多月后的一天，在玩耍时没有看管好，滑板车还是被别人拿走了。

因为有约在先，所以，看得出她非常痛惜，忙着在小伙伴儿中间询问寻找了大半个下午，却毫无结果。就在这时，她看到楼下邻居家奶奶门口放着一块木板，就跑过去提出希望借用一下。然后，再跑回家找出一只粗笔，用汉字加拼音地写了个“寻物启事”，并跟着“启事”一道“蹲守”……我下班回来听说后，不但没有批评她丢失了滑板车，还好好表扬了她一番，夸赞她在寻找滑板车过程中表现出的认真负责。但尽管这样，我并没有改变当初做出的“弄丢滑板车，不会再买”的决定。女儿也非常清楚，我既然已约定，就会说到做到，所以，也没再提出什么新要求。

眼看女儿要上小学了，我们就提前训练她自己定闹钟，并从第一天起，让她自己用闹钟叫醒起床，然后自己穿衣洗漱。这也同时要求她前一天晚上要把上学需要的所有用具都自己收拾准备好，避免丢三落四。

可是后来，还是事故接连不断。

那是女儿小学一年级的一天，当天有绘画课。等她早已离开家去上学、我要出门上班时，却发现她把画笔忘在了家里。由于我上班时会路过她学校，奶奶就催促我一定给她把画笔送到学校，否则，有过多年教师经验的奶奶知道，女儿会因为忘带画笔而受到老师的严厉斥责——影响上课，那可是大事。但我最终没给她捎过去，因为我认为，女儿自己的事情，她自己应该记住，因自己的行为而产生的一切后果，也应该由她自己承担。老师的斥责，虽然当时会让她很没面子，也许还会很伤心，但正因为那样，她一定会记住教训。

果然，晚上回来后女儿告诉我，因为没带画笔让老师狠狠批评了。看着她不好意思的样子，我只给了她一个建议："以后在前一天晚上一定要想好、准备好。如果第二天要带的东西比较多，可以列出一个单子，准备好一样东西后就打勾。"然后，我没再说什么，也没有指责，我知道，她已经意识到自己的疏忽，并因为老师的批评而不好意思了。这时，她一定能在意并会欣然接受我的建议。

从那以后，女儿还陆续忘记带吃午饭用的勺子、字典等用品，我如法炮制。直到进入小学高年级，她再也没有发生过忘记带学习和生活用品的事情，而且，这种管理物品、有条有理的习惯一直保持到她后来的生活乃至生活中的每一次变化中：随团参加海外冬、夏令营，所有的随身物品都完好无缺。去美国读高中的6年来，每年至少两次的转机飞行、长途往返，都毫发未损：高中、大学每年都要更换宿舍，需要完全由自己打包搬家，她也都有条不紊，从未丢失过任何物品。

儿童对世界的认知，是通过自己在生活中不断的探究、尝试、纠错的过程中积累的，是他们的必修课。孩子们从生活中获得的实际经验和教训，是最直接和宝贵的，是任何其他人无法、也不应该取代的。相比于一遍遍地教练、演示、实操，家长的说教，甚至包办代替，对家长来说固然更简单、快速，但却剥夺了孩子感知生活、积累经历的宝贵机会。

有时，"从家长的角度来看，放手让孩子自己去做事，与其说是锻炼孩子，不如说更是在考验家长。家长应该适当勇敢些，有勇气接受这种考验"。[①]

---

① 尹建莉：《好妈妈胜过好老师》，作家出版社2014年版，第279页。

女儿小学6年级那年的元旦，突然发生的重大家庭变故，让我们一家三口面临着一次考验。我父亲突然病故，又恰巧赶上女儿期末考试前一周。虽然我当时曾想过带女儿一起回去与我共同面对亲人的逝去和生命的消亡，但由于事发突然，伤心欲绝的我没能更仔细考虑这些，而只着眼于女儿小学6年级的那次期末考试会对她的小学毕业和几个月后的小学升入初中产生什么影响上，所以，不得不考虑的一个选择，是把11岁的女儿独自留在北京复习，准备期末考试。

由于当时我们住在部队大院里，又委托邻居帮助不时过来看望，所以对女儿的安全我不担心。长期以来通过对她的训练而积淀下来的能力，再加上懂事的女儿当时也反复向我保证她自己在家没问题，我和她爸爸虽然内心仍有些不安和不确定，最终还是决定把她留下。

接下来的一周，每天早晨她照常自己起床，在微波炉里热好头一天她自己买好的早点，灌好要带到学校去的热水，锁好门窗。每次离开家时，她还记着给我发个短信:“妈咪，我已经吃完早饭，灌好水，锁好了门，要上学去了。你就放心吧!”然后搭乘同一个大院里同学家的车去上学。下午放学回到家，在吃晚饭前，她尽量做完规定的作业，然后自己或去院里的食堂或到同一个大院的朋友家吃饭。晚饭后，再自己回到家做一些老师没有规定的练习，为期末考试做准备。

后来，女儿告诉我，我们离开2、3天后，她自己都惊讶，居然把生活和学习安排得那么井井有条，就连为准备期末考试而做额外的练习题时，都觉得那么平静和开心:“自己像个大人一样被爸爸妈妈信任，成了临时的‘一家之主’，所以不管是生活起居还是学习作业，不由自主地感觉担子重了起来。”

更让我们惊喜的是，她最终的期末考试居然取得了作文、英语和数学满分，语文基础98分的成绩。

“那次的经历让我感觉在心理、责任心和能力方面都上了一个大台阶。”女儿长大些后曾这样对我回忆说。这也又一次让我看到，孩子内心那颗独立性和责任心的种子，在父母的放手中快速生长。

作为家长，如果直接安排甚至替代孩子干这干那，“表面上付出了很多辛苦，其实他们的思维方式总是以自我为核心，首先满足的是自己的想法，没有认真考虑孩子的心理需求，没有意识到孩子的独立性需要生长……夺走了孩子一次又一次自我教育和自我成长的机会”，[①]那么，孩子就处在一个处处听从安排、接受管理的被动状态。“到孩子长大了，天性中许多潜在的能力严重退化后，家长却又抱怨孩子‘不懂事’‘没出息’‘懒散’等。”[②]而如果赋予孩子主动权，也就赋予了对他们的信任，赋予了他们注意自己行为产生的影响以及对行使主动权后会产生什么结果的重视，也就使他们具有了责任心。

美国心理学家佛洛姆说：检验一个母亲给孩子的爱是否优质的，有一个试金石，即母亲是否愿意充分地对孩子放手，是否愿意推动孩子自主和独立。[③]父母会因爱而关注，甚至担心孩子的未来；但孩子终究要长大，要独自面对未来。在他们远离父母、出国在外后，如果我们在他们早年成长的不同阶段已为他们提供了足够的体验、试错而掌握了主宰自己生活能力的话，他们便带着我们给他们留下的一切烙印，包括帮助他们建立起操控世界的自信，踏上独自面对未来的征程。

## （三）管住自己，在规则中训练

在女儿进入美国大学一年级后的一次与我视频时，聊起她选择的课程，其中一门是100多人的大课。她告诉我：学长们让她等着瞧——学期中间时能剩下一半人就不错了。学年结束时，如果剩下二三十人，一定不要感到意外。其中，有的是因为了解了课程内容感觉缺乏兴趣后退出的；更多会因为“翘课”太多导致跟不上。而“翘课”则可能是因为玩游戏睡得太晚早晨起不来，或没完成作业就不想来上课了。

留学在外，没有父母的看管、约束，压力大时，约上朋友借酒浇愁，或关在屋里以游戏排解，以至于放纵无度，耽误课程，“挂科”退学，这些都频频见于各种媒体报道，也因此对在外留学的孩子们的自律提出了更高要求。而孩子的自我控制

①② 尹建莉：《好妈妈胜过好老师》，作家出版社2014年版，第281页。

③ ［美］艾·弗洛姆著，李健鸣译：《爱的艺术》，上海译文出版社2008年版，第48页。

力，则同样可以在家庭形成的约束和规则中，从小逐步训练养成。

出于各种原因，让孩子从小学习一门乐器已经成为众多家庭的必然选择，也因此给家长带来一系列新的生活内容，包括每周至少要带孩子去上一次课；回来后还可能要每天陪伴孩子进行必练内容。因此，坚持学习、练习乐器，不论是对家长，还是对孩子，都是对自律的一种考验。有的家庭甚至因为孩子能不能认真、坚持练习，还会出现“烽火硝烟”，让家长和孩子严重对立，以至于最后乐器没有学好，还影响了亲子关系。

女儿2、3岁时，每到亲友家看到钢琴时，她都表现出很大的兴趣。但是，由于当时奶奶与我们同住，身体不好，非常需要安静，再加上我担心自己工作太忙，如果无法促使女儿坚持学下去，会很浪费。于是，从她6岁起，我与她商量是否可以考虑先试着从学习二胡开始，也使她能够向我证明，连从没碰过的二胡都能坚持学习，将来一定更能学好钢琴。同时，我还与她立下了“君子协议”：能不能学好二胡，都是她自己的事。爸爸妈妈的作用是支持和协助她。为她选择的二胡老师就住在我们楼上，除了考虑到老师作为专业艺术团体首席二胡演奏家的艺术水准，还有一个最务实的考虑就是，每周去老师家上课方便。

对于一个6岁的孩子，不同于做学校的作业，乐器学习和练习从完全不会到会的理解和掌握要比做课后作业复杂得多。起初，我还是连续陪女儿去上课，并认真地做过些笔记。但由于我一开始就打定主意让现在的陪同和陪练为她以后独立自主地上课、练习做准备，所以，我就首先把注意力放在训练以她自己听课并记住老师的授课内容为主；同时训练她养成每天放学回家完成学校老师布置的作业后，至少独自练琴40分钟的习惯。

2个月后，我就再没陪她去上课，而是让她自己每次背着琴去。

刚开始，由于新鲜感，女儿练琴的劲头十足。但枯燥的练习曲，难度又在不断提高，加上有时学校的作业再多一些，她开始磨蹭了：一会儿要喝水，一会儿又想上厕所。但我一直没有太着急，也很少斥责她，只是把她“喝水”“上厕所”的时间排除在商定的40分钟时间外，让她别再在磨蹭时间上打主意。由于我并没有寄希望于她成为二胡专业人士，而只是希望她未来通过二胡具有一种自娱自乐、陶冶性情的手段，更希望她能以此养成坚持不懈、自觉自律的习惯。出于理解，在本来已经比较枯燥的二胡练习过程中，我不希望再把孩子置于对我排斥的对立面，那样，我会失去与孩子在练琴问题上的共同立场。

由于商定的练琴时间是在每天完成作业后，而小学前两年的作业大都能在晚饭前完成，我于是和她奶奶、爸爸商定：在女儿练习二胡的那段时间里，如果我们都在家，就各干各自的事，不看电视，不大声交谈，直到她结束40分钟的二胡练习后，我们再吃晚饭。这样会让女儿意识到，全家人在等她完成自己的计划才能吃饭，她便会在一些压力和责任下必须抓紧时间练琴。

一个周六的下午，约好了当天晚上几家朋友带上孩子一起聚会。女儿这个周末的作业包括一篇作文。可她周五放学回来一直到周六白天都比较磨蹭。为此，我提醒她要抓紧完成作业以及二胡规定的练习内容，那样我们才能按时去参加晚上的聚会。但眼看着聚餐时间快到了，女儿还没有练琴。她知道晚餐时还能见到喜欢在一起玩儿的小姐姐，早就迫不及待，便提出今天能否不练琴了。奶奶也在一旁求情，说等第二天多练一会儿。但我没有妥协，坚持让女儿完成当天的练习任务。于是我让她爸爸先过去告诉朋友们我们也许会晚到。同时，我还故意在门口提高些声音对她爸爸说，如果二胡练习效果不佳的话，我们就不去参加聚会了。

40分钟后，在赶去聚会的路上，我没有更多指责女儿，只简短地指出，我已经提醒过她因有聚会要抓紧时间，但因为她没有在聚会前完成该完成的事情，所以，她跟姐姐玩的时间就减少了，还影响了大家！

近代德国心理学家和教育家赫尔巴特提出过著名的“训育”方法，其中包括“惩罚”:“谁耽误了时间，就让他失去享受……”因为，这种惩罚可以起告诫、并使人吃一堑长一智的作用。“人小鬼大”的孩子会不失时机地在测验父母的底线：不是你进，就是我退。当做父母的不断让孩子清楚你的底线在哪里，让他们清楚必须要遵守的规则是什么时，与孩子的默契便逐步形成。

女儿的二胡比赛金奖（摄影：永祥）

随着女儿练习二胡时磨蹭的次数越来越少，我还会定期、不定期地“组织”她爸爸和奶奶一道津津有味地“观看”她演奏；有时还会为她勾勒出一个她登台表演的美好前景。

一年多以后，适逢女儿进入小学二年级后的一次班会，我就鼓励她去表演两首她当时已经掌握的二胡曲《小曲好唱口难开》和《小花鼓》。为了准备这次表演，她每天放学回来合上作业本后，就开始非常卖力气地练习。

第一次在同学们面前“露了脸”，让她从那以后学习二胡的兴致和劲头大增。

就这样，每天作业完成后练习二胡，成了女儿的一种习惯，没这么做，就像缺少了什么。这样的学习、再练习，她一直坚持了6年，直到她每次都以“优秀”的评定，通过了10级考试。更重要的是，她从一次次参加的各种演出和比赛获奖中，养成了自己从对二胡的演奏再到整个音乐艺术的喜爱和享受。

后来这一切还成为她在申请美国高中的小论文中得意展示的一部分。她为其中的配图这样写道：“6年来，我就这样每周独自背着二胡去上课，回到家里独自练习，没有‘听众’，更没有‘陪练’。”字里行间，充满着自豪。

在申请美国高中的过程中，她曾把灌制过的自己一盘二胡独奏曲寄往所申请的几所美国高中，而且每次面试时，她也都会把二胡带去，在时间允许的情况下给招生官演奏。由于当时二胡在美国不多见，她的这些曲目引起了招生官、特别是她后来进入的高中学校老师和同学们的广泛关注，让她在入学前先享受到了在异国他乡未见她人、却闻过她曲、知晓她名的惊喜。

她的练琴习惯现在还一直延续着，成了她生活的一部分。而她越来越能管住自己的良好自律，却逐渐超出了二胡练习本身，表现在生活中的方方面面。

朋友们听说我和女儿这些练琴中的经历后，有的说：我可没有那样的好脾气和耐心。殊不知，我是个典型的急脾气，却在对女儿的问题上尽量保持着克制和理性，很少由着性子处理。自己是个没有耐心的家长，有什么理由要求孩子有耐心？一个管不住自己、不自律的母亲，又如何影响孩子成为一个能管住自己的自律之人？

# 第二节　三个早加强

## （一）不知不觉习得英语

英语语言能力对留学的重要影响无需多言。而幼儿期又是人一生中掌握语言最为迅速的时期，也是最关键的时期。

但说到孩子的英语学习，很多家长则可能会因为自身经历立刻联想到的是背单词的枯燥和学语法的痛苦。

女儿“习得”英语的经历又一次告诉我这个英语语言教育专业的学生和从业者，那的确是一种不知不觉的潜移默化。

我不是早期教育专家，针对孩子早期语言发展特点，我并没有太多的专业知识。但是，从女儿出生后、我在休产假期间，每天只要把她抱在怀里，我就会口中不停地念念有词，有意识地不断用中文重复家里的各种用品和用具，如电灯、电话……我还会一边嘴里不断重复着简单的中文词汇，一边还重复一些相应的动作给女儿看，例如，点头、摇头……在这种声音和场景、声音与动作的有机结合和不断重复中，我发现，女儿马上会条件反射地做出相应的动作：我说到电灯时，女儿就会抬头看；我说摇头时，女儿就会跟着摇头。这样坚持一段时间后，我看到，女儿能听懂的东西越来越多，能跟着重复的动作也与日俱增。

我相信，许多家长会有这样的观察和经历：幼儿对电视里播放的广告词“过耳不忘”，他们因此所表现出的记忆和模仿能力往往也是惊人的！女儿到了3岁那个年龄段时，就非常明显地表现出了这一特点。因此，我就想到，何不利用这样的规律和特点，让她开始练习英语？

于是，经过一番了解查询，我购买了当时比较生动的一套英文卡通系列剧“Go go洪恩英语”光盘，每天让老人在家里给她播放。

有一次，奶奶告诉我，那套光盘竟然吸引女儿一看就是2个多小时，过程中她还不断会“嘎嘎”直乐，手舞足蹈。有时，怕她看的时间太长，想要停下来时，她还很不乐意。

后来，我又买来了秀兰·邓波尔的英文版电影系列光盘、《音乐之声》《狮子王》《仙野绿踪》《小鬼当家》等英文原版电影光盘。女儿在看的过程中，同样非常专注、着迷，不需要我做任何什么启示。

有些时候，我会根据“Go go洪恩英语”系列剧的情节，结合女儿日常生活中的实际情景进行“改编”，和她一起演绎。例如：我有时去幼儿园接她时，她总喜欢在园内的儿童设施上多玩儿一会。我就抓住这个机会，用英文与她一起玩儿起系列剧中的对话游戏来：

a. “Who is it?” （你是哪位呀?）

b. “It’s me.May I come in?” （是我。能进来吗?）

c. “Yes，please.” （请进吧。）

……

周末在家里，我们开起“英语角”，同样通过运用系列剧中的情节，让她的语感得到加强。对于她在模仿、学习过程中的每一次点滴进步，我都会及时大加鼓励。

家长们不要认为教孩子英文我有优势，很多家长不具备。实际上，由于我平日工作很忙，这样的“家庭训练”并不经常进行。当时的少儿英语教学影像内容也比较有限，远没有当今眼花缭乱的网络课程以及学习平台和手段。但有了那样的开始后，到了女儿4岁多时，我发现她已经具有强烈的语言表达和表现愿望。她除了能把像《黑猫警长》这样整本中文书中的内容完整复述得有声有色，能把像《春雨的色彩》这类中文散文背诵得声情并茂外，还非常喜欢向家人或外人“秀”自己会唱的许多英文歌曲。

到了女儿小学2年级，我没有让她上其他任何课外或奥林匹克类补习班，仅选择了一个叫“Lily英语”的班。当时那个班的特点是每周三次课，课后会给孩子布置不少听力内容，让家长回去督促孩子听说、模仿。上课时，一旦孩子进入教室，就要求他们用英语表达，老师在一旁指点帮助。课堂上，老师会以各种方式检查孩子的听力预习情况，同时进行各种让孩子用英语交流的游戏和活动。

女儿2年级暑期的一天晚上，我们一起出去散步。白天，女儿刚结束了一天在“Lily英语”的集中训练课。一开始散步，她就迫不及待地说：“妈咪，我给讲些故事吧？”未等我回答，她就开始了自己的故事，竟完全用的是英语讲述。尽管用词、句式都很简单，但发音清晰，语言顺畅。讲完一个，我表示很惊喜，一番鼓励后，她说：“我还会好几个故事，再接着给你讲吧。”就这样，我们在她的英语故事中结束了一个多小时的散步。

看着她如此兴致勃勃地学习英语以及在口语听力方面不断取得的进步，我又买来了一些英语读物，鼓励她开始阅读。特别是后来发现她那么痴迷于《哈利·波特》，就利用这个特点，买来了全套《哈利·波特》英文原版书。一开始，她还对照着中文版看；后来，索性将中文版抛开，直接阅读英语原版。

在阅读过程中，她不断会碰到不认识的单词，由于她对故事情节早已烂熟心中，所以，我建议她，只要不影响对意思的理解，或者，除非她发现一个单词会经常出现，说明比较常用，否则，完全不必要每个不认识的单词都去查词典，那样既会影响她读下去的兴趣，也会影响她对整体内容的理解，影响语感，得不偿失。

女儿进入初中后，涉及选修课时，她回来对我说要选择一门外语。当我提醒她已经学习了英语这门外语，所以应该继续把它学深、学好时，她却说：“哦，英语是外语呀！我怎么感觉从来没有学过外语？英语像是自然就会了。所以我现在才想选择一门外语。”

我先生曾多次担心地问，怎么从来没看到女儿背单词、做语法练习？我反问他：是否记得小时候他在张口说汉语的初期，父母让他专门背过生字、练习过语法？也就是说，女儿的英语应用基础是在最合适的年龄，通过各种方式让她广泛地接触；同时又通过游戏和娱乐活动中习得；然后再通过有趣的阅读加以拓展和丰富。那样的过程，很少看她吃力过，更没有痛苦地“学习”过。

随着女儿英语应用能力的提高，我还鼓励她参加一些有质量的英语比赛、电视大赛。一次次胜出后，她愈战愈勇、愈战愈强。小学5年级时，在北京电视台举办的“爱尼特‘我是英雄’——奥运英雄电视大赛”中，她从全北京市参赛的绝大部分成人选手中脱颖而出，最终荣获“英雄奖”；初中1年级时，在参加中央电视台举办的“‘希望英语’华北四省市邀请赛”中，她获得了第一名。为参加这样的比赛而做出的准备和努力，以及通过参加大赛得到的锻炼，不但让她的英语运用能力得到了更显著的提高，也使她的自信心迅速增强！

虽然女儿早期“习得”的英语，在进入初中时才开始语法学习，以及后来一次次的应试过程中，没有像口语、听力那样“自然”掌握、得心应手，但为她日后系统的英语学习、特别是后来的留学申请、面试，以及到了美国后的学习，都奠定了良好的基础。

语言，是大自然赋予人类的本领。婴儿学习母语的过程，其实就是有效接触、不断重复和反复练习的自然而然过程。在幼儿4~12岁的语言关键期，他们的语言吸收能力最强，所以，在这个时期，如果让他们像自然习得母语那样去习得英语的话，就会让他们感觉是自然而然的掌握过程。同样关键的还有，随着幼儿具备了基本语言能力后，再把扩大英语词汇融汇到在日常生活中，建立在不断的阅读基础上，是更加有效而可持续的英语学习方法。那样，孩子大人都会感觉轻松而事半功倍。

## （二）付出才能得到

家长们都期冀孩子的未来能够一片坦途。但是，现实的复杂和不确定性，让我们都清楚，那只是美好的愿望，或者偶然的运气。而这种复杂和不确定性，从孩子留学别离那一刻起，更会随处可见，也可能会随时经历。因此，要让孩子从小就知道，天上没有掉馅饼的事，要想得到，就必须付出。以不变应万变的法则，这也是我贯穿在女儿幼年成长过程中的一个重要意识，也是因此一直对她进行的重要教育训练的内容之一。

随着女儿的年龄增长，我让她自己做的事情越来越多。包括分担一些她力所能及的家务，洗自己的袜子，刷自己的碗筷，常常差使她到院里的服务中心买些食品，让她定期利用周末整理变卖废旧报纸杂志等。

我们当时所住的部队大院里有一个废品收购站，在那时手机类通讯设备还没有当今这么普遍时，女儿需要先到收购站把收购废品的叔叔或阿姨叫到我们家楼上，然后再把自己捆扎好的废旧报纸、杂志拎到门口卖掉。整个过程，我和她爸爸除了给她一些建议、或在她捆扎报纸过程中搭把手外，不多插手，更不干涉，尽量由她自己处理。有一次，我还听到她在门外讨价还价，有模有样。因此而获得的收入最后归入她的零用“小金库”。就这样，女儿从开始的新鲜、有趣，到后来越来越“老练”，最后成了一种习惯和责任，也同时从中体会到了付出后的喜悦。

女儿小学3年级的一天，向我提出要买《哈利·波特百科全书》。全书共约100元。我知道，作为“骨灰级”的“哈迷”，女儿对小说《哈利·波特》中细节的了解自不必说；即便对里面魔法、咒语之类内容的熟知，周围也无人可敌她。而拥有“百科全书”能让她知道得更多，对她自然就具有很大的吸引力。

但我并没有马上答应给她买，而是首先建议她既然掌握了如此丰富的“哈利·波特”知识和内容，能否通过“研究”“百科全书”后，试着把自己的“研究成果”以一种什么形式与我们分享。以前她只要提出什么要求，我都会像这样建议，或创造一个通过她自己努力后才能得到的机会。不想，这次对我的建议，她的反应远没有以前那么积极配合，相反更强烈:“你又来了！每一次都这样！这次我不要了，还不行吗?”我没有让步，而是丢下一句“你如果不要，恰恰说明不是真正喜欢”的话，就匆忙去外地出差了。

在与女儿的交流沟通过程中，我知道两代人的“冲突”不可避免，像这样的意见不一甚至“冲突”不快，在女儿和我之间时有发生。而平时，我会鼓励女儿，每当冲突发生时，她要有自己的想法，要敢于质疑，并且应该也能够表达出来。我要做的，就是直面冲突，设身处地从她的角度考虑，并对我经过思考或了解后认为合理的建议，去想方设法说服她接受。

这次，眼看着无法直接让女儿接受我的提议，我就只好采取迂回办法。出差空暇间，我拨通了一位朋友的孩子、也是当时让女儿崇拜的一位姐姐的电话。那位姐姐当时刚进入大学一年级。与她沟通，我也希望从孩子的角度验证我提出这样的要求是否真像女儿抱怨的那样“过分”；是否太用成人的标准方式去对待孩子的世界；是否没有尊重孩子的特性。所幸，那位姐姐不但非常认可我的做法，还主动提出帮我去做女儿的工作。

我出差回来后，女儿对我说，她打算定期用英文给她痴迷书中主人公哈利·波特“写信”，第二天就开始。显然，姐姐敲的边鼓奏效了！我对女儿自然又是一番赞扬!

给哈利·波特的第一封信是在女儿刚学习了点简单的英语书面表达、并夹杂着中文中开始的。后来写信时，她还会不时地问我如何用英语表达，我便顺势鼓励她多关注、查阅英文原版小说中的表达方式，并附带交给她另一个任务，让她一定要把查阅的结果告诉我，让我也一起学习。这样，女儿从开始勉强应付，到后来成了一种习惯，像写日记一样，定期“由衷”地向哈利·波特诉说着自己读“百科全书”和英文版小说的心得。而且，通过一次次查阅到的英语表达方式后得意“教”我的过程中，她的积极性和成就感也明显提高。

“一个孩子可以忍受一个大人不能忍受的变化，因为最初的性情是柔和易导的，不用花多大的力气就可以养成我们给它确定的类型……”[①]成人后的女儿说，从她幼年起，我就一直对她强化的“付出后才能得到”的法则，虽然过程中的一些做法当时没能让她心悦诚服，但随着她在成长过程中的内化和修正，这一法则已好似融入她的骨髓血脉。

---

① 卢梭著，李平沤译：《爱弥儿》（上卷），商务印书馆2013年版，第27页。

## （三）拒绝无度攀比

在中国，人们因相互密切关联的社会文化和人格特征而产生的“面子文化”，当今已愈演愈烈成为一种攀比文化。“你看×××考得那么好”“你看×××上了那么好的学校”，对于不少家长这样的攀比言语，我们一定不陌生。家长、老师对孩子们的学习成绩进行攀比，孩子们则攀比家长之间的社会地位和财富水平。我还听到过一个朋友这样说：“姐姐所在的医院，同事们之间原来在一起攀比老公，后来攀比孩子，再后来攀比房子，现在攀比留学、移民……”

人都有攀比心理，其背后是一个人对外界事物的敏锐观察和关注。如果是基于正面价值取向的不满足现状、不甘于落后以及缩小自己和目标之间的正向攀比，则是积极有益的；相反，则是有害的。而孩子的攀比心理基于什么样的价值取向，会通过父母的自身期望和长期影响传递出来。

不论是出国前，还是出国后，女儿的同学好友中大都家境殷实，有的还家世显赫。因此，在前不久与女儿的一次视频通话时，她说起周围的中国留学生中很多不是背着名包、脚蹬名鞋，就是住着豪宅、开着香车。我问她，看到这些是否会在意？是否也想要？她回答说：“父母愿意为他们提供这些条件，他们也接受，那就尽情享受！我不会做什么判断和评价。况且，他们大都非常优秀，自己也非常努力，并不娇生惯养！”她回答得很平静：“我平日消费，你也会告诫我一定要买高质量的东西，特别是直接食用或涂抹在身的东西。但你是知道的，在自己还没有独立的经济能力时，我是不愿意多花爸妈的钱去买奢侈品的，否则，我会不安！”

记得女儿小学六年级第一学期时，班上有的同学已换过五六部手机。在剩下的还没有过一部手机的三位同学中，女儿是其中的一位。她平日上、下学都是我们接送，在学校里也用不上手机，所以，虽然我们都很清楚她非常希望拥有一部手机，我们也“买得起”，但她还是从未张口向我们要过。当然，我们也从未主动张口送给她一部。

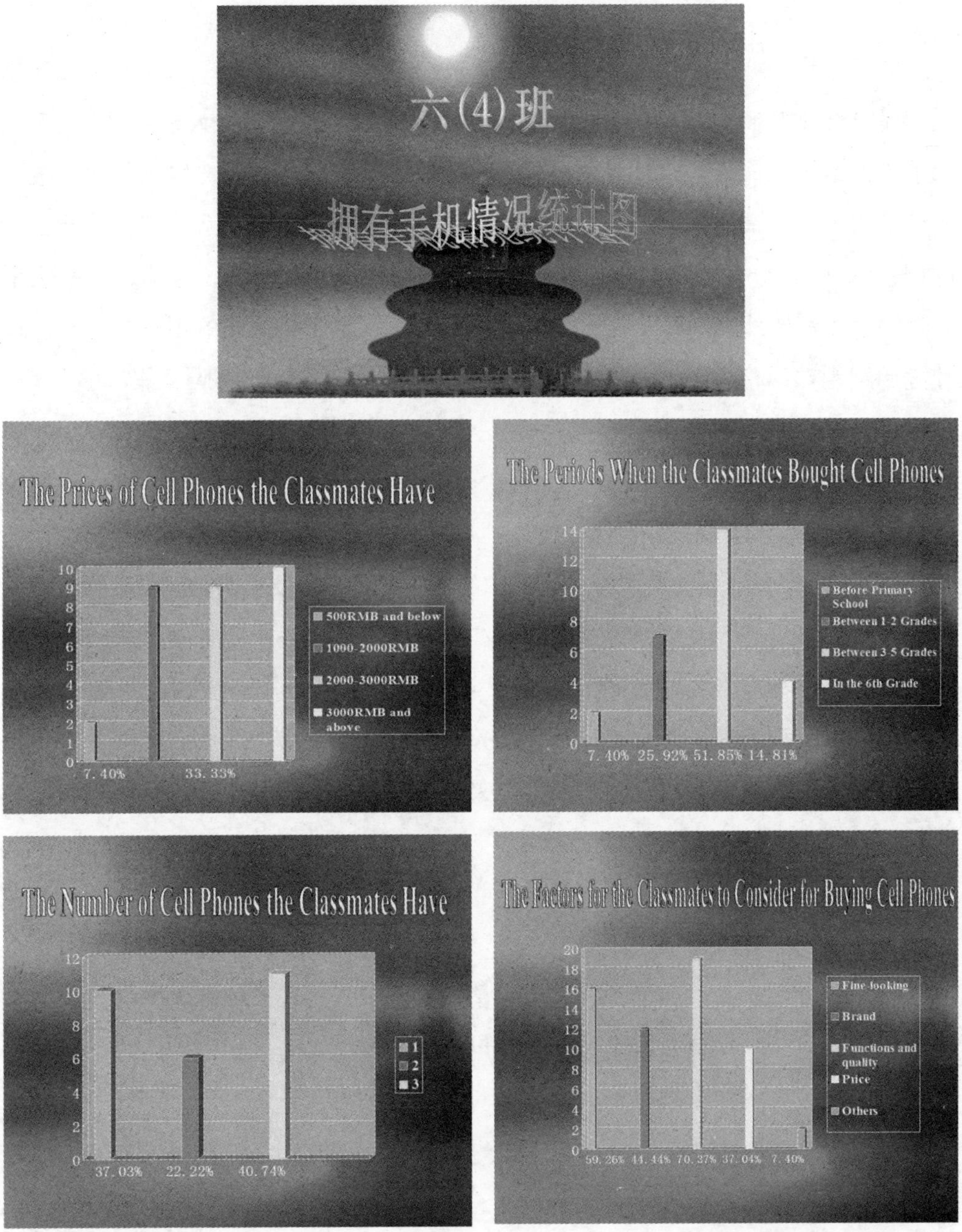


六（4）班拥有手机情况统计分析图（摄影：永祥）

等到小学六年级第二学期时，我们考虑不再接送她，打算让她自己打车上、下学。那样，手机就是必须品了。所以，有一天，在我们一家三口一起散步时，我们主动提出给她买部手机。看着她满脸的惊喜，我相信，那一定大大超过拥有过五六部手机带给她的愉悦:“真的？太好啦!”但是，我还是再一次“残忍”地延缓了她愉悦的真正到来，提出在给她买手机前，她应该做些调查了解。“行。什么样的调查?”她非常爽快地就答应了。我当时建议她设计个问卷，包括去了解班里同学的手机都有什么型号、什么功能、什么价位以及各种功能的用途等，并提议让她用刚刚在学校里学会做的PPT，试着把调查结果做出来，那样答案可以一目了然。

“好。”此次“诱惑性”的谈话，就这么在带着任务中快速、高效、愉快地结束了。紧接着还有女儿高效的行动。她迫不及待地结束散步，回到家就设计好了包括品牌、外观、功能、价格等12个问题在内的问卷。第二天便拿到同学中散发。

可是，第二天下午放学后，她给我打来电话：全班46个同学中，才回收了十几份问卷。同学们不那么积极。听着她初遇挫折后的小小沮丧，我提醒并鼓励说：请别人填写问卷，意味着是在请别人帮忙，人家在付出劳动。所以应该表示感谢。何不把自己许多富余的文具拿出来做礼物第二天送给同学们，继续请他们填写问卷?

最后，回收了27份问卷，超过半数，属于有效调查。她兴致勃勃地用PPT文件格式，把调查结果呈现了出来。那也是她在11岁时，第一次独立完成的一个“项目”，而且，最终得到了自己人生的第一部手机，一部价格在2000多元钱的韩国三星牌手机，比当时她的很多同学使用的摩托罗拉、爱立信等牌子的手机便宜一倍多。

孩子有了自我意识后，也会像成人世界中一样出现攀比之心，本属正常。但对于年幼无知、不易掌控情绪的孩子来说，如果家长不帮助他们正确看待、合理对待、适当疏导的话，就容易强化孩子的攀比之心。卢梭说:“用什么方法准可以使你的孩子受到折磨？这个方法就是：一贯让他要什么东西就得到什么东西；因为有种种满足他欲望的便利条件，所以他的欲望将无止境地增加，结果，使你迟早终有一天不能不因为力量不足而表示拒绝；但是，由于他平素没有受到过你的拒绝，突然碰了这个钉子，将比得不到他所希望的东西还感到痛苦。”[①]无度的贪念和攀比心理便因此养成。

生活点滴的训练积累，不但让“只有靠自己努力付出才能得到”的理念早已植根于女儿的意识深处，成为了她的一种习惯，而且还为她提供了自信的养料，让她在面对外在条件时有自己的价值观，在面对周边环境、周遭行为时，有自己的判断力，而不会无度攀比。

## 第三节　不试，怎么知道不行？

### （一）幸亏没放弃英语大赛

现在我们常会听到一句话：不试怎么知道自己不行？万一成功了呢？

这是在女儿小时候，我也常对她说的一句话。

最让她记忆犹新的是她小学5年级时参加的、由北京电视台举办的北京市“爱尼特杯‘我是英雄’奥运英语电视大赛”的准备过程。那是一场面向全北京、“代表北京478万外语爱好者”的比赛。参赛选手不分年龄、性别、职业[②]。

闯过了海选、初赛、复赛，眼看就要进入最后决赛录制的前两天时，女儿突然打起了退堂鼓，因为她发现，进入决赛的选手大部分是成年人，有的还是英语老师。虽然我不断鼓励她“重在参与”，但由于会有很多她同学组成的“粉丝团”去

① 卢梭著，李平沤译：《爱弥儿》（上卷），商务印书馆2013年版，第95页。

② 《爱尼特“我是英雄”奥运英语电视大赛》总决赛，腾讯教育，2007年8月6日，http：//edu.qq.com/a/20070806/000100.htm。

"'我是英雄'奥运英语电视大赛"现场（左三为女儿）（摄影：永祥）

现场为她助威，她却犯起怵来。

对她的退却，我没有着急唠叨，更没有疾言厉色，而是首先表示尊重她的选择。但同时根据她已过关斩将、进入最后决赛的情况，我继续不断鼓励她说，既然已闯过那么多关，已足见她的实力！大不了就是最后得不到名次，获不了奖项，但即便那样，她也虽败犹荣！到时候，她的"粉丝团"只会更加佩服她！我接着又几次耐心地与她一起分析参加与放弃的利弊，并留给她几天时间去感受、考虑、决定。最终，女儿虽然仍显信心不那么足，但还是选择了继续参加比赛。

北京电视台的摄影棚里，对决在即。进入最后决赛的是包括女儿在内的共计11名选手同台角逐冠军。"这11位选手……过五关斩六将，经过层层选拔最终站在决

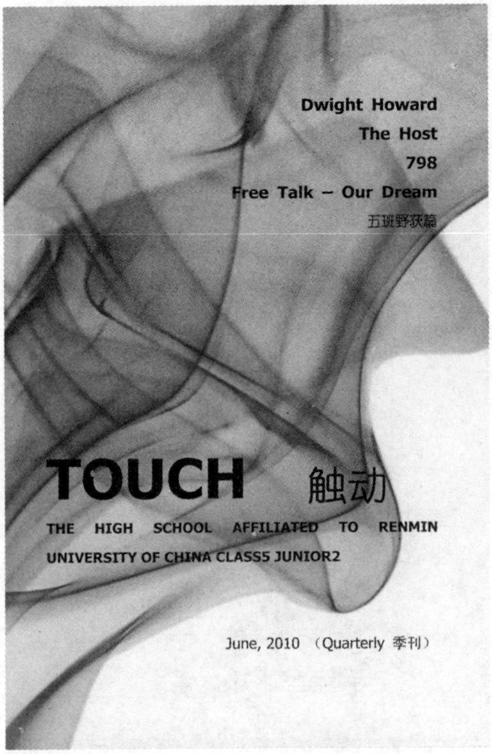

双语班刊《触动》第一、第二期（摄影：永祥）

赛现场。本次决赛……对选手既是一次英语水平的考核，也是他们自身表演能力及应变能力的展示。事实证明，选手们在这次比赛中不仅开发了自己的潜能，而且带给评委和观众极大的惊喜。”①最终，女儿获得了此次大赛的“英雄奖”。

当不满11岁的女儿第一次面对“大场面”表现得有些小心谨慎、心里没底、犹豫去尝试时，我又一次用平常心来理解和帮助她度过了难关，勇敢去面对挑战，战胜困难！而如果我当时一厢情愿地强迫她继续做，甚至还着急指责她怎么那么胆

① 《爱尼特“我是英雄”奥运英语电视大赛》总决赛，腾讯教育，2007年8月6日，http：//edu.qq.com/a/20070806/000100.htm。

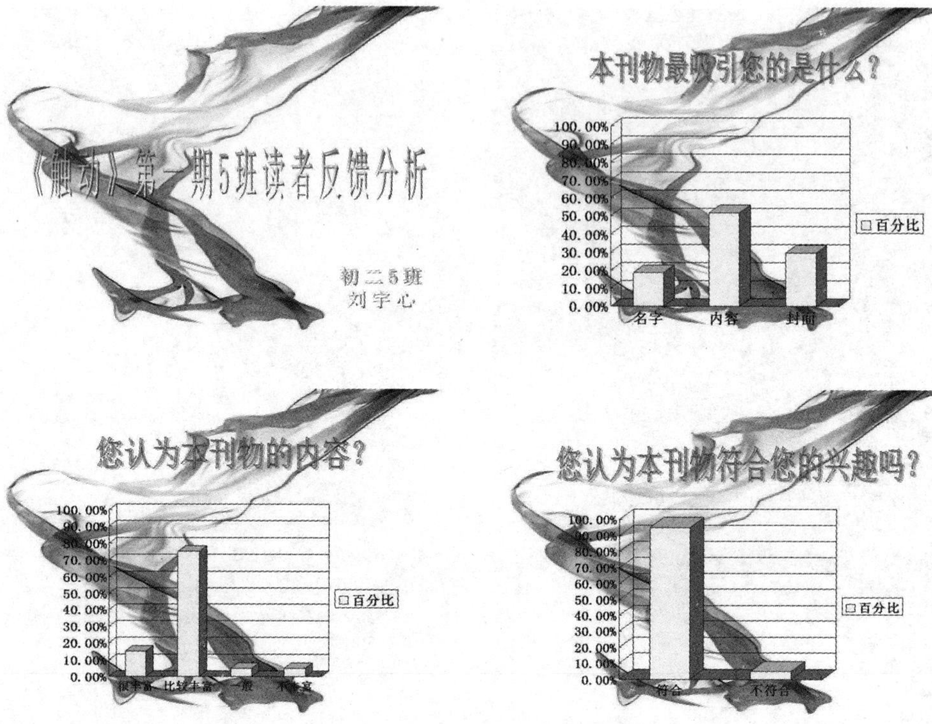


双语班刊《触动》第一期“读者反馈调查”（摄影：永祥）

小、那么没毅力的话，只会使她产生对立情绪，更会让她失去面对困难挑战的勇气和自信。

这次比赛活动中，我首先理解、尊重她的情绪，搞清楚她打退堂鼓的症结，然后帮助她分析看清自己的实力，对症下药。最后再提出既不过高、又具有一定挑战性的目标，让她在最终战胜困难后产生成就感。

在后来的日子里，每当回想这次大赛过程中经历的波折，女儿都会发出“幸亏我没有放弃那次决赛”的感慨！也让她养成了在以后的留学生涯中无数次面对选择时，总是迎难而上的习惯。

## （二）自编杂志义卖受阻时

“我总感觉，你对我从小到大的影响不是一两句话，也不是一两件事，而是通过日常生活中做一件件事情的潜移默化不断影响我的。特别是你在为我确定应该、而且经过努力也能够实现的目标时，你会引导我接受并且去行动。一次次经历证明，我当初幸亏接受你的建议去做那些后来证明对我都非常有益的事情。”女儿与我讨论她的美国大学申请论文时，这样对我说过。

在国内上初中二年级时，一直做英语科代表的女儿有一天对我说：她想自编一本英语学习类的班级季刊，希望在英语科代表日常工作以外，还能用这种方法调动一下班级同学学习英语的兴趣。我当即鼓励，并马上和她一起商量讨论。我还建议她去学校附近的英语培训机构寻求是否有可能获得赞助的机会。杂志出来后，还可以考虑在年级里义卖，筹得善款后捐赠出去。

面对这又一次全新的经历，女儿热情高涨。紧接下来的几天里，她紧锣密鼓地张罗起来：制定计划，联络同学，游说组建由她担任主编的“班刊编委会”，版面设计，征集稿件，去培训机构商谈赞助等，不亦乐乎。

一个多月后，首期有模有样的“班刊”问世。班主任、英语老师带头购买，班级同学也都支持捧场。可就在她计划进一步在年级范围义卖杂志时，传来了年级组长的“禁令”。由于当时临近期中考试，为避免影响大家复习，禁止在年级范围内义卖杂志。女儿大失所望。如果首刊义卖受阻，下面计划中的一期期，也会受到影响呀！所以，我还是建议她不妨试着去与年级组长当面沟通，仔细说明她办杂志的目的愿望、过程中的付出以及最后的捐助打算。

女儿满腹疑虑，担心期中考试复习对年级组长来说是头等大事，她不太可能允许这个“班刊”影响大家。“不试怎么知道呢？当面沟通效果会更好！”我继续鼓励她去找年级组长面谈时，可以提出一些有建设性的、退而求其次的办法，例如，请年级组长给她限定个时间段，不论义卖出多少本，到了时间限制就终止。那样，既不会太影响同学们复习，又能宣传义卖杂志，也能为以后类似的有益活动尝试打下基础。

虽然仍疑虑重重，女儿还是接受了这个建议，决定第二天去找年级组长老师谈谈。

第二天中午，我在上班，电话那一端响起了女儿掩饰不住的兴奋声音：年级组长最终同意紧接着的周二午餐后留出半小时时间，让她在全年级义卖杂志。

在又一番提前紧张的准备后，她还简单布置了个“义卖场”。近百本班刊一售而空。善款最终汇到了联合国儿童基金会驻华代表处小额捐赠部的账户上。

就这样，在女儿不论遇到什么样的问题而感到为难时，我首先对她表示理解、尊重，然后一起面对，共同讨论，再由她自己设法去解决。我从不越俎代庖，更不怕她在过程中会受什么委屈。因为，我明白，孩子容易因家长的包办代替而习惯依赖家长帮助解决一切问题，并逐步丧失自己独立解决问题的愿望和能力，也因此容易变得很脆弱。但遇事时，家长却又容易对孩子寄予不切实际的期望，提出很高的要求，给孩子布置的任务超出孩子的经验和能力，而让孩子产生挫败感，以致失去自信。这样，孩子一遇到困难，就会首先怀疑自己的能力，也自然就容易退缩。这样的经历也对她以后的留学生活起到了很大的帮助作用。

### （三）差点儿错过心仪学校

莎士比亚在自己的叙事长诗《维纳斯与阿都尼》（*Venus and Adonis*）中有这么一句话:“本来无望的事，大胆尝试，往往能成功。”由于我们的大胆尝试和努力争取，让女儿获得了原本差点儿错过的美国高中面试机会，并最终让女儿成功进入了那所她一直心仪的学校。

申请美国高中，特别是那些顶级的私立高中，都有一个面试环节：招生办公室负责人到中国来，对所有的申请者一一进行面试。其中就有女儿已经毕业的这所高中。

即使在申请美国寄宿高中的国内学生人数远没有现在人数这么多的6年前，

女儿受邀在“美国顶级私立寄宿中学”说明会上分享经历（摄影：永祥）

面试也需要申请者（学生本人、或家长、或通过留学中介机构）提前一段时间通过书面或电话向学校招生办公室提出申请面试，然后等候学校面试时间和地点的通知。

由于申请高中时，女儿和我没有通过留学中介机构而完全由我们自行完成，所以，为了让她在正常继续国内初中的所有课程和作业之外，还能够集中精力完成美国高中的申请文书内容，我就担负起了申请过程中其他许多事务性的辅助工作，包括预约面试。不幸的是，有一段时间我出差很多，忙碌中竟忘记了与其中一所学校邮件预约。等我想起来后，为时已晚。在女儿申请的学校名单上，那可是她最心仪的学校之一呀！虽然后来我接连发出两份邮件，又紧跟着打过去一个电话，可是对方的回答均很确定：预约面试的人数已远远超额，实在无法再做安排！为此，女儿和我都很沮丧！

大约两个月后即10月下旬，这所学校的招生办公室负责人如期来北京面试学生，同时还要进行一次“家长见面会”。

那是10月下旬的某天晚上18:30，北京君悦大酒店多功能厅。这所学校的“家长见面会”即将进行。当天下午14:00，也在君悦大酒店，女儿结束了她申请的另外一所美国高中的面试。距晚上的“家长见面会”还有4个多小时。而由于此前一段时间我们已参加过其他学校几场“见面会”，知道内容大体相似。而且，晚上举行“见面会”的学校，由于女儿早已心仪，所以，她通过学校官方网站已经了解了很多。也因此，我和女儿犹豫：在需要大量时间继续繁琐的申请内容时，还要耽误一下午时间等待参加晚上的“见面会”，还有没有必要？最终，我还是建议女儿利用这次“见面会”机会当面争取招生办公室的负责老师能否临时给她一次面试机会，哪怕只是几分钟，以争取弥补未能预约上的遗憾。毕竟，所有的书面申请内容，都敌不过一次面对面交流的了解！

“好！不试怎么知道呢？”女儿也已经习惯了我这种“万一呢”的态度！

“见面会”开始前几分钟，只见女儿径直走向站在会议厅前面的那位招生办负责老师。她返回来告诉我，老师说他已经度过了很“漫长”的一天面试和这个“见面会”。但经不住女儿的诚心和热切，他同意会后最多和女儿聊5分钟。

“见面会”后，等所有的家长散去，20:30。

我坐在远离女儿和招生官的地方，听着不时传来的阵阵欢声笑语。

交谈进行了近50分钟。

然后，我被叫过去：“我强烈建议你女儿申请我们学校！她就是我们想要的学生！”老师说，“没有什么比我亲眼看见本人的出色表现更有说服力了！”

女儿进入这所高中后，一次我去深圳出差，初次见到了同在这所学校的学长的妈妈：“你就是那个招生官说‘当时就想用行李箱把她直接带走’的那位唯一北京考生的家长了！”

想起了培根的那句名言：“世界上有许多做事有成的人，并不一定是因为他比你会做，而仅仅是因为他比你敢做。”不少父母也一定有过这样的经历：当与孩子共同面临机会和选择时，如果犹豫不决，轻易放弃，到头来空落得“如果当初……现在就不会……”的后悔遗憾。而治疗这种后悔症的良药就是反问自己：如果不试，怎么知道能不能？如果不鼓励孩子多给自己一些机会，怎么知道行不行？

第三章>>>>

# 贴心“闺蜜”早练成

## 第一节　无障碍沟通的炼成（1）

### （一）小兔子之死

“对大多数孩子来说，父母的影响持续一生。”而这样的影响力，“不是取决于父母的受教育水平，父母的职业、性格、或在社会各阶层中的地位”，“而是取决于父母和孩子的关系是否融洽”。[①]女儿出国后常对我说，当她置身异国他乡独自生活和学习后感觉并发现，她在遇到任何喜怒哀乐时，第一时间想到要分享或者去寻求建议的人，仍会像以往那样，总是我。这让她身边很向往这种无话不说的母女关系的同学非常羡慕。而任何一种亲子关系的模式，都是在孩子成长的点点滴滴中日积月累建筑起来的。家长对孩子的情绪是否关注，有多少理解，又会如何看待、怎样处理，都会影响日后与孩子的关系模式。

---

① 凌志军：《成长——微软小子的教育》，湖北长江出版集团，湖北人民出版社2008年版，第95页。

记得那是女儿3岁多的一天下午，我在办公室。突然接到了她的一个电话。只听电话那端她已泣不成声。原来她养的小兔子死了。

我至今都有些怕动物。但面临女儿人生第一次因“失去”而引起的悲伤，我马上调整好自己，进入与她的“共情”状态。“真的，听到这个消息，我虽然看不到你，但听你哭得那么伤心，我也非常难过！我知道你非常喜欢它，所以才会这样伤心，因为我也失去过心爱的东西！”

这时，女儿的悲泣逐渐平息了点儿，忍不住好奇地问:“你的小兔子也死了吗?”我告诉她，我虽然没有饲养小兔子死的经历，但我丢失过心爱的物品，所以，我知道失去心爱之物多么让人难过、伤心！

此后不久的一天，当女儿看到我把她的一把小扇子当作垃圾丢在了垃圾桶里后，她坚持要拿出来。眼看着扇子已被污染，洁癖的我开始很强硬地坚持不同意她拿出来。只见她转头回到自己的卧室关上门，半天没有出来。此时，也许一些家长会认为，孩子这点小事，不值得理会，也有的还可能会觉得，孩子在无理取闹。我和先生对视了一下，随后听到先生悄声说：孩子就是孩子，她看重的东西，我们要理解。

我立刻进到女儿房间，坐在生气的她身旁安慰说，看来，她真喜欢那把扇子。可是，没有人会把自己喜欢的东西随便让它脏兮兮地丢在角落。女儿似乎也有些不好意思起来，情绪语气也缓和了很多。她告诉我，她真的很喜欢那把扇子，只是忘记了。所以她想拿回来，而且保证以后把它收好。我知道，我对女儿感受的关注，也促使她愿意做出积极的改变。紧接着，我建议她自己把扇子拣出来清洗，并提醒她用84水消毒，她都欣然去做。

就在这样一次又一次的经历中，我对女儿情绪的真正关注和理解，让她有什么事都愿意对我讲，而不是独自伤心或生闷气。高兴的事，就更愿意与我分享了。

没有父母会否认自己爱孩子；但有多少父母能够自信地说，在养育孩子的过程中自己总能够很用心感受、细腻体悟孩子，并通过那样的用心养育让自己很了解儿女。父母能够对孩子无微不至，也会对孩子有求必应。但更多的情况是，父母要远比自己想象的缺乏对孩子的了解。

对于这一点，我经常会给自己列出以下几个问题，检验自己对女儿的了解：

a. 她喜欢什么东西？厌恶什么东西？

b. 她喜欢干什么？厌恶做什么？

c. 她喜欢什么样的人？讨厌什么样的人？

d. 她的好朋友是谁？

e. 她认为谁比较有趣？为什么？

f. 什么事让她舒服、自信？

g. 什么事情让她为难？

h. 她怎么看待自己？

j. 她如何看待别人对自己的看法？

k. 她每天早晨醒来的感觉是什么？

如果无法完全回答出以上的问题，我就谈不上有了解女儿的基础。对她缺乏了解，与她就无异于同陌生人相处。而缺乏了解，就谈不上能够理解，与她之间也就不具备真正交心，沟通的前提，那样，我希望传授、影响她的内容就不可能有针对性，更谈不上让她接受，当然，最终也就达不到引导、帮助她做出合理判断和选择的目的，这为我在她留学后沟通“零距离”做了铺垫。

## （二）“三好生”差点被一票否决

不少孩子在学校都有过被老师误解或错判的经历。而中国的教育传统又会因老师的权威性给年幼的孩子以更多无形的压力。在这种情况下，孩子往往由于缺乏社会能力和处事经验而不敢也不会选择向老师澄清事实。因此，他们最有可能、也最愿意倾诉的对象是父母。但是，如果父母只是简单粗暴地选择相信老师而无视孩子的声音和感受，或因怕孩子委屈吃亏而奋不顾身、越俎代庖的话，往往只能让事情变得更加糟糕或复杂。所以，当这样的事情发生时，用心关注，认真倾听，给孩子充分的机会解释说明，是父母首先应该做的。然后，再引导教会孩子如何进一步与老师交流沟通。这样的过程能让孩子懂得并了解，人都有可能做出错误的判断，包括老师和家长，所以需要沟通交流。而当孩子走出家庭开始与父母以外的其他人包括老师相处沟通时，也是他们独立处事、增长社会经验的开始。并且，在这样的过程中，还处处蕴含着拉近亲子关系的重要机会。

那是女儿小学四年级的一次经历，让我们一家至今难忘。

那天下午，我和先生突然分别接到女儿班主任的电话，让我们俩务必马上赶到学校见老师。那可是自女儿入小学以来我们夫妻第一次同时被班主任“召见”！听着老师电话中的口吻，事情一定非常严重。

我们惴惴不安地赶到学校后，不出所料，根据班主任老师道出的缘由，事情比我们想象得还要糟糕。女儿在课间跳绳活动时，随意抢了一个平日与她最要好的同学的绳，还抬脚踢了那位同学，导致那位同学的肚子上有淤血。那位同学的家长得知情况后，对此事深表愤慨。据班主任老师说，更为恶劣的是，当向女儿了解情况、批评她时，她还“反驳辩解、拒不承认”。

为此，在当天下午的班会上，面对全班同学，班主任严厉地指出，干出这种事的同学,“三好生”资格将被一票否决！

进入小学以后，女儿视“三好生”为无上荣耀，并一直都在积极表现、努力争取当上！

看到班主任言之凿凿、不容置疑的样子，我和先生对女儿的行为既气愤又沉重。同时也有些疑惑。凭着我们对女儿的了解，她不该做出这种既不符合她性格、也不像她品格的事。这可算上“校园欺凌”了！

回到家后，我们先极力控制着自己的情绪，没有马上质问女儿，而是故作平静地一起吃完晚餐，并等她做完作业。由于女儿知道我们被“请去了”学校，整个晚饭过程我们各怀心事，她更闷不吭声，远没有平常每天吃饭时那样兴致勃勃地跟我们说学校里发生的事。

女儿做完作业后，我们三人正襟危坐，开始了一场严肃的“家庭会议”。我和先生先尽量以平静的口吻，首先让她如实把学校发生的事情经过仔细讲述一遍。接着，我们也把老师所说的经过转述给她，并将其中与她讲述不一致的地方向她核实。

看着女儿委屈地泪流满面，听着她急切却清晰地解释，最终，我们选择了相信，相信女儿是被误解了。同时，对整个过程中她自己做得不妥的地方也与她共同讨论如何面对和解决的办法。看得出，我们的理解和相信，让女儿整晚上一直绷得很紧的神经立刻松弛了下来。当晚，在我们的建议下，女儿自己给班主任写了一封道歉信，先对这件事中自己的态度以及一些不妥做法表示道歉，然后，又对事情的经过进行了客观说明。第二天，女儿当面把信交给了老师。

令女儿和我们都欣慰的是，班主任第二天又做了多方了解，查明了真相，的确是完全误解了女儿。当天下午，班主任又临时召开了一次班会。会上，老师不但表扬了女儿能够面对此事的勇敢，而且还当着全班同学的面，对她的误解向女儿道歉，并声明，收回自己此前“一票否决三好生资格”的说法。

一场“危机”就这样被迅速化解了。

女儿长大后回忆起这件事时对我说:“幸亏因为你和爸爸的了解和信任，没让我在回家后因委屈而使情形变得更加糟糕！也正是因为你们的信任、引导和建议，包括班主任老师的认真负责和实事求是，帮我克服了起初的不安、甚至恐惧，使我自信勇敢、心悦诚服地去面对和解决问题。那是一晚上发生的事，却让我终生难忘、受益!”

孩子是否愿意向家长说实话、道心声的习惯，绝不是与生俱来的，能否养成这样的习惯，关键看家长在与他们相处时是一种什么样的习惯，以什么样的方式。在与女儿的相处、交流中，假如说对她的倾听了解、尊重信任是基础的话，那么，设身处地的“同理心”则又加固了这种基础，让我不担心会与她有什么隔阂；也就毫不担心出国留学后她会与我疏远。由于我用爱、理解、尊重和信任筑起的与女儿的情感通道，使得我很容易走进她的内心世界，同时也让这样的理解、尊重和信任在她身上得以复制。

## （三）数学考砸后的释然

在出生于教育世家、为师40多年的美国教育家丽塔·皮尔逊（Rita Pierson）看来，当人们强调种种原因造成学生的学习问题时，作为教师的教育者与孩子之间的“关系”（Relationship）问题，却很少有人在意、讨论，而恰恰是这个“关系”，对改变孩子的内心至关重要。她还引用美国著名儿童精神科医师James Comer的一句话说：“没有强有力的关系，学习就不可能有显著的进步。”丽塔·皮尔逊（Rita Pierson）的视角此前虽然没有引起普遍的关注和重视，但她却道出了“与孩子建立起值得信赖的亲密关系，远胜于单调地灌输知识”；“让孩子心灵绽放，远高于任何学习技巧”的教育真谛[①]。

师生关系如此，父母与儿女之间的关系又何尝不是！

女儿进入初中后不久，连续两次遭遇了数学测验前所未有的低分。后来，当她对我回忆第二次数学试卷发下来以及随后她的心理过程时，让我深受触动。她盯着试卷上的成绩，惊讶得好长时间没有缓过神来，拿着试卷的手都有点儿发抖。回到家后，她拿着试卷在自己房间里踱来踱去。她知道，爸妈不在乎一次考试的成绩。但这次，她甚至想哭，不知道该怎么拿出去让我们签字。因为，在她看来，虽然我们不在乎成绩本身，而更关注成绩背后她是否付出了努力，但那是因为她之前的成绩一直不错，我们基本上每次都是很开心地在试卷上签字。可是，这次……她一闭眼，一横心，打开了房门，小心翼翼地走到那天先下班回到家的爸爸面前，告诉他数学测验成绩又出来了，又考得不太好，准确地说，是很不好。在她用低弱的声音说出了成绩后，她爸爸露出了难以置信的表情。

一切等到晚饭后，她爸爸和她一起分析讨论起试卷来。

---

① “丽塔·皮尔逊TED演讲：每个孩子都需要一个冠军”，网易教育频道综合，2013年9月9日，http://edu.163.com/13/0909/17/98BJP3DJ00294M26_all.html。

听到我下班回来，已进到自己房间里的女儿立刻竖起耳朵听客厅里的动静。只听我还没来得及像往常那样进她房间询问情况，她爸爸就在客厅里对我说起她的这次考试情况。这让她刚刚平静一点儿的心又紧张了起来。

等我推开她房门后，她一直在等待着我做出什么反应。没想到我竟自嘲地说：我小时候数学没太有造化，得到她这样的成绩可是家常便饭。她这只是两次失利，比我强多了。“顿时，我一整天的低落情绪，被你的这句话立刻化为乌有。”

我还记得，紧接着我坐下来仔细听她描述学习过程中感觉到的困难，与她一起讨论分析造成这些困难的原因，并针对不太适应的教学方式和进度给她提出了一些建议。当听到我建议要多向老师去请教时，原本一向喜欢上课发言、下课跟老师交流的女儿开始有些犯怵，只因为那是位不苟言笑的老师。“但你不去试，怎么知道效果不好？”我还是用我常对女儿说的这句话继续建议她，先试着去找老师，如果之后仍感觉不自在，学习还不见改进的话，我和她爸爸会亲自陪她去面见老师。

就在这之后几天的一个周末晚上，当女儿又碰到了无法解决的数学问题时，在我们的鼓励下，她鼓足了勇气给老师打电话。电话另一端，不但没有听到老师任何不耐烦的语气，反而在耐心讲解后，还表扬她“知耻后勇”，给她加油鼓劲。

后来，女儿在数学学习中的困难仍不断出现，大小不一。成绩也继续有起有伏。但她却从来没有放弃过去请教老师，持续努力。更没有放弃过对自己的信心。我们给她的建议也让她尝到了甜头。也是从那时起，女儿对我们给她提出的建议越来越当回事。

当很多家长寄希望于世界上有哪个国家的教育体制能完美到可以解决每一个学生的个体问题时，我更赞成“每一个孩子都是一个独有的世界，他的成长，取决于和他接触的家长和老师给他营造的、直接包围着他的‘教育小环境’。这个小环境的生态状况，才是真正影响孩子成长的决定因素”。①

① 尹建莉：《好妈妈胜过好老师》，作家出版社2014年版，第4页。

# 第二节　无障碍沟通的炼成（2）

## （一）那些“闭门不见”的年少日子

“青春期的孩子真难管！”“青春期的孩子出国后更叛逆了！”“青春期的孩子怎么那么不好沟通！”“我家孩子是否青春期滞后呀，出国后对我怎么那么爱搭不理？”这是我遇到的许多父母经历后的共同感受。

当家长看到，原本那么乖巧、懂事的孩子，到了青春期时，突然变得那么倔强任性、难以忍受。出国后，孩子更加疏离冷淡、我行我素，家长们都难以接受。

女儿进入初一后不久，我们发现她也没有例外地突然变了。以前，在我和她爸爸看来，好像家里一半儿的话都让她说了，可现在她却对我们爱搭不理。过去，我们感觉，爸爸、妈妈对她至关重要，而眼前，似乎她的同学至高无上。原来，我晚上下班回家后，她听到动静会立刻从房间里出来，然后，我们俩坐在沙发上边吃水果，边听她滔滔不绝地说一会儿话。但如今，她放学后、或逢周末，总爱把自己关在房间里，闭门不见。过往的饭桌上，她总是兴致勃勃地对我们讲她身边的各种事情。现在，她却常常眼睛总盯着手机……这一切让我们觉得，她突然疏远了我们。

在女儿进入初中之前，尽管我们也读过一些关于青春期方面的书，有一些心理准备去与她共同经历这必然的阶段性变化，平日尽量避免与她发生“正面冲突”，同时，还加强对她“察言观色”。但是，一系列变化的来势迅猛，还是让我们有些准备不足！

一个周末的午饭后，女儿突然对我们说，她要出去和同学们看电影。当时正值初一第一学期的期中考试复习阶段。进入初中以来，她的学习成绩、特别是数学成绩不稳定。我们心里明白，虽然她每天关在屋里很安静，好像在读书、做功课。对于如何改善数学学习，我们之间也进行过多次讨论，尝试过不同方法。但一次次不尽人意的结果，再看看她平时手机不离身的样子，能想象到她每天在课堂、在房间里的学习效率和效果不尽人意，同时也不难想象她独处的时间是否都真正用在了学习上。再想想她一直以来的变化，这一次，她把我的耐心推到了极限。

“我要出去和同学们去看场电影。”她用“告知”、而不是“商量”的口吻说。

“怎么这时候想起去看电影?”我强忍着，并没有直接说“要期中考试复习，不能去”。

“这时候为什么不能去?”她明知故问。

“期中考试复习这么紧张，你在数学上本来还需要……”

“行了，行了，我都知道！可我就想现在去。都约好了。”不容阻止。

如果我再继续说下去，一场正面冲突不可避免，却似乎丝毫动摇不了她外出的决心。我极力克制着。在她收拾、准备离开时，我担心自己克制不住爆发出来，就很快走向阳台，同时还跟她爸爸使了个眼色，怕他再帮腔多说女儿几句而火上浇油。我在阳台上长呼吸了几下后，又很快回到屋里:“带上外套。晚上回不回来吃饭，尽早给我们来个电话。”我调整了情绪后说，仍像以往一样，先表达对她的关心，然后把决定权让给了她。同时我也闭上了嘴。

事态没有“恶化”。

晚饭前，女儿回来了，比我们预料得早了很多。

整个晚餐过程中谁也没提起下午的事。晚饭后，女儿就进了自己的房间。一切如常。

也是到了后来，我才更多地了解到，就像许多心理学家总结的那样，在孩子身心迅速发育、心理上开始进入人生的第二次诞生的心理断乳期时，其实，也进入了一种矛盾期。一方面，他们的自我意识开始清晰，独立意识迅速增强，认为，我已经是大人了，我什么都能自己干了。你们也要把我当大人看。如果再像以前那样对我指手画脚、甚至横加干涉，我可不会买你们的账！所谓常言道“在3岁的孩子眼中，爸爸是英雄；而13岁孩子的眼中，爸爸是‘狗熊’”。但另一方面，第二性征的出现让他们表现出的独立意识，却在真正面对问题时，自己并无法解决，但又怕有损自己的“独立”形象而不愿意求助父母。这种矛盾和冲突，常常让他们自己都感到不知所措，因此表现出的是躁动、对抗，内心又渴望沟通与理解。

在那个阶段，我和女儿这样的潜在冲突存在过多次，都在我对她一次次“不听话”的“宽容”中，一次次避免了冲突升级。每当她提出与我们意见相左的想法或做法时，我先不去主观假设判断她“动机不纯”，更不妄加指责。不论她当时要做什么，我都先接纳她那样做的必然性，包括接纳她流露出的任何情绪。这也就从一开始避免了可能出现的对立和矛盾激化，也便能使她放松地面对。然后，我再给她充分的话语权，去倾听、理解她在那个年龄段那样做的原因和合理性。在冲突反复出现时，我的一次次接纳、耐心和理解，让她对我产生了信任，也就有了她愿意遇事到我这里来寻求帮助的前提，也为我创造了提出建议、同时她也愿意接受建议去尝试的可能。而在一次次尝试后证明的良好效果，又让我一次次赢得了在她心中的分量和尊重，也大大缩短了她的青春期的过渡时间。

女儿已进入初二第一学期的一个周末的下午，就我和她俩人在家，出现了在我和她之间已经很久没有出现的情景：我们坐在沙发上，尽兴地听她聊着她班级、同学的许多事。突然，听到她一脸严肃地说:“刚上初一时，我总觉得好同学、好朋友对我是最最重要的。那时，我眼里、心里只有他们。相反，对你们很不耐烦，有时，甚至一听到你们说话就烦。后来，我慢慢发现，好朋友固然重要，但关键时候，只有爸爸妈妈始终会站在我的角度考虑问题、真正为我着想。而且，到现在，我越来越明白：我做任何事情，不是为了家长或其他什么人，而都是要对我自己负责。”她接着还给我举了一些例子。

我顿时感觉一身暖流。在她“自主意识”觉醒的同时，还唤醒了她对父母的理解和感恩；也唤醒了她的自我责任感！这些也是我此后能够下定决心送她高中出国留学的重要原因。也为后来我们母女俩别离后的远程互动、亲密沟通奠定了更好的基础。

许多研究和案例表明，在孩子的童年期，不少父母因懈怠而放纵孩子，却在孩子“不再听话”的青春期又过多管束、过分施压。孩子的“自我意识”在遭遇来自家长的密集管束和过度压力后，有的会消失，有的则会变形，也就是常见的“叛逆”，甚至会走上歧途。所以，父母对孩子的理解程度和对细节处理的能力，如果没有伴随着孩子的幼年、在他们还完全依赖父母的“黄金期”进行、完成的话，父母的教育功效就不那么有效、甚至完全失效了。失效后的教育，如果还想在黄金期后继续进行、不想放手的话，不但事与愿违，还多半要承受与儿女拧巴对立、或者让儿女躲你唯恐不及的苦恼、甚至伤害。

## （二）她“教训”起我们

我发现，身边不少家长对父母与孩子之间相互道歉不以为然。他们要么认为，父母给孩子道歉有损父母的面子；有的则认为那样会降低父母在孩子面前的权威，所以父母不应该、也没必要给孩子道歉。但是仔细想来，对孩子“言传身教”的根本不正在于父母吗？不会对孩子道歉的父母，又如何希望孩子今后犯了错会承认、道歉呢？不愿意对孩子承认自己也会犯错的父母，又谈何尊重自己也尊重孩子呢？而面对和承认错误本身，不也正是让孩子学习成长的基础吗？

在女儿初一第二学期的一个晚上，我和她爸爸忍不住在她面前激烈争吵起来。她当时怔在那里，眼神很意外，甚至有些不安。然后走进自己房间关上了门。她那一刻的眼神深深刺痛了我。我停止了争吵。

等我和她爸爸都平静了下来后，想到待会儿如何与女儿直面刚才的争吵时，我们悄声商议了个办法。

看女儿走出房间准备洗漱前，我们让她坐下来，我先开始非常严肃认真地向她道歉:“刚才，我和你爸都觉得自己不应该那样吵架，那样做太愚蠢了！我们正式道歉。”她爸爸也随即回应:“是的，我们完全可以用另外一种更缓和、也更有效的方式解决问题！”不但如此，我还鼓励女儿把刚才看到我们争吵时的感受说出来。

看到我们这样的态度，女儿开始有些意外；再看看我们俩还都那么认真，她倒有些不好意思起来，但显然很轻松愉快，心满意足地直说，一开始看到我们俩那样争吵，还真有些紧张。现在你们和好了就好。没那么严重！

这也让我们又一次看到了给孩子道歉的效果！这种在我们与女儿之间的相互道歉，在她还上小学时就时有发生，只是，有时当面，有时还书面。

女儿大一从美国回来过寒假，我和她因为意见相左争论了起来，过程中她还说了些很情绪化的话。我带着气出门上班去了，可刚到办公室后，就看到女儿发来了微信："给老妈道个歉！您大人别记小孩子过喽！俺老是控制不住脾气！"还跟着发来几个表情。

仔细想来，父母向孩子道歉，既是出于对孩子的真爱体贴和悲悯情怀，也说明父母的清醒洞察和充分理解。一方面，这些应该是父母远超出孩子所具有的能力；另一方面，父母绝不应该低估孩子的感受力、理解力。我们家里相互之间的道歉，无疑在女儿成长过程中为她起到了示范作用，不但丝毫没有降低我们在她心中的"威信"，反倒让她从另一方面看到我们的理解、包容，在后来她做错事时，向我们道歉便也顺理成章。更重要的是，那样也让她在感受我们对她的尊重中日益成熟，深知感恩。

女儿在美国高中最后一学期的2015年2月，有一场她高中4年期间唯一的一次全校公开演讲。这是她所在的高中一年一度的特色活动，让即将毕业的12年级学生每个人有一次在全校师生面前公开讲述自己最希望讲述的人或事。对于这样的隆重活动，学校、家长都很重视。又恰逢国内春节前后，我们也想借机到美国与女儿一起过个3年以来全家唯一一次在一起度过的中国新年。这也是在3年半前我们送女儿入高中以来唯一一次去美国。女儿自然很兴奋，并为我们的到来积极做着各种准备。

在我们也在为美国之行做准备的过程中，女儿不时发来微信，一一叮嘱，一会儿说那边很冷，雪下得很大，一定要带足防寒衣物；一会儿又提醒我们穿防滑鞋，雪地里很刺眼，别忘了带墨镜。最后，她还自嘲地问我们她现在像不像个18岁的絮叨老妈子？

一见面，女儿就摆在我和她爸爸面前两个新年礼物——两只分别为我们订制的水杯，上面分别印有以下英文字样：

女儿送给父母的贴心礼物（摄影：永祥）

“If I didn’t have you as mom，I’d choose you as my friend.”（如果我没有您做我妈妈，我也会选择您做我朋友。）

“Dad brightens our smiles，our hearts，our world.”（因为有爸爸，我们的笑容、内心、乃至世界更加灿烂。）

## （三）爱与被爱，都是美好的

“妈，又有人喜欢我了！”15岁的女儿去美国读高中后没多久的一次周末视频时，这样告诉我。

我一边收获着长期建立起的母女无障碍沟通带来的轻松和欣慰，一边迅速在脑子整理着该如何做出反应：“太不奇怪了！像你这样的女生，这么快又有男生喜欢了！不奇怪。说说看，那是个怎样的男生？”

“妈，您太逗了！”显然，我的坦然、开放，让女儿确信我与她的一致立场。继续向我讲述时，她格外放松。

听完她的讲述，我像以往一样坦然告诉她我的感觉，并开始悄然加进一些我希望能影响她的观点和建议。我向她回忆送她入校后，我和她爸爸去麻省理工学院参观游览时看到那里的一位位才男俊女。而等她进入大学后，一定会遇到更多欣赏她、也值得她欣赏的男生。所以，她现在应该不断让自己具有值得欣赏的地方。而一个值得欣赏的人，应该是有气质、修养和学识的人。只有她自已有了更多的修养和学识，也才能够懂得如何更好地去鉴别欣赏别人。

“我明白。我知道！”她很接受。

我接着提醒她，在国内上初中时我就曾经对她说过，喜欢也好，真爱也罢，都不以人的意志转移。但爱与被爱，都是很美好的。所以要尊重对方的感情、感受，处理好相互之间的关系。

就这样，在又一次与女儿坦然、正面、直接地探讨青春年少的情愫过程中，我也在感受着她逐步具有的对外界的判断和对自已内心的审视。

第一次直面这样的话题，还是女儿在国内进入初一不久的一天晚上。晚饭间，她说起听到的关于一个“发小”已经开始频频和男同学约会的事，还说到老师已把家长请到了学校。我马上趁机引导：“两个男女同学互有好感、愿意在一起，很正常！没有这种感觉，倒不正常了。”只见女儿虽然低着头，但筷子攥在手里不动，显然在专注听着。“我初中时就对男生产生过好感。而且我们那个年代，中学男女生之间很少说话，那都难以阻挡男女生之间的相互好感，更何况现在你们男女生之间那么密切呢？”

我的“现身说法”，让她抬起头来，更加专注地看着我。“一旦有了这种感觉，你是无法压抑的；也没必要压抑，因为喜欢和被喜欢，爱与被爱，都是很美好的。只是，我希望，如果你遇到这种情感，很苦恼又不知道怎么处理的话，你一定知道，爸爸妈妈总会一如既往地明白你、理解你！”

“青春期的孩子，除了想了解自己的生理发育，还想了解异性。”①作为过来人的家长，推己及人便不难明白这个时期孩子的自然规律、特点以及面临的重重压力。情窦初开的少男少女们，一方面，他们要应对繁重的学业、残酷的竞争，同时，还要经受他们自己无法控制的生理变化和情感波动。另一方面，当今人们对这类问题的认知参差不齐，信息也缺乏系统性，有待更新的学校和老师的观念带给孩子们的约束甚至压制，会让他们迷茫不安。社会的传统道德和舆论压力更容易令他们自卑甚至自责。“这时候，爸爸妈妈更应该是孩子的引导者。否则，越禁止，孩子就越好奇，想方设法去尝试。”②

因为我用一种纯粹、纯净的眼光看待这样的过程，又抛开了家长的架子和面具，推己及人地与女儿一起坦然共同面对这个过程中的正常和美好，我就有了帮助她用自信、理性的态度去对待这样情感的可能，使她不但安然健康地度过了这个时期，同时还赢得了她的更大信任，也就让她后来能够更自然、轻松地向我坦露心扉。

## 第三节　与她别离，我曾是纠结妈妈

### （一）一个纠结的家庭话题

2011年8月20日，女儿刚满15岁。我们一家登上了飞往大洋彼岸的波音747航班，送女儿去位于美国东部波士顿地区的一所学校读寄宿高中。从此开启了她的人生新旅程。

在这所地处新英格兰、共有300多名学生的小型寄宿高中里，当时9~12年级的4个年级学生中，来自中国大陆的总共只有9位。女儿当时所在的9年级新生中，

①② 卢勤：《告诉孩子你真棒》，长江文艺出版社2004年版，第244页。

美国康科德学院寄宿高中新生入学家长招待会（摄影：永祥）

她是唯一一位来自中国大陆的学生。

此前，女儿“出国读书”，在我们家一直是个很有共识的话题，因为我们始终认为，人一生中一定要有一段在不同于自己的生长环境里学习、工作、生活的经历，并因此而能够充分感受到，世界原本不仅是自己生长的那个世界的样子。唯有不同，更能使人通过经历、对比、思考，拓展人生经历，丰富成长过程，开阔视野心胸。但是，“何时送女儿出国读书”，却又曾是我们家多年间不断被提起、放下、又因不得不再面对、而不得不又重被提起的话题。我们有时想，应该在女儿初中毕业后就送她出去，趁着年龄小，能够融入得快些；过一段时间又想，孩子太小了，还是高中毕业后出去读本科吧……

直至2010年，女儿初二下学期，面临着是否要在国内参加中考问题时，出国留学的问题再次列上了我们家的议事日程：是让女儿初中毕业出国读高中？还是高中毕业出去念大学？去哪个国家？读什么类型的学校？……那时，我感到，面临的是自女儿出生以来，关系到她的最大、也是最纠结的选择！这种情形，要结合7年前的社会大势去看，才能更好地理解。那时，出国留学，特别是出国读高中，还是很少见的家庭选择。当时，女儿所在的国内初中全年级700多名同学生中，仅有6、7位初中毕业后选择了出国读高中。

当我严肃认真地把“去国外读高中”的想法又一次向先生和女儿提出后，我们接着就是一个家庭会议。这是每当遇到家庭重大决定时，我们通常采用的一种方式。

爸爸:“你怎么又提起这个话题了?” (可见我经历的反复与纠结)

妈妈:“现在女儿已经初二最后一学期了，面临着是她要在国内准备中考，还是出国留学的选择了。这两个不同的选择，需要做完全不同的准备。如果选择出国读高中，现在就到了不得不尽快决定的时候了。”

爸爸:“的确不能再回避，而该慎重权衡、最后决定了。”

女儿:“我总的感觉，是希望出国读书。”

女儿的这种感觉，我们也毫不意外：15年点滴生活的训练和日积月累的沉淀，让她日益独立和自信。我平日对国外高中关注和了解到的情况，也经常会对她谈起，所以，国外学生更广泛的活动范围、更多样的评价标准以及更丰富的课程设置，对女儿来说已不陌生，也似乎更有吸引力。所以，当女儿这样说时，我感觉她就好像告诉我们，她已经准备好了！

在那次家庭会议上，我们还就“为什么选择出国读高中”“去哪个国家读高中”等相关问题，进行了如下讨论：

爸爸:“咱们再仔细分析下，为什么选择高中阶段出国留学。”

妈妈:“我提议，就以下问题，爸爸和我列出一些答案；你自己也列出一些答案。然后，咱们双方再对照一下，看有多少答案是重叠的。”

问题包括：

a. 希望孩子（自己）在未来的高中学习中，更关注成绩，还是能够得到更全面的锻炼和成长？

b. 更在意学习知识，还是思维能力、学习方法？

c. 孩子（自己）更喜欢按部就班的统一标准、还是丰富多样的各种选择？”

同时，我还给女儿列出了一些自测问题，包括：

a. 真心愿意离开家、离开现在的学校，去国外生活、读书吗？为什么？

b. 你认为自己在生活中，什么能力最强？什么能力有待提高？

c. 最喜欢目前学校学习的哪些方面？为什么？

d. 最不喜欢目前学校学习的哪些方面？为什么？

e. 最喜欢的老师？为什么？

f. 不喜欢的老师？为什么？

g. 目前自己最喜欢的学科？最擅长的学科？为什么？

h. 目前自己最不喜欢的学科？最不擅长的学科？为什么？

g. 目前在学校最喜欢的活动？最擅长的活动？

i. 目前在学校最喜欢的运动？最擅长的运动？

j. 目前最要好的同学？为什么？

k. 最不喜欢的同学？为什么？

l. 想象中到国外后的生活是怎样的？

m. 想象中到国外后的学习是怎样的？

就在我们各自忙着在纸上回答问题的时候，只听女儿说：“一想到要去一个新世界，开始一个完全不同的新生活，我还真很期待。”听到这句话，我和先生对视了

女儿做客中央电视台“Cross Over”（海客谈）节目（摄影：永祥）

一下：答案其实已经比较清楚了，做出送女儿“出国读高中”的决定也就变得容易多了。

至于我们当时首选留学目的地为美国，主要是因为：

a. 我们有亲戚已在美国工作生活了30多年，特别是在女儿初到美国、或遇有紧急需要时，他们能够提供些帮助。

b. 美国的社会、经济、科技的相对先进发达程度，以及民族、文化的相对多元性，更有利于孩子的学习和发展。

不论是6、7年前还是现如今，申请比较顶级的美国私立高中需要经过比申请许多美国大学、特别是比国内高考更富有挑战性的过程，包括**托福考试—SSAT考试—申请论文—书面回答学校给出的一些特定问题—老师推荐信—课外活动内容展示—面试等**。所不同的是，现如今，虽然也要经过同样的过程，但由于去美国读高中已成为越来越多的中国家庭和学生的选择，申请的人越来越多，致使申请难度也越来越大。

随着女儿在美国高中学习生活了4年、继而又进入美国大学学习了近两年后，我越来越多地接触了15~20岁之间的中国留学生，也更广泛接触了这个群体的“留学决策者”家长，并对他们中的不少人有了深入的了解，清楚他们当时决定送孩子出国读高中的原因以及后来的经历和感受。同时，“到底何时出国好”的问题，仍不断有送孩子留学计划的家长问起我，仍见他们的不确定和不踏实。对此，我的结论是：应根据家庭情况、孩子性格特点、学习习惯、兴趣爱好、家庭孩子的预期和目标等方面的不同，而有所不同。但有一点是共同明确的，那就是：什么时候送孩子出国留学，应该经过认真、慎重地考虑，而不是人云亦云地跟风攀比；更不应该被周围环境所裹挟。

## （二）论证后的决心

一方面，女儿的信心促使我们下定了送她去美国读高中的决心；另一方面，我们也加快了对未来能想象到的不确定性和深层次问题的论证和斟酌，包括与有过这种经历、虽然有不同见解的朋友一道探讨。其中，接触最多的是那些我曾经的老领导、老同事，那些驻外教育参赞们。

那些教育参赞，熟知中外教育体制，有的包括他们自己以及他们的儿女同时还是中外不同教育体制的亲历者。所以，在征求他们意见的同时，我还深入听取了他们与我女儿年龄相近的子女们的意见。结果发现：他们会因为不同的教学方法、多样的评估标准、丰富的选择机会而大都更喜欢自己在国外读书的经历。

2011年暑期的一天中午，在北京一家新加坡餐厅里，我和一位刚从美国一所高中毕业的女生之间有一场对话。这位女生的父亲多年担任教育参赞，是我的老同事。她在国内完成了小学、初中以及高中两年的学习后，便随同父母到美国入读高中第三年即11年级。我们见面时，她已从美国高中毕业，当时刚被一所美国顶尖大学录取。

问："与在国内读高中相比，你感觉在美国读高中最大的不同是什么？"

答："在国内时，特别是到了高中，我每天早晨醒来后的第一个感觉经常是不安，有时甚至有些'恐惧'，恐惧自己的测验成绩又要被公布、被排名。"

问："那种情形对大家不都一样吗？其他同学不都能面对吗？"

答："不一样。我当时是班长，但我的学业成绩不是太稳定。为了巩固我的班长'地位'，我总试图用学习成绩以外的其他方式表现自己。但老师同学似乎都不'买账'，因为他们都用一个标准衡量我们，那就是学习成绩。所以，我当时每天早晨醒来后，一想到这些，就会有些'恐惧'。"

问："美国高中的压力不更大吗？"

答："那是不一样的压力。到了美国读高中后，学习压力虽然更大，但我不觉得那么痛苦，因为，首先，学校绝不会把同学们的学习成绩公开排名。相反，这是个人的隐私，会受到绝对的尊重和保护。除此以外，各种丰富的课程、活动让我每天早晨醒来后总会感觉，我又向自己的目标迈进了一步。所以，在美国读书非常辛苦，但毫不痛苦！"

问："去美国后，难道就没有感觉不适应吗？"

答："当然有了，而且，起初还有很多不适应。"

问："能说得具体些吗？"

答："例如，我曾经常觉得'被歧视'，特别感觉我们的西班牙语任课老师讨厌我，经常'为难'我，不是当众'奚落'我，就是作业给我不好的评语。为此，我伤心地哭过几次。特别是有一次测验，西班牙语的成绩虽不出乎我意料的低，但老师的评语更让我又气又恼又委屈。我一路哭回家，进家门前，还得抹干眼泪，若无其事进家门，怕爸妈担心。”

问:“那是什么让你每天早晨醒来后仍会有那种‘向自己目标迈进’的感觉呢?”

答:“我后来发现，不是西班牙语课老师，而是我有‘偏见’。她就是因为个性问题，对谁都那样。当我意识到改变不了她，就先改变我对她的看法后，发现，一切都变了……”

与孩子的交谈不知不觉进行了3个多小时，我竟没有意识到自己面前坐着的只是位刚刚高中毕业的孩子。她的成熟、包容、从容，深深触动了我!

与孩子谈完后，我又去见了孩子的父亲，那位教育参赞。他之前曾多年在驻英国使馆教育处工作，后来又两任在美国，分别担任使、领馆的教育参赞。

问:“当初，为什么会带女儿去美国插班读高中呢?”

答:“当然主要还是因为工作原因，我和她妈妈都要去美国工作，把她一人留在国内，我们于心不忍。另外，多年的驻外工作，让我了解到了英美国家的教育优势。特别是女儿到了美国，我们成了美国教育的亲历者后发现，美国教育的内在优势的确有不可抗拒的魅力。”

问:“主要表现在哪些方面呢?”

答:“在我看来，一是透过其教育制度而看到的尽可能的公平、平等：两个成绩相当的孩子，如果其中一个是来自离异或困难的家庭，可能会得到更优先的考虑，因为，后者比前者需要付出更多；二是通过教育而培养起的公民责任。这在其教育过程及测评标准中无处不在；三是通过为孩子们打下的更丰富广博的教育基础和看问题的方法方式，帮助他们拥有正确认识自己、看待世界的能力……送女儿出国后，我们看到了女儿的快速变化和成长!”

又是一次持续了2个多小时的交流。

类似这样的交流、了解，对我最终下定决心送女儿去美国读高中，至关重要。

## （三）离别前的思念和准备

接下来的准备工作，在按部就班中理性地进行。先是到留学服务机构去咨询。

由于朋友的安排，最资深的学术总监亲自接待。

“谁还能比我更了解女儿、更有责任心？”“我又不存在语言问题。”从留学服务机构回来后，我这样想。于是，最终，我与女儿商定：还是放弃通过留学中介的帮助，改为自主申请。这样的过程本身对我们俩来说就是很好的学习。

按照每个学校的截止日期，我们递交了所有申请。接着是去美国校园实地访问。

我们选报的所有学校都集中在美国东海岸。年初的校园访问，在天寒地冻中进行，有的甚至大雪封山。

就在我们结束了一所地处山区的学校参观后，在回程的车里，先生的一句自言自语却让我泪流满面：“就这样要把她一人扔在这相隔万里、冰天雪地的山区里？”

我的这种情感波动，在接到录取通知后更是从未间断过。早晨醒来，一想到从来没有长时间远离过我的15岁女儿马上就要远渡重洋，在那个陌生的国度独自开始未知的一切，从此我只能与她每隔半年相见一次，我的心就立刻沉重起来……

女儿却似乎对一切充满着期待。这让我沉重的心稍微轻松、欣慰了些。

2011年暑假，也是女儿即将赴美国入读私立高中前的最后那个假期，我做出了这样一个安排：只要不加班或出差，下班回来晚饭后，我就叫上女儿一起出去散步，利用散步闲聊时间，我把心中拟订的一些与在外学习、生活相关的问题与她进行讨论，几天一个话题，直到把当时想到的都进行充分讨论。

作为曾经的留学生，对于在外学习、生活的经历，我有不少自己的感受。于

作者参观、访问美国寄宿高中（摄影：永祥）

是，话题从日常生活，到文化冲击；从饮食习惯，到交友处事；从课堂讨论，到课外活动……涵盖了方方面面。

为了管理好女儿的预期，我以现身说法，既让她能有充分的心理准备，又不希望让她过于紧张，还没去就畏难退缩。由于她的生长学习环境完全是在国内，所以现在把留学在外的一切想象得多么困难都不过分。但是，与我当年留学不同的是，她现在年龄小，适应起来会更容易。当然，同时遇到问题时，也会因为缺乏生活经历而更容易感觉困难。

我还结合自己的经历反复强调两点，即语言关和心理关。我出国学习时，在国内已获得英语专业本科和硕士学位，并且作为国际教育交流与合作工作者，我已在实际工作中使用了多年英语。即便那样，到了国外后，每天要用英语参与课堂讨论、深入表达自己的观点，包括进行分析、辩论，我还是花了两个多月时间去适应。至于心理关，主要因为在已经适应了国内课堂被动听讲、单方接受灌输、而不是频繁互动的课堂模式后，缺乏批判性思考，不知如何讨论、辩论。所以，课堂上比较沉默、安静……

也是在那个暑假，女儿还联系上了当时已经在她所要进入的美国高中学习了两年的一位学姐。那位学姐非常热情，很快与女儿商定了一个充分的通话时间，以便让女儿尽情提问。

通话前，我建议女儿把自己关心的所有问题尽可能全面地用文字列出。我也参与了通话。通话过程中，我除了偶尔提一些我作为母亲关心的问题外，基本是“旁听”，而把提问的时间留给女儿，以便向那位学姐详细咨询她列出的所有问题。

听懂课，是女儿首先关心的问题，因为她担心像她这样完全在中文环境下学习过来的人，一开始在美国课堂上听课一定会很困难。学姐的回答很稳健成熟：“那是肯定的。不过，你丝毫不用担心！因为没在英语环境长期生活过的人都会是这样，不论是中国学生，还是其他国家的学生，大家都需要一个适应期。但是，一个学期之后，就会好很多，而且，肯定越来越好。”

从学姐的介绍中看出她对学校的周到安排和学校生活的喜爱：学校会针对新生有很多措施，像为每位学生安排顾问老师，每周一次一对一碰面进行辅导、帮助；还有各种学生社团有针对性地帮助新生；每个宿舍都配有舍管老师，他们平时住在宿舍里，负责学生的生活，包括周末会召集同学们聚会，还给大家做很多好吃的，让大家吃饱了不想家……

学姐除了耐心、细致的介绍，还有她自己的很多观点、见解，包括对于各种兴趣、爱好、社团的观点。以音乐、美术类课程为例，在她看来，美国不看重什么“考级”，而更注重培养学生对艺术的鉴赏和修养。像他们的音乐鉴赏选修课，每学期老师只选择3、4首经典曲目，带领他们仔细、深入地鉴赏……

这次通话后，在我的建议下，女儿还整理出了详细的“电话纪要”。

有了类似这些准备，女儿出国之后，虽然遇到问题时还会不断感到“冲击”，但她的总体感受还是比她出国之前想象得要容易些。

## （四）放弃陪读计划

“‘咣’，当美国那所私立寄宿高中的门在她面前关上时，肖堰感觉世界末日。

回到住处，肖堰夜不能寐，她感觉，这一天母女俩的脐带真正被剪断了，女儿要单飞了。”

这是2012年6月4日刊登在《中国青年报》的一篇文章开始部分的一段话，真实记录了我送女儿到学校后的心情。

虽然当时许多朋友们都劝我一定要留在美国陪读，女儿太小，太需要照顾了。但对女儿的了解，对留学的理性认识，特别是参观了解了女儿将要生活4年的美国寄宿高中后，我感觉是能够放心的。并且，我也不愿意因为女儿放弃自我，这也不是女儿希望看到的。

又是一番纠结，虽然不像之前那么强烈，最终，我还是决定放弃陪读想法，在送女儿入学、安顿好她后，便打道回府了。

2011年送女儿到美国后以及与她离别前几天的情形，至今仍历历在目。按照美国寄宿学校的规定：一旦家长陪同办理报到的所有手续完毕，就意味着，需要家长参加的所有活动都结束了。也就是说，家长就不需要、也不能够再待在学校里了。当然，第一天陪女儿完成那些报到流程后，我和她爸爸也是很不愿意打道回府的。

余下的一周里，我们只安排了一些在学校周边的游览计划。由于感觉与女儿的时空距离还没拉开，我心里还没开始巨大波动。但也是虽身在游览中，心却总被女儿牵着。

接下来的几天，我总想方设法找个理由到学校，例如，再去采购一些我们认为女儿可能需要的用品，为的是哪怕多看她一眼，心里都会觉得满足、踏实。

随着连续几天这样重复的安排后，有一天，我发现我们有些“多余”了。在快临近女儿学校的路上，碰到了她和一群同学快速地朝我们迎面走来。我和她爸爸先冲着她招手点头，她也停下来，快速地告诉我们，是学校安排的新生熟悉学校周边环境的活动，随后，她又回到那群同学中快速离去。不曾想，等我们转了一圈儿回来后，又碰上了他们那群人。而这次，看着女儿“视若无睹”地快步从我们身边擦肩走过后，我想起了此前听到过的说法：当孩子们看到家长总是在自己的视野范围内晃悠，并且自己身边还有其他同学在场的话，自己会感到没面子，因为，那会被同学们认为自己像没“断奶”的“巨婴”，还需要家长的出现、呵护。

12 成长
女儿高中赴美 高管妈妈成功实现“远程支撑”
丁雅超：总能从周围汲取“正能量”

《中国青年报》报道（图片来源：《中国青年报》）

我知道：我们该离开了。

那是在美国东海岸遭遇时速195~210公里的强飓风“艾琳”（Irene）袭击的第二天。我们退掉了靠近学校的酒店房间，回到了40多公里之外的表姐家，收拾整理，准备回中国。就在先生发动汽车、我们离开酒店的一刹那，我感觉心一下子被掏空了。一路上，头脑一片空白。路边的积水、被台风刮倒的树木、本来就空旷的四野，此时在我眼里更似一片凄凉……

那天晚上，台风袭击的后果之一是停电，使四处一片漆黑。我本已被掏空了的心，更似掉进了深渊。我在当年被视为绝对的“高龄”阶段，产下了这个唯一的女儿。作为我生命中那么重要的一部分，一直以来，她与我那么亲密、贴心。如今，在她年仅15岁时，我却跨越浩瀚的大洋，亲手把她一个人丢在这陌生的国度，让她从此与我相隔万里，孤独无助地去承受未来的一切！

那夜，我久久不能入睡——

第二天醒来，女儿15年的成长经历，在自信、独立、责任方面的沉淀，再一次过电影似地在我脑子里回放。最终，理性的信任，还是让我毅然回头，登上了飞回北京的航班，把我赋予了生命、亲密相依、却终究会别离、最终要属于社会的女儿，留在了广阔的天地，送上了未来的漫长旅程，去让她更自由地生长、独立前行！

近4年后，2015年2月22日的美国寄宿高中康科德学院教堂。户外气温零下十几度，白雪皑皑。室内舞台上，“爱的宣言”背景板都是女儿的同学、好友的创意和布置。在这个康科德学院保持了多年的特色活动中，每个即将毕业的12年级学生都有一次机会选择自己愿意讲述的话题，在全校师生面前尽情倾诉，或是难忘的记忆，或是无尽的感恩。整个活动没有主持，没有音乐。

只见全校准备上台拥抱女儿的各色头发肤色的师生、友好家庭的成员在无声中自发排起了长队，从教堂门口延伸到台上等待的女儿面前，其中还有千里迢迢赶来的学长。友情爱意早已在朴素静穆中让人心融化。

美国康科德学院寄宿高中教堂演讲（Chapel）活动内外（摄影：永祥）

台上，女儿用15分钟、2500多字的篇幅，娓娓道出的是我们一家子事，从母女情深，到父爱如山；台下，哭红了双眼的师生是对人间美好情感的感动和共鸣；也让我在近400名师生面前淋漓尽致地享受了一次女儿带来的欣慰和美好。其中，她还特意用了段中文，为的是让不懂英文的爸爸听得更真切：

……Mom：since the beginning of senior year，every weekend when we Skype，you would talk about how guilty you are for not stressing over（a.k.a.not thinking about）my application at all like most parents would do.But I want you to know that being the democratic mother and the caring friend you have always been was already the biggest support you could ever give me.I am sorry that I sometimes forget how lucky I am to have such a wonderful mother like you，but please remember that every time I become impatient and annoying or loose my temper in front of you，deep inside，I am always saying I love you and describing you as the best mother I could ever ask for.I always joke that your life right now is the bottom standard of my future，but believe me，I only wish that one day I could be half as smart，caring，elegant，and successful as you are.

……妈妈：自我12年级始，每当咱俩视频说起您不像其他家长那样强调大学申请、甚至都没怎么惦记这件事时，您都会表示内疚。但我想让您知道，您作为一位非常民主的妈妈和充满关爱的密友，就是对我的最大支持。有时，我好像忽略了拥有像您这样的好妈妈是件多么幸运的事。但有一点我想请您记住：当我在您面前显得不耐烦，或发脾气时，我内心深处其实是在说：您是最好的妈妈！我以前会在您面前开玩笑地说：我将来最起码也会像您现在这样。但请相信，我其实是希望有一天，我能够有您一半的聪颖、关爱、优雅和成功！

爸爸：中国的老话总是说：“父爱如山，母爱如水。”可是在我看来，“父爱如山”四个字用来形容您实在是太过苍白无力。在我记忆里，每次无论是天黑还是刮风下雨都甘愿四处奔波接送我的人，每次我生病总是第一个最担心然后忙前忙后的人，每次我需要什么总是第一个想尽办法帮我实现的人，都是您。虽然我总是笑您不爱表达，虽然我好像总是跟妈妈聊得更多，但是在我心里，您为我做的一切早已超越了任何如水如山的爱。我最庆幸的事情，就是我的爸爸可以为我、我们这个家做任何一般父亲做不到的事。我爱您，爸爸。

附录一>>>>

# 美国教育体系一览表

**表 1** 美国学制与中国学制对比

<table>
<tr><th>学校阶段</th><th>年龄</th><th colspan="2">美国就读课程</th><th colspan="2">中国对照课程</th><th>学位</th></tr>
<tr><td rowspan="8">初级教育<br>Primary<br>School</td><td>4</td><td colspan="2" rowspan="3">Kindergarten</td><td colspan="2" rowspan="3">幼儿园、托儿所</td><td rowspan="3"></td></tr>
<tr><td>5</td></tr>
<tr><td>6</td></tr>
<tr><td>7</td><td>Grade 1</td><td rowspan="5">5 年小学</td><td rowspan="6">6 年小学</td><td rowspan="6">小学<br>Primary Education</td><td rowspan="10">通常在 15~18 岁，<br>就读 9~12 年级，<br>取得高中文凭</td></tr>
<tr><td>8</td><td>Grade 2</td></tr>
<tr><td>9</td><td>Grade 3</td></tr>
<tr><td>10</td><td>Grade 4</td></tr>
<tr><td>11</td><td>Grade 5</td></tr>
<tr><td rowspan="7">中学教育<br>Secondary<br>School</td><td>12</td><td>Grade 6</td><td rowspan="3">3 年初中</td></tr>
<tr><td>13</td><td>Grade 7</td><td rowspan="3">3 年初中</td><td rowspan="3">初中<br>Secondary<br>Education</td></tr>
<tr><td>14</td><td>Grade 8</td></tr>
<tr><td>15</td><td>Grade 9</td><td rowspan="4">4 年高中</td></tr>
<tr><td>16</td><td>Grade 10</td><td rowspan="3">3 年高中</td><td rowspan="3">高中<br>Senior Secondary<br>Education</td></tr>
<tr><td>17</td><td>Grade 11</td><td rowspan="2">高中文凭</td></tr>
<tr><td>18</td><td>Grade 12</td></tr>
<tr><td rowspan="4">大学教育<br>College &<br>University</td><td>19</td><td>大一 Freshman</td><td rowspan="2">社区大学</td><td colspan="2" rowspan="4">4 年制大学<br>College & University</td><td rowspan="2">副学士学位<br>Associate Degree</td></tr>
<tr><td>20</td><td>大二 Sophomore</td></tr>
<tr><td>21</td><td colspan="2">大三 Junior</td><td rowspan="2">学士学位<br>Bachelor Degree</td></tr>
<tr><td>22</td><td colspan="2">大四 Senior</td></tr>
<tr><td rowspan="2">研究院教育<br>Graduate<br>School</td><td>23</td><td colspan="4">硕士课程（1~2 年）</td><td>硕士学位<br>Master Degree</td></tr>
<tr><td>23+</td><td colspan="4">硕士后高等教育课程，研究型学位，专业型学校<br>（法学、医学）</td><td>博士学位<br>Doctoral Degree<br>专业学位</td></tr>
</table>

资料来源："美国学制与中国学制对比"，美国留学说，搜狐教育，2016-03-30。

**表 2　　申请美国高中、本科、硕士流程一览表**

| | 确定学校 | 标准考试 | GPA | 课外活动 | 申请文书 | 推荐信 | 面试 | 其他 |
|---|---|---|---|---|---|---|---|---|
| 申请美国高中 | 确定学校 | 托福（TOEFL） | 通常要求国内小学6年级至初中三年的成绩单 | 包括担任的职务、参与的校内外活动、从事的志愿者、义工等，以便使招生委员会了解申请者的个人能力和品性 | 个人自述 | 由周围人（老师、同学），对于申请人在其他申请材料中所呈现出来的各种品质加以证实，并且体现申请人的人际交往，以及对于周围环境产生影响的能力 | 不同的学校要求差别较大，有些学校面试是必须的，有些学校则无需面试。但想名校的申请者应尽早做准备 | 有的学校会要求家长提供自述 |
| | | SSAT | | | 有的学校设有额外问题 | | | |
| 申请美国本科 | 确定学校 | 托福（TOEFL）\ 雅思（IELTS） | 高中阶段的全部成绩单 | 包括担任的职务、参与的校内外活动、从事的志愿者、义工等，以便使招生委员会了解申请者的个人能力和品性 | 个人自述 | 同上 | 同上 | 有的学校会要求家长提供自述 |
| | | SAT（SAT1 & SAT2）\ ACT AP\IB | | | 有的学校设有额外问题 | | | |
| 申请美国硕士 | 确定学校和专业 | 托福（TOEFL）\ 雅思（IELTS） | 本科阶段的全部成绩单 | | 简历 | 同上 | 同上 | |
| | | GRE 或 GMAT（商学院）或 LSAT（法学院） | | | 个人陈述 | | | |

附录二>>>>

# 加拿大教育体系一览表

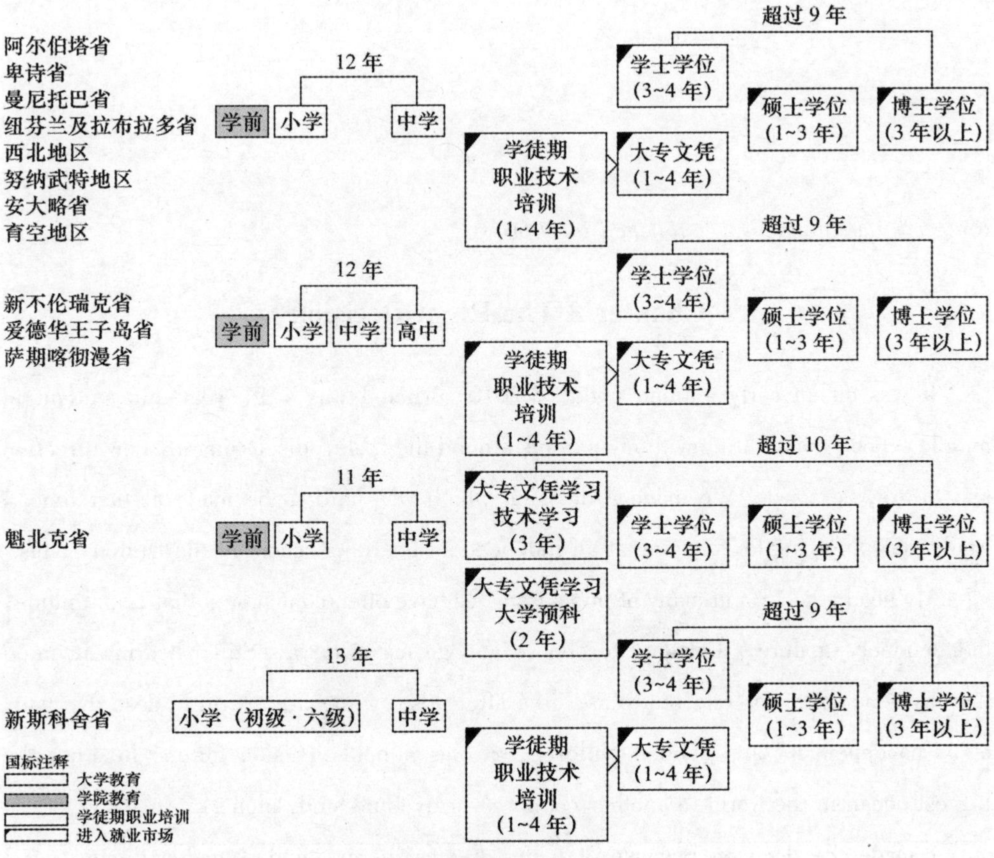


**加拿大教育体系一览表**

资料来源：《加拿大教育指南·2014 春季版》（薛浣白提供）。

附录三>>>>

# 作者女儿申请美国寄宿高中的论文（节选）

*Ronger's autobiography, published in 2060*

## Chapter 3 The Right Decision

It was on an early autumn night of 2010, when I was a 14-year-old student in middle school. I was sitting with my parents around the table, discussing my new direction and future, seriously. We made a decision which was hard to be made at that time: I would start applying for studying at an independent boarding school in the United States.

My head teacher and many of my classmates have often commented that I am unique, independent, mature, and tend to choose and go my own way. Still, bearing in mind that my generation was referred to as "the after 90s", a negative term to describe many of us as dependant and spoiled children, it was a bold decision for me to cross the biggest ocean in the world to another country, to live and study alone.

I made the decision because of many dreams in my mind: I had a dream that I would be able to make a world of difference; I had a dream that I would have my own media corporation, like what Rupert Murdoch (an international media magnate at that time) had; I had a dream that could make people's lifestyle more colorful and healthy.

These dreams have continued to lead me through all these years of living and studying with bright teachers and peers, working with my big potential, to become the person I am now: influential and helpful.

I made the decision also because of my confidence in my qualities, which were what many independent boarding schools were looking for: learners who are dedicated to intellectual rigor and creativity in a caring and challenging atmosphere, who embrace diverse people and ideas, who can balance individual freedom with responsibility, who can serve to a larger community and prepare to become committed citizens in an ever-changing society.

50 years later, it has proven that I made the right decision. I am proud that the decision has had an amazing impact on my whole life; it has also, in return, influenced the life of the people round me. As what I always believe: you do not know what will happen next, but if you have enough courage to make a decision by following your dream and trying hard, your dreams will eventually come true. Well, that is where the next chapter starts. (389 words)

**译文：**（榕儿自传，发表于 2060 年）

## 第三章 正确的决定

那是 2010 年初秋的一个晚上，我当时是名 14 岁的初中生。我和父母围坐在桌旁，讨论着我的新方向和新未来，非常严肃。我们做了一个决定，那是个在当时看来非常艰难的决定：我要开始申请就读美国寄宿高中。

我的班主任和许多同学都评价说我是个独特、独立、成熟、愿意走自己路的人。尽管如此，要知道，我们这一代人被称作“90 后”，特别是针对那些依赖、被惯坏了许多同龄人，这个称呼还是有些负面意味的。而我却要独自跨越太平洋到世界的另一个国家去生活、学习。

我那样决定，是因为心中的许多梦想：我梦想我能让世界有所不同；我梦想能像鲁伯特·默多克（当时的一位国际传媒大亨）那样拥有自己的传媒集团；我梦想能够使人们的生活方式更加多姿多彩、健康向上。

怀揣着这些梦想，在与我的那些智慧的老师和聪明的同学们共同学习相处了多年后，一路走来，我的潜力得到了巨大发展，成为了现在的我：有影响力，乐善好施。

我这样决定，是因为对自己各方面素质的自信，也是许多美国独立寄宿高中所寻求的素质：能够在充满关爱又极富挑战的环境里，致力于学术的严谨和创造；能够拥抱多元化的人群和思想；能够很好地平衡个人自由与社会责任之间的关系；能够服务于社会，并为日新月异的世界让自己时刻准备成为全心全意的公民。

50 年后证明，我当时的决定多么正确。我为自己做出了影响了我一生的决定而深感自豪。同时，也让我因为那个决定而对周围的人产生了影响。就像我一直坚信的那样：我们不会知道未来会发生什么，但是，只要我们有足够的勇气去遵从内心做出自己的决定，并做出不懈的努力，我们的梦想终将实现。

欲知未来如何，且听下回分解。（英文 389 个字）

# 附录三

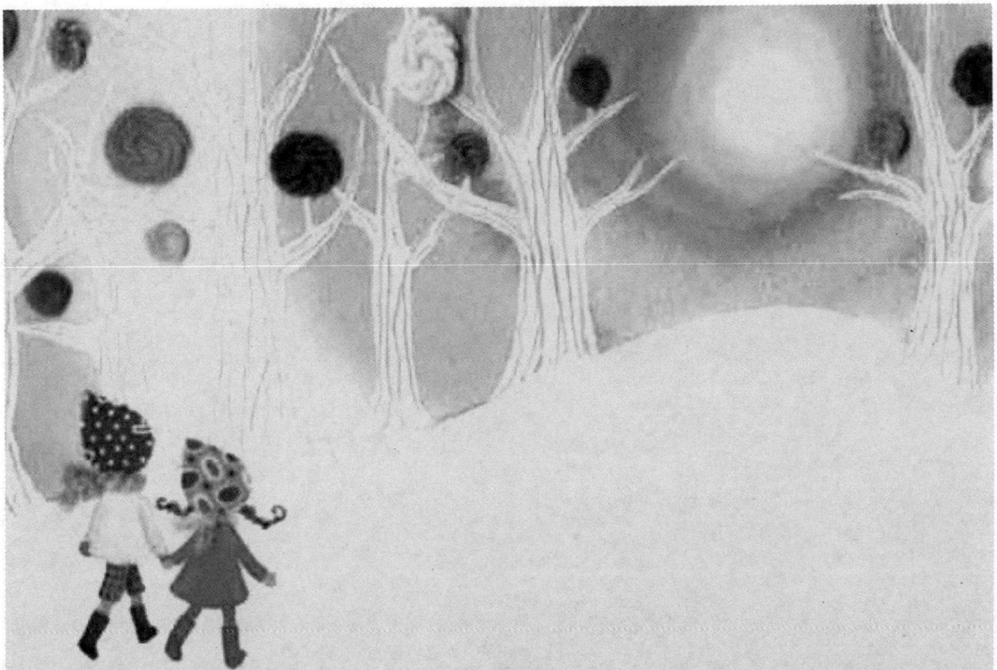

# The Only and Unique "Me" in the World
## --My Developmental Milestones

世上唯一而独特的“我”—我的成长里程碑

# CHAPTER ONE

## A Little 'Witch' Connected with the Magic, Lucky Number of 'Six'

第一章　一位与充满魔力的幸运数字“6”紧密相连的“小巫女”

## I AM IN MY PARENTS' EYES – ABLE TO BE LEFT ALONE AT HOME WITH 'RESPONSIBILITIES'

At the age of 11 when I was at Grade 6 of primary school, my grandpa suddenly passed away. At that time, the final exam was coming. My parents decided in a hurry to go back to the hometown for the funeral, having to leave me at Beijing's home because of the final exam.

During the following week, except going to the next door for dinners, I arranged all the rest of my daily life, including breakfast in the morning, washing in the evening, and prepared for the exam on my own.

At last, I got 100 scores in Chinese, Math and English, and 99 scores in Chinese Writing.

在父母眼里 — 我可以独自在家，且富有责任

在我 11 岁上小学六年级时，我外公突然去世。当时，我正面临末考试。匆忙中，我父母临时决定把我独自一人留在北京家中。

紧接着的一周里，除了到邻居家吃晚饭，我都是独自安排我的每一天生活，包括早餐、晚上洗漱、复习准备期末考试。

最终，我的期末考试取得了语文、数学、英语 100 分、写作 99 分的成绩。

## I AM IN MY HEAD TEACHER'S EYES – DEVELOPED IN AN ALL-AROUND WAY

Here is one of the written comments by my head teacher of Grade 6 at the primary school:

Your strengths on study are well recognized, because you have rigorous thinking, and are good at imaginative thinking. You have strong observing, understanding and writing capabilities. You worked hard, paying much attention to efficiency and quality, without delays in studying and playing as well.

You have potential and reserve strengths, and go easy on study and life and develop your quality in an all-around way......

- Quoted from 'the Comprehensive Assessment on Primary School Students for the First Semester of the School Year of 2007-2008

在班主任眼里 — 我全面发展

下面是小学六年级班主任给我的一段书面评价：

你的学习能力很强，思考问题时充满活力和想象力。你有很强的观察、理解和写作能力。你学习勤奋，且注重效率和质量。会学习，也会娱乐。你很有潜力，充满优势，学习娱乐两不误，全面发展。— 摘自“2007~2008 学年第一学期小学生综合评价”

# CHAPTER TWO

## I Decided My Own Hobbies and Pastime

第二章　我的兴趣和业余时间，我做主

# CHAPTER THREE

## I Want to be a Person that is Influential and Can Make a World of Difference for Future

第三章　我想做一个有影响力而让世界有所不同的人

**II. AT PRIMARY SCHOOL AGE, MY MUM STARTED TELLING ME ABOUT 'TARGET MANAGEMENT' AND 'NO GAINS WITHOUT PAINS'. THESE MAY SOUND SPECIAL TO MANY CHINESE CHILDREN WHO ARE CALLED 'LITTLE EMPERORS' OR 'LITTLE EMPRESSES' IN CHINA, AND TAKE FOR GRANTED FOR ALL THEIR PARENTS HELP TO DO FOR THEM.**

Take my primary classmates for example: till the second term of Grade 6 at primary school, all of the 45 classmates owned a cell phone, except three, including me. Some even had changed 4 or 5 different cell phones over the past 6 years.

For their convenience to contact me, my parents suggested to buy one for me by then.

But for 'target management', before I bought the phone, I designed a questionnaire survey by myself and did investigations among my 45 classmates.

To encourage their enthusiasm for filling in the questionnaires, I prepared some stationery and small gifts for the classmates.

As a result, I collected 27 valid questionnaires, and wrote a PPT analysis report based on the questionnaires. This helped me decide to buy a cell phone of what price and with what functions.

II. 还在我小学的时候，我妈妈就不断告诉我，要学会“目标管理”，“没有付出，就没有得到”。对于许多被称作“小皇帝”“小皇后”的中国儿童来说，这些听起来有些特别，因为，许多儿童会把父母为自己做的一切都习以为常，认为理所当然。

以我们当时班级的同学为例，小学六年级第二学期时，班上45位同学中，除了3位同学、包括我，其他同学都有手机。有的同学在6年间已经换过4、5部手机。

后来，为了联系我方便，我父母决定给我买手机。但为了实现“目标管理”，我自己设计了个调查问卷，在全班45位同学当中进行调查。

为了鼓励同学们填写问卷的积极性，我拿出自己收藏的文具、小礼物，送给大家。

最后，我成功获得了27张有效调查问卷，并根据调查问卷，用PPT自己做了个分析。这些对帮助我最终决定买什么价位、什么功能的手机更合理，起到了很好的作用。

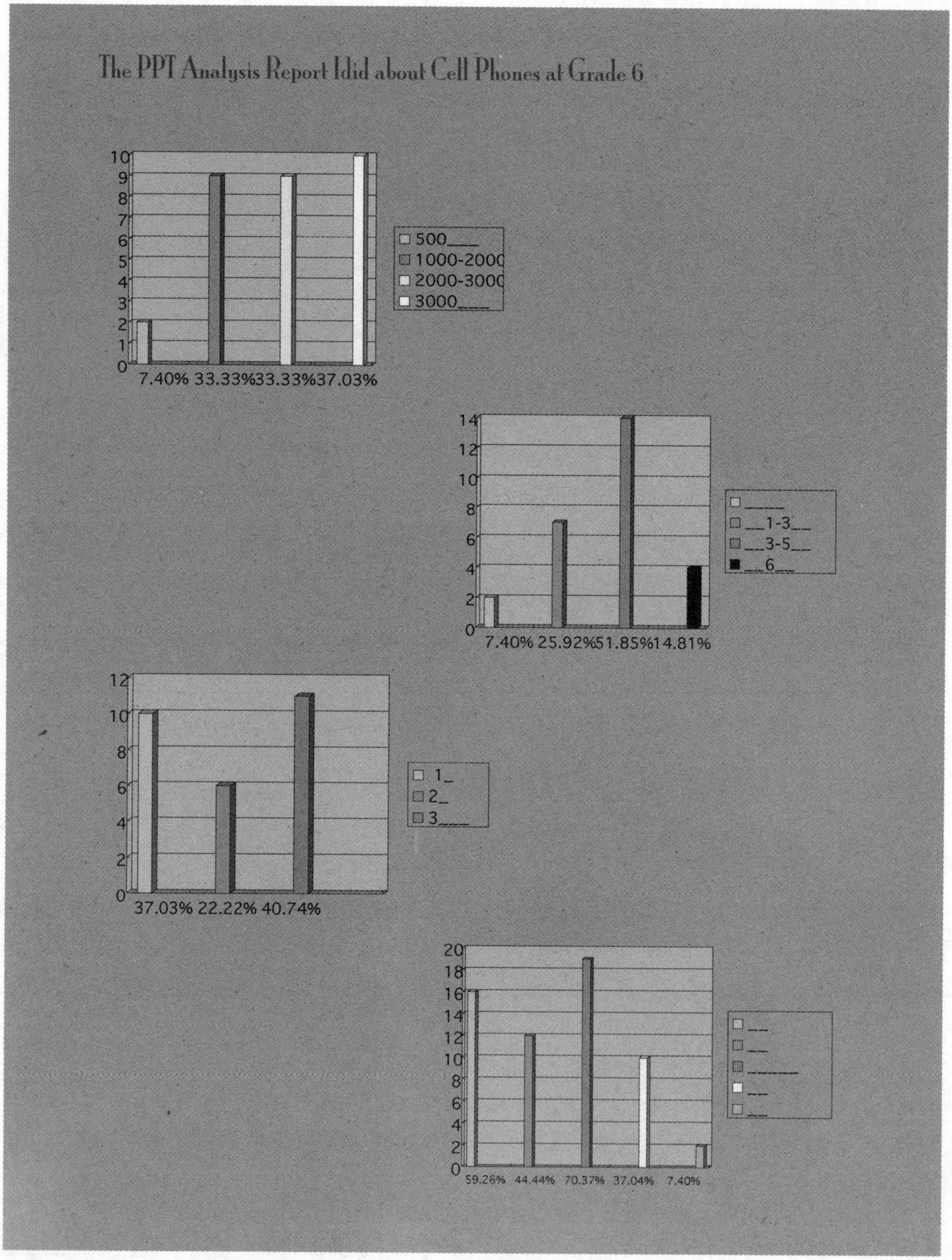


小学 6 年级时我做的 PPT 手机调查分析

**III. I WISH TO CHANGE OTHERS' IMPRESSION ON MY GENERATION OF 'LITTLE EMPERORS' OR 'LITTLE EMPRESSES' AND SHOW THAT I AM ABLE TO BE A RESPONSIBLE GIRL FOR MY CLASSMATES, AND FOR THE SOCIETY AS A WHOLE.**

So, in the position of the Course Representative for English for successively 7 years since the Grade 3 of primary school till now, I kept doing the work seriously: leading morning readings 3 times a week; helping the English teacher collect homework, bring and set up the computer at the classroom before every day's English class; helping the English teacher file scores......

What makes me prouder of is the bilingual quarterly class magazines named 'Touch' I created and act as the chief editor.

Last year, in order to make English study more fun for my classmates, I created the bilingual magazine. As the founder and chief editor, I established an editing committee, pushed the classmates to contribute articles, and did the editing myself. I organized a charity bazaar within the grade, sold all the magazines in hand, and managed to get an amount of sponsorship before the second edition was done. At last, I contributed all the amount of RMB 1,726 yuan from the charity bazaar of the Magazine to "United Nations Children's Fund".

III. 我希望以自己对班级、社会的责任心，去改变我们这一代在别人眼中的“小皇帝”、“小皇后”的印象。

因此，从小学 3 年级起直到现在我一直担任的班级英语课代表工作中，我都认真做好每一项工作。每周，我至少要早到学校准备、并率领同学们早读；每天，我要帮助英语老师收缴作业；每天上课前，我要帮助老师设置好计算机；帮助老师登记英语分数。

更令我感到自豪的是我创建并担任编辑的中英双语班刊《触动》。

去年，为了增加班级同学学习英语的兴趣，我创建了这个班刊。作为创建人和编辑，我成立了编辑委员会；动员班上同学投稿件；自己审核编辑文章。我还组织了年级拍卖会，将印刷出的第一、二期杂志一售而空，并募捐到了善款。最终，我把募集到的 1762 元人民币善款捐赠给了联合国儿童基金会。

女儿初中双语班刊《触动 TOUCH》

# 参考文献


[1] 陈屹.留学路上的五个坑.中信书院大讲堂，2016-12-15，公众号：citicacademy

[2] 美国招生官解读中国留学生三大优势.搜狐教育，2016-07-31，learning.sohu.com

[4] 中国留学生如何培养竞争优势.搜狐教育，2015-04-23，learning.sohu.com

[5] 中国留学生因朋友圈发“玩笑话”被美大学开除.西安晚报，2016-02-15

[6] 哈佛教授：我在课堂上看到的印度学生和中国学生的不一样.环球网留学，2015-10-19，http：//lx.huanqiu.com/lxnews/2015-10/7786427.html

[7] 薛涌.跟着薛涌留学去.北京：北京大学出版社，2013

[8] 美国华人教授：中国孩子基础好也勤奋，但怕跌倒.新华网，2014-11-13，http：//news.xinhuanet.com/overseas/2014-11/13/c_127205805.htm

[9] 中国留学生在美国课堂遇到的最大挑战.新浪教育，2014-03-31，http：//edu.sina.com.cn/a/2014-03-31/1024241384.shtml

[9] 林晓东.李道全译.留学生亟需提高跨文化交流能力.林晓东专栏：做具有跨文化交流能力的中国公民（一）.中国教育新闻网——中国教育报，2012-07-20，www.jyb.cn

[10] 留学党的自述：我们是中国最幸运的孩子，也是背负压力最大的一群孩子.微信公众平台“北美家长频道”，2016-11-05

[11] 中国留学生的海外心酸：同一样东西吃了2个月，微信公众平台“留学这点事”，2017-02-04

[12] 亲子关系差易导致留学失败.李珍.信息时报，搜狐滚动，2013-01-15，http：//roll.sohu.com/20130115/n363468121.shtml

[13] [美] 钟雨.陪着女儿在美国成长———位中国母亲移民美国的真实经历.北京：中国发展出版社，2014

[14] 吴军.大学之路——陪女儿在美国选大学（上册）.北京：中国工信出版社集团，2015

[15] 李月亮.这才是为人父母的终极使命.微信公众平台“鲤读文艺生活微刊”，2017-03-14

[16] 严歌苓.父母用不要放弃自我成长.严歌苓微信公众号，2016-10-17

[17] 出国留学该通过中介还是自主申请？搜狐出国，2014-09-09，http：//goabroad.sohu.com/20140909/

n404162531.shtml
[18] 出国留学到底值不值：毕业三年，我的常春藤教育还剩下什么？微信公众平台“北美留学君”，2016-04-23
[19] 你什么样，你留的学就是什么样.微信公众平台“留学这点事”，2017-02-14
[20] [美] 约翰·塞林.美国高等教育史（第二版）.北京：北京大学出版社，2014
[21] [美] 奥里森·马登.奥里森·马登成功学全书.北京：中国三峡出版社，2009
[22] 中央电视台“对话”栏目“两样青春　同一世界”节目.新浪教育，2005-08-18，http：//edu.sina.com.cn/l/2005-08-18/1644125317.html
[23] 丁玖.亲历美国教育：三十年的体验与思考.北京：商务印书馆，2016
[24] ADMISSION MATTERS，Sally P Springer，Marion R.Franck，JOSSEY-BASS，A Wiley Imprint
[25] 饶毅谢宇对谈：上名牌大学到底好不好？新华网内蒙古频道，2015-06-10，http：//www.nmg.xinhuanet.com/home/kjww/jy/2015-06/10/c_1115576818.htm
[26] 美国人是如何看待大学排名及选校的.北美出国考试，2016-08-02，http：//mp.weixin.qq.com
[27] 凌志军.成长——微软小子的教育.武汉：湖北长江出版集团，湖北人民出版社，2008
[28] 美国雇主最看重大学毕业生的五大素质.齐磊看天下的博客，2013-07-25，http：//blog.sina.com.cn/0202why
[29] 托马斯·弗里德曼.经雷译.弗里德曼：谷歌招聘看重哪些能力？新浪财经转自《纽约时报》中英文网，2014-02-25，http：//finance.sina.com.cn/stock/usstock/c/20140225/200318327285.shtml
[30] 在美国读大学选择专业的几大“误区”.网易教育论坛，2013-03-19，http：//edu.163.com/13/0319/13/8QB81MH500294IPE.html
[31] 去美国读本科，选专业到底重不重？新华出国，2015-07-29，http：//news.xinhuanet.com/abroad/2015-07/29/c_128067570.htm
[32] 哥大教授：我希望我上大学前能知道这10件事.360doc个人图书馆，2016-02-17，http：//www.360doc.com/content/16/0217/16/30733658_535286002.shtml
[33] 周国平.人生哲思录.上海：上海辞书出版社，2008
[34] 尹建莉.好妈妈胜过好老师.北京：作家出版社，2014
[35] 卢梭.李平沤译.爱弥儿（上卷）.上海：商务印书馆，2013
[36] 大咖论教：教孩子如同做管理，父母都应是伯乐.朱敏.信报，微信公众平台“父母圈儿”，2017-01-20
[37] 俞敏洪：家庭教育最重要的是人品教育.搜狐教育，2016-07-24，http：//learning.sohu.com/20160724/n460777737.shtml
[38] 留学在外，什么是压垮你的最后一根稻草？微信公众平台“北美留学生日报”，2016-04-16
[39] 常有才.揭秘：出国留学生为何更易患上抑郁症.今日头条，2015-11-11，http：//www.toutiao.com/a6215728456165818625
[40] 孙庆龄.初中生自杀个案警醒：生命该如何“教育”.微信公众平台“北京家长汇”，2017-03-28
[41] 联合国儿童基金会教育与儿童发展专家陈学峰博士.培养孩子的乐观心态，关键就在你.幼儿画报，2017-01-16，http：//mp.weixin.qq.com

[42] 晏红.中国儿童情绪管理（第2版）.北京：中国妇女出版社，2016
[43] 李雪梅.亲子情商教练.北京：企业管理出版社，2012
[44] 别怕孩子看到你的负面情绪，这会让他们的个性更完整.微信公众平台“美国留学妈妈圈”，2017-01-31
[45]［英］理查德·怀斯曼，李磊译.正能量修成手册.长沙：湖南文艺出版社，2012
[46]［苏］苏霍姆林斯基.汪彭庚译.要相信孩子.北京：教育科学出版社，2009
[47] 爱尼特“我是英雄”奥运英语电视大赛总决赛.腾讯教育，2007-08-06，http：//edu.qq.com/a/20070806/000100.htm
[48] 丽塔·皮尔逊TED演讲：每个孩子都需要一个冠军.网易教育频道综合，2013-09-09，http：//edu.163.com/13/0909/17/98BJP3DJ00294M26_all.html
[49] 卢勤.告诉孩子你真棒.武汉：长江文艺出版社，2004

# 跋

“我始终认为，出国留学是你未来人生的必经之路。你需要去看看世界不只是你眼前的样子；需要去了解世界上的生活和思维方式也不只是你经历的那些。”

这是从我很小的时候起，我母亲（即本书的作者）经常对我说的话。

长大以后，当我真正决定出国留学，并且留学成为越来越普遍的选择时，我才发现，并非所有人都这样对待留学。在我所接触到的同学和家长中，许多认为，出国留学的重点在于学习国外先进的学术理论和知识技能；还有不少家长则将这条路视为逃离国内考试和升学压力的“无奈之选”。当置身异国他乡独自生活和学习以后，我发现，很多向往留学生活的学生和家长低估了留学的风险和可能遇到的问题。同时，在与周围同学和家长交流的过程中我还发现，我们这个群体最担心的其实并不是这些问题本身，而是遇到这些问题时没有人可以去倾诉、去寻求帮助和能出谋划策，甚至没有人可以“听懂”与理解。

就此而言，我是非常幸运的。我从小与母亲建立起的“闺蜜般”关系，让我在遇到任何问题时，即使是和她相隔万里，第一时间想到与之分享或者寻求建议的人，总会是她。

和许多经历过青春期叛逆的同龄人一样，我也曾一度认为，和朋友在一起远比和父母在一起更自由和舒心。有一段时间，我甚至看到父母，都会感觉莫名地讨厌和排斥。但慢慢地，母亲开明旷达、明朗坚定的教育理念，张弛有方、收放有度的教育方式，即在该管的时候设立规则，不必要管的时候给足自由，还有她善于换位思考、设身处地提出的各种有效且有远见的建议，使我慢慢真正体会到，这世界上只有她能够百分之百地站在我的角度，并且能够完全无私和用心地给我提出我最能接受的建议。这种与父母之间的相互理解与充分信任，一直伴随我到万里之外的留学生活，让我无论是遇到学习上的困难和成果，还是精神上的困惑及收获时，都愿意通过视频通话和母亲继续着以往的沟通，有时甚至一口气两三个小时的交流都依然觉得意犹未尽。

前不久，因为竞选学生会主席的事，我又遇到了心结。在与同学、好友诉说、商讨后，我仍有种“隔靴搔痒”的不过瘾。这时，好友们都知道、并会不由自主地建议我说：“还是再去找你妈妈说说吧。”结果，一如既往，母亲一番开导，令我心悦诚服。这样的过程，已不知多少次，不论是选择课程、考虑专业，还是更换宿舍、取舍活动，或者和老师的误会、跟同学的纠葛，与母亲交流和讨论后，对我来说，不但有收获，而且是享受。

我曾几次对母亲说：“对于自卑情绪，我好像有免疫力。自信于我，似乎与生具有。”其实，我知道，这一切都是母亲赋予我的。在我的记忆中，她很少会对我说“别人如何”“谁家的孩子怎样”；倒会更多地说“你有你的特点，不论是外表、个性，还是能力，都独一无二”；“我相信我对你的了解”；“我相信你的未来”。就这样，在母亲对我的“相信”，同时也在不断地帮我了解、相信我自己的过程中，自信成了她给我的最大财富，也让我与母亲成了最亲的“闺蜜”。

我曾一度认为，像我们这样的母女关系非常普遍，甚至理所应当。所以，我习以为常。但多年海外的寄宿生活，让我有机会了解到更多同学的家庭相处模式以及听到了许多事例以后，我才意识到，有多少家长和孩子渴望与对方接近和沟通，却经常只能“望洋兴叹”。而作为孩子，又有多少向往甚至羡慕亲密的亲子关系。我这才从中意识到，我和母亲的关系是多么难得和宝贵，且如果生活中没有这样一种关系，是多么大的缺失和遗憾！

作为母亲、师长和朋友，本书作者以这三个角色在我成长过程中起了最关键作用，很好诠释了她在书中分享的教育理念。我深知这种“一举三得”的家庭模式对于我的重要意义，不仅伴随我在父母身边成长的日子，更延伸到我留学之后、乃至我未来的生活。

所以出国留学后不久，我就开始鼓励母亲把我们之间的事和她的教育心得记录下来，并与其他家庭分享。作为这种“闺蜜式”母女关系的直接受益者和“过来人”，我衷心希望我们的经历能带给所有也向往这样关系模式的家长和子女一些启示，并相信，本书可以给广大家庭带来亲子关系、家庭教育和留学准备等多方面的思考和收益。

榕儿（作者女儿）

2017年7月14日

# 后 记

这本书，从设想、构思，到走访、写作，花了3年里的大部分周末和假期时间，思路时断时续，共修改了23稿。

这些年，“写作”于我，最多的是日常工作邮件和报告，且基本以英文进行。其他的所谓“写作”，就是我基于女儿每一个成长阶段的观察、思考而进行的记录。至于出书于我，17年前发生过，是编译。现在，由于日常事物繁杂，又经常出差，写书、出书于我，是件勉强的事，且随着年龄的增长，愿望与能力之间的差距似乎越来越大。而且，相比当今不断涌现的牛人、大咖，我也从未敢有过写书、出书的想法。

但从女儿留学至今，不断会有直接和间接认识的家长、孩子来向我咨询，与我讨论。当听到女儿的成长、特别是她少年时就开始的海外求学经历让我们虽远隔重洋，却彼此高度默契、充分信任时，那些家长和孩子都鼓励我把亲子经历和理念系统整理出来，还热切地说：“我们等不及了！”许多家长、朋友的热切愿望、有力支持和不断鼓励，让我坚信写这本书的意义，也让我的写作有了很好的基础：那是三年前，40多位家长、朋友向我提出了近100多个问题，于是，便有了此书的开端。虽然有一些朋友把我与女儿的和谐默契和充分信任归结为母女“缘”深，但是，自女儿出生以来的近8000天里，我那些日复一日、年过一年在意识层面的用心和身体力行的付出，让我和女儿深知，一切岂是一个“缘”字了得。

因此，完成此书，得益于很多人。

无容置疑，没有陈维嘉、薛浣白两位教育参赞的参与和贡献，就不可能有这本书。2015年初夏，她们两位分别刚从驻芝加哥、温哥华领馆卸任回国。当我联系到她们，说明此书的意图和针对的问题时，她们欣然同意，认真做了充分准备，并冒着酷暑一次次与我面谈。有一次与陈参赞讨论期间，恰逢我和女儿在大学第一学期的选课过程中遇有纠结。陈参赞的见地让我近水楼台，豁然开朗。两位参赞对北美教育的真知灼见和对留学生的关注关爱，在书中均已一一展现。

同样，林杰老师、Rachel Robins博士、范君老师、于昆田同学对自己亲历和观点的分享，让这本书更加丰富。

感谢中国发展出版社及此书的责任编辑钟紫君，使这本书得以出版。她们的耐心责任、严谨作风和专业建议让我和此书受益匪浅。

我要感谢国家留学基金管理委员会秘书长刘京辉对本书的推荐。她是我的老同事，也是我的榜样。她曾是改革开放初期的留学生，担任过驻德国使馆教育参赞，又主管出国留学和来华留学的组织、资助、管理工作多年。能得到她的肯定和支持，我深感荣幸。

感谢好友陈学锋博士的引荐，让我得到了北京师范大学发展心理所教授、博士生导师陈会昌先生的推荐。先生没见过我，陈博士引荐时，先生并没有一口答应，而是一定要先看书稿。转发出书稿后，我诚惶诚恐，如同等待判决。让我惊喜和荣幸的是，先生百忙中欣然同意推荐此书，唯一依据是书稿的内容质量。作为中国发展心理学的大家，先生多年致力于发展心理学、特别是婴幼儿和中小学生、大学生心理与教育知识的普及工作，对推进中国的儿童教育和人口的心理健康产生了重要影响，也让我和这本书直接收益。在此，向先生表示由衷的敬意和谢意！

感谢我的好友（以汉语拼音姓氏为序）杜玲、谷一成、王正平、魏淑玲、谢宁生、张淑美、诸平在我写这本书过程中给予的非常具体的意见、建议和修改。感谢我的同事杨晓玲及其家人从国际学生家长的角度认真阅读此书内容后给出的宝贵建议。

我还要感谢推荐此书的（以汉语拼音姓氏为序）华尔街英语（中国）首席执行官Paul Blackstone、青柚教育信息咨询有限公司（美国）申请顾问陈若余、中欧工商管理学院EMBA陈祎杰、多伦多大学在读硕士研究生陈奕名、加拿大爱普比学院（Appleby College）事业发展主任戴颖谦、著名影视演员邓婕、美国佐治亚州立大学（Georgia State University）英语系终身教授顾宝桐、澎湃新闻记者韩晓彤、山东省大众网青岛站运营副总监金红蕾、《晶报》教育新闻部主任江丁、《北京现代教育报》社长廖厚才、《每日新报》教育板块资深编辑缪鹏翀、美国加州大学伯克利分校本科毕业生沈湉、金羊网总编辑孙朝方、《南京日报》教育版主任谈洁、《北京娱乐信报》教育周刊主编王茗辉、《新京报》教育行业部主任巫慧、中国驻英国使馆总领事馆前教育一等秘书，中国驻旧金山总领事馆前教育一等秘书闫丽、深圳都市报业集团总经理杨雨轩、华尔街英语（中国）在线教育经理余宁、芝加哥大学北京中心副主任袁霁、教育部留学服务中心“平安留学”特邀专家、情智东方情商研究院创始人和首席专家曾莉、《北京晚报》资深教育记者郑勇、新东方教育集团首席执行官周成刚。他们既是中国教育及留学领域的顶级专家，又都是留学生家长，在百忙中看我发去的书稿，并倾情推荐。

以下亲爱的朋友（以汉语拼音姓氏为序）、留学生家长们，他们根据自身需要提出的问题，是这本书的起点和依据，也更增强了我对这本书的信心：柴浩然、陈畅、蒋兵、冷冰、李晓丽、李雪梅、刘艳杰、梅本强、彭昆、桑雪琪、魏国、巫慧、许晓书、薛晓炎、余宁、岳秀玲、郑勇。

感谢（以下以汉语拼音姓氏为序）戴白燕、郭炳鹏、胡丹、梁学全、孙涵、孙启军、汪晓洋、徐立京、姚恋、张伟、邹茹、朱琳、朱敏一直以来对此书的关注和帮助。

最后，我要感谢我生命中最重要、也是在我写这本书过程中无条件鼓励和支持我的两个人——先生和女儿。他们的付出，成就了这本书。特别是女儿，她因高中和大学留学美国而产生的种种思考感悟，对身边师生和家长的深入观察了解，特别是我们母女俩围绕此书反复进行的讨论和修改，让她成了我书写过程中最重要的“高参”和第一读者！

如果读者朋友们对本书内容有需要进一步反馈和讨论的，欢迎通过作者简介处的邮箱和微信公众账号联系我。我愿意继续与大家深入交流、相互学习。

肖　堰

2017年8月8日于北京

## 精品书快讯

### 《道德战争——现代中国在价值观上的挑战》

作　　者：张东才
出版时间：2014 年 6 月
定　　价：38.00 元

这是一本从宏观上探索和思考价值观的书。作者曾被邓小平接见过（见 1979 年 5 月的《华侨日报》）。他写的《美籍华裔教授张（东）才对我国人事体制的建议》（1988 年 8 月 19 日）被《经济日报》作为内参报送中央领导并得到当时中央领导胡启立、温家宝和宋健等人的高度赞扬。这本书于凤凰卫视“开卷 8 分钟”栏目（2014 年 9 月 30 日）被隆重推介。

### 《国祚密码——16 张图演绎中国历史周期律》

作　　者：姬轩亦
出版时间：2014 年 12 月
定　　价：38.00 元

本书以详实的数据和严密的逻辑推理再现了公元前 841~1949 年的华夏民族兴亡史；从国际关系学和社会学的角度深入分析了我们民族历史上那些至关重要的命运转折点背后的强大动力；用现代语言诠释中国 4000 多年的政治伦理和政治实践；透彻地解剖了华夏民族的编年史“如何打破华夏民族分久必合、合久必分的历史宿命”...... 告诉你支配这种规律的竟然是一个周期率。

### 《缶庐拾遗及其他——献给吴昌硕诞辰 170 周年（插图本）》

作　　者：吴民先
出版时间：2015 年 1 月
定　　价：48.00 元

吴昌硕是近代杰出书画家兼篆刻家，这本集子是其后人搜集吴各种轶闻和资料编撰而成，给热爱书法艺术的人以启示。

### 《湖南长乐古镇文化（插图本）》

作　　者：周明剑　余耀宗　刘泽龙
出版时间：2013 年 6 月
定　　价：32.00 元

长乐，乐其天乐其道乐其人也。这本书为长乐古镇的建制沿革、族源、宗教、建筑、语言、艺文、民俗、传说等做了近乎百科全书式的展示。既有“田野调查”式的大规模采风实录（如歌谣部分等），又有颇具知识含量的高精度治学解疑（如方言部分等）。此书真实生动地呈现了湘北农村历史人文画面，令人不忍释卷。

## 精品书快讯

### 《民主不是万能的》

作　　者：王千马
出版时间：2011 年 12 月
定　　价：35.00 元

这是一本优秀的对话集，作者通过与 10 位意见领袖的对话激励我们找到属于自己的心声。本书上了宜兴教育局“关于印发《全市社会教育机构读书活动实施方案》的通知”中的红头文件，文件特别推荐本书并指定“各类教育（培训）机构教师必读其中（3 本）的任何一本；《小康》杂志特邀中央党校教授、经济学者等联合开出了“推荐官员阅读 50 本书”书单，本书位居其列。

### 《创造力——推开潜能世界的大门》

作　　者：[ 加拿大 ] Judan
出版时间：2012 年 6 月
定　　价：48.00 元

这是一位犹太人结合中西方读书和工作经验的理论研究和实战经验的总结，是关于学习系统建设和学习理念及其方法的实战手册。从平凡也能到卓越，这不仅仅是一本关于创造力的书，而是一本蕴藏无穷智慧的佳作。

### 《华尔街局中局》

作　　者：宾　融
出版时间：2011 年 6 月
定　　价：35.00 元

全书以 37 个图表从专家角度把华尔街投机客手中精美包装的垃圾一一深入剖析，再现华尔街各大传奇公司上演的倒闭潮和跌宕剧，让人深思资本市场中的道德缺陷和金融体系的弊端；5 类针对信评机构的监管法则锁定海内外资本市场如何防范资本金风险，其对“变局、残局、对局”的深入剖析，贯穿了博弈论的思想，作者从资产证券化和金融产品创新的角度，挖掘出危机背后一系列深层次的、错综复杂的、美国的政治体制与经济政策方面的内生性根源和风险点。

### 《7 天学会古琴（插图本）》

作　　者：杨　青
出版时间：2015 年 7 月
定　　价：48.00 元

杨青老师录制古琴专辑《琴·歌》获 2011 年度十大发烧唱片奖；曾受邀担任 2009 年度及 2012 年度 CCTV 民族器乐大赛古琴组决赛评委；这本古琴艺术教学作品（配光盘）一书已被今年的非遗大会会务组内定为会务指定阅读书。长年的教学经验使杨青先生总结出一套独特、高效的古琴教学方法，这本书是一本古琴艺术短平快的作品，可让大众很快吸收古典文化艺术的熏陶。

## 《纸牌大厦：卢瑟经济学之 21 世纪金融危机》

作　　者：安　生
出版时间：2015 年 4 月
定　　价：48.00 元

本书出版最大的贡献之一，不仅在于揭示问题的实质，更在于印证了一点：在当今条件下，即便是卢瑟，逆袭成功也是有可能的，可以让卢瑟们在复杂的市场经济中学会顺势而为。本书以精邃之洞见抽丝剥茧，将大国宏观经济博弈的张张底牌，清晰地展现于我们眼前。

## 《卢瑟经济学》

作　　者：安　生
出版时间：2014 年 4 月
定　　价：35.00 元

此书以马克思思想为基础，并参考了西方主流经济学等人的观点，提出资本主义运行方式存在固有的内在不稳定性。本书还探寻了权利与繁荣的秘密联系，并帮你构建与当前社会结构相适应的个人策略体系。

## 《授之以渔我收网——销售组织齐心协力之道》

作　　者：谷荣欣
出版时间：2014 年 6 月
定　　价：35.00 元

这是一本关于销售、管理和组织齐心协力之道的书，重在系统全面的协助组织提升销售生产力，建立组织内部信息对称。更难得的是作者运用心理学、营销管理学和人力资源学并结合自身一线在四川和重庆硬是打败了在国内其他地区无败绩的国外知名软件大品牌，首创国内品牌完胜国际品牌且在两地市场占有量豪取 70% 份额的傲人业绩，书中大量的案例来源于此。

## 《儒商管理学》

作　　者：周北辰
出版时间：2014 年 6 月
定　　价：35.00 元

本书展示了中国儒商文明与中国式管理的七大要素和现代企业文化与管理制度的八大要素。作者将儒家经典和管理案例奇妙结合在一起，以期帮助中国企业家建立有中国特色的企业文化与管理制度，建立儒家传统的管理之道，提升中国企业领导人的人文与哲学素养。本书还阐述了两个重大问题：儒商精神与儒商管理模式。儒商精神的培育与儒商管理模式的建立，标志着中华文明由传统“农耕文明”型态向现代“商业文明”型态正式转型的开启。

## 精品书快讯

### 《驾行中东 17 国（插图本）》

作　　者：刘　武
出版时间：2011 年 6 月
定　　价：35.00 元

本书记载了央视资深记者刘武驾车走过 17 个国家的的探险录，从中东地理涉及到人文和风俗人情等，配有大量图片及速写（为南开大学东方艺术系主任赵均教授画）……本书得到了伊朗和叙利亚等中东大使馆的大力赞许，张建伟和卢跃刚作序。

### 《大山 · 远方：张志君的山水世界和他的画家师友们》

作　　者：蹇　丰
出版时间：2016 年 11 月
定　　价：58.00 元

这是一位拥有过人洞察力的艺术家的作品集。张志君是一位在国画上取得一定成就的非职业画家，被许多艺术评论家称为当前艺术环境下的一种“现象”。作者试图从张志君的绘画和生活经历的讲述来解开这一谜题，为人们了解非职业画家的创作生态提供一个生动的参考。发现惟有一位真正热爱生活的渊博之士，才可游刃有余地画出这壮丽山水。

### 《久违的芬芳》

作　　者：李晞海
出版时间：2016 年 7 月
定　　价：35.00 元

我们通常喜欢悲剧的小说，觉得这样造成的遗憾难免会有一丝涟漪值得久久回味，但本书不认可只有悲剧结束的故事才算得上经典完美。本书讲述的是 18 世纪欧洲西部一个偏僻的部落庄园几十年间发生的三代人之间的爱情故事。

### 《白纸黑字》

主　　编：悦殊
出版时间：2016 年 10 月
定　　价：38.00 元

这是一个历史系女生的纯私人写作，没有任何现实目的，只是出于对白纸黑字的热爱，一笔一划，一字一句，寸寸本心。更庆幸我们生命里有着许多至今仍将白纸黑字视为图腾的同道者。

### 《医院绩效变革》

主　　编：秦永方
出版时间：2016 年 5 月
定　　价：88.00 元

作者在医院和医院管理技术研究院第一线研究了 30 年，自 2009 年新医改以来，他深入各级各类医院调查访谈医院管理者及医务人员近 2 千人，从实践中汲取管理营养，认真研究医改新政，探索与社会和谐互动的医院绩效管理模式，本书稿更加侧重实操的研究成果。

## 《观察》系列

主　　编：杨其川　王　强
出版时间：2012 年 11 月
定　　价：30.00 元

《观察》每一辑有选择性地就中国经济社会变革与发展中遇到的某一个焦点或者难点问题作出探讨。《观察 1》以“发展与均衡”为主题,《观察 2》以“重塑实体经济”为主题,即将出版的《观察 3》以“生态城镇化”为主题。集子收入的作品和作者都是经济界知名人士,分别采用了张维迎、滕斌圣、谭云明、孟书强、石正方、徐枫、韦森、余永定、茅于轼、魏杰、张茉楠、张锋强、易宪容、黄茂兴、许小年、巴曙松等人的文章合集。

## 推理小说系列

作　　者：马　天　王稼骏
出版时间：2012 年 11 月
定　　价：25.00 元

《1/7 生还游戏》整个故事是由一笔巨额遗产引起，这种古典推理小说的模式大大增加了阅读乐趣，能吸引大量的本格推理迷阅读；《诡异房客》不仅描写了富含日系风格的离奇凶案侦破故事，也对社会上的一些阴暗现象（如对精神病人的歧视等）进行审视，富含哲理。作者有业界被称为“中国的东野圭吾”。

## 《寂静的青春》

作　　者：吴　端
出版时间：2015 年 2 月
定　　价：38.00 元

这是一本试着以历史唯物主义的理论与方法，来研究青年在近、现代人类社会快速发展与变革过程中，起到的独特作用和重要意义，以及它所表现出来的带规律性的本质特征。这对建立起科学的经得起历史检验的青年观和建设青年学科理论的核心理论很有帮助。

## 《青春奥秘》

作　　者：谢昌逵
出版时间：2017 年 5 月
定　　价：48.00 元

作者已过九旬，可谓是我国最年长的作者。他晚年集中精力，花了 8 年多时间，阅读了大量有关文献与资料，写出了这本很有学术价值的新书。这是中国学者关于青年理论最系统全面且富有创见的一本力作，为创建科学的经得起历史检验的青年学作出了宝贵的贡献，也为青年研究走向学科化建构了新的舞台。

**精品书快讯**

## 《地河》

作　　者：韩　上
出版时间：2017 年 6 月
定　　价：38.00 元

本书是一篇以农村生活为背景的小说。作者以水源腐败为出发点把污染水源毒害村民的主角放在了一个敏感内向，且从小受到欺负的孩子身上来观察和反思。他从小受到村里人的嘲弄，内心积怨很深，逐渐产生仇恨，以至于在长大后对全村人进行隐蔽又恶毒的报复，致使全村灭亡的故事。小说情节表现自然，每一步细节设计都顺情合理无漏洞，对农村生活的方方面面作出了深刻的论述，不失为当下农村生活题材提供了很多值得继续探讨的命题。

## 《公共幸福系列》5 本

作　　者：[ 日 ] 矢琦胜彦
出版时间：2012 年 6 月
定　　价：35.00 元

矢琦胜彦，现任日本芬理希梦集团名誉会长，京都论坛事务局长。他在四川凉山培植了越光稻谷成立“信赖农园项目”，认为这个地方或许可以成为未来不发达国家的人们摆脱困境的发展典范 ...... 以此为动力撰写出此系列图书：《幸福经营之道》、《良知物语》、《印度植树物语》、《信赖农园物语》、《和商实学》。

## 精品书快讯

**《新京报十周年丛书》5 本**

作　　者：《新京报》
出版时间：2013 年 11 月
定　　价：35.00 元

“新京报十周年精品系列”共 5 册，新京报践行“品质源于责任”的价值观，以主流性、敏锐性、时代性洞察时局，引领舆论，推动社会的文明进步，成为一份具有全国影响力和世界影响力的新型时政类主流城市日报。这是该报社创刊近十年（2003~2013）来优秀获奖作品的精选集，此集子的出版给传媒行业提供了实践样本和动力。